保育実習

新 基本保育シリーズ ⑳

監修
公益財団法人
児童育成協会

編集
近喰 晴子
寅屋 壽廣
松田 純子

中央法規

新・基本保育シリーズ
刊行にあたって

　認可保育所を利用したくても利用できない、いわゆる「保育所待機児童」は、依然として社会問題になっています。国は、その解消のために「子育て安心プラン」のなかで、保育の受け皿の拡大について大きく謳っています。まず、2020年度末までに全国の待機児童を解消するため、東京都ほか意欲的な自治体への支援として、2018年度から2019年度末までの2年間で必要な受け皿約22万人分の予算を確保するとしています。さらに、女性就業率80％に対応できる約32万人分の受け皿整備を、2020年度末までに行うこととしています。

　子育て安心プランのなかの「保育人材確保」については、保育補助者を育成し、保育士の業務負担を軽減するための主な取り組みとして、次の内容を掲げています。

・処遇改善を踏まえたキャリアアップの仕組みの構築
・保育補助者から保育士になるための雇上げ支援の拡充
・保育士の子どもの預かり支援の推進
・保育士の業務負担軽減のための支援

　また、保育士には、社会的養護、児童虐待を受けた子どもや障害のある子どもなどへの支援、保護者対応や地域の子育て支援など、ますます多様な役割が求められており、保育士の資質および専門性の向上は喫緊の課題となっています。

　このような状況のなか、2017（平成29）年3月の保育所保育指針、幼稚園教育要領、幼保連携型認定こども園教育・保育要領の改定・改訂、2018（平成30）年4月の新たな保育士養成課程の制定を受け、これまでの『基本保育シリーズ』を全面的に刷新し、『新・基本保育シリーズ』として刊行することになりました。

　本シリーズは、2018（平成30）年4月に新たに制定された保育士養成課程の教科目の教授内容等に準拠し、保育士や幼稚園教諭など保育者に必要な基礎知識の習得を基本に、学生が理解しやすく、自ら考えることにも重点をおいたテキストです。さらに、養成校での講義を想定した目次構成になっており、使いやすさにも配慮しました。

　本シリーズが、保育者養成の現場で、保育者をめざす学生に広く活用されることをこころから願っております。

公益財団法人　児童育成協会

はじめに

　2018年度より、改定された新しい保育所保育指針による保育がスタートした。加えて保育士養成課程の検討が行われ、2019年4月より新たな養成課程のもと、保育士養成がスタートする。保育実習の目的や目標、実習内容などについては大幅な見直しはないものの、新たに示された養成課程は、子どもおよび家庭を取り巻く状況が多様化・複雑化するなかで、時代のニーズに即応した、より実践力のある保育士養成に対応するものとなっている。

　保育を学ぶ学生は、所属する養成校において、資格取得に必要な専門的な知識や技能を学ぶ。なかでも保育所を含む児童福祉施設における実習は、保育士養成の要であり、子どもや保育・福祉の実態、社会がかかえる子どもの問題などを学ぶよい機会となっている。厚生労働省が示す「保育実習実施基準」には、実習の目的として「保育実習は、その習得した教科全体の知識、技能を基礎とし、これらを総合的に実践する応用能力を養うため、児童に対する理解を通じて保育の理論と実践の関係について習熟させることを目的とする」と記されている。したがって、実習は養成校で学んだ知識や技能を、実習の場で実践することにより、学びと実践を統合する学びの集大成として位置づけられる。

　実習の種別として「保育実習Ⅰ（必修教科目）」、「保育実習Ⅱ（選択必修教科目）」、「保育実習Ⅲ（選択必修教科目）」となっており、保育実習Ⅰに加えて保育実習Ⅱもしくは保育実習Ⅲのいずれかの2教科目以上を学ばなければならない。実習施設も保育所や幼保連携型認定こども園のほか、乳児院、児童養護施設、障害児（者）施設など多岐にわたる。また、それぞれの実習教科目には保育実習指導教科目が設定されており、それぞれの実習に対応した事前準備として、実習中に必要とされる知識や技能を系統的に学び、実習に臨めるようにしている。また、実習終了後は、自己の学びを振り返り、理論と実践の関連性を整理し、実習中に学び取った自己課題に対する学び直し、関心をもった問題に対する発展的な学びや研究的態度につなげていくことも求められる。

　保育実習指導教科目や実習教科目の目標や具体的な教授内容については、厚生労働省により「教科目の教授内容」として統一されたものが示されており、それに基づいた学生指導が行われることになっている。しかし、実際の指導については、各養成校にゆだねられており、それぞれの実情に合わせ、試行錯誤しながら指導が行われているのが現状であろう。養成校における指導の格差をなくし、系統的な指導を実施するにはテキストの活用も有効であろう。

本書は、以上の点に留意(りゅうい)しながらも、保育実習実施基準や実習に関する教科目に記された目標・教授内容に準拠(じゅんきょ)し、基本的な学びと学生の実情に合わせた発展的な学びができるよう工夫した。また、編集にあたっては、複雑な実習体系と幅広い指導範囲をどのように整理すれば、保育を学ぶ学生にとって実用的でわかりやすいテキストになるか、という点に議論を重ねた。その結果、すべての実習に対し共通となる学びを第1講から第5講に記し、保育所実習に必要とされる学びを第6講から第10講に、福祉施設の実習で必要とされる学びを第11講から第17講に、実習終了後に必要とされる学びを第18講から第20講と4つの領域で示した。また、それぞれの講には、学生が主体的、発展的に学べるようStep 1からStep 3と段階的に示した。

　新・基本保育シリーズ『保育実習』が、保育実習に臨む学生の、養成校における保育実習事前事後指導のテキストとして、また、学生自身が学びを深める参考書として活用いただければ幸いである。

　最後に、執筆をいただいた先生方には、ご多忙のなか、本書編集方針にご理解をいただき、ご協力くださいましたことに深謝申し上げたい。

2018年12月

近喰晴子・寅屋壽廣・松田純子

本書の特徴

- 3Stepによる内容構成で、基礎から学べる（第16講、第17講を除く）。
- 国が定める養成課程に準拠した学習内容。
- 各講は見開きで、見やすく、わかりやすい構成（第16講、第17講を除く）。

Step1

基本的な学習内容

保育者として必ず押さえておきたい
基本的な事項や特に重要な内容を学ぶ

Step1

1. 保育士の資格

保育士になるためには、保育士養成校などを卒業するか、国家試験である保育士試験に合格したあとに、保育士として都道府県に登録する必要がある。保育士は、名称独占資格と呼ばれる国家資格で、都道府県知事より保育士登録証を交付された人だけが名乗ることができる。

児童福祉法では、保育士とは、「保育士の名称を用いて、専門的知識及び技術をもって、児童の保育及び児童の保護者に対する保育に関する指導を行うことを業とする者をいう」（児童福祉法第18条の4）と定められている。条文からもわかるように、保育士の役割には、「児童の保育」だけではなく、「児童の保護者に対する保育に関する指導」も含まれている。そして、地域の子育て支援を行う専門家としての保育士への期待はますます高まっているといえるだろう。また、保育士の活躍の場は、保育所以外にも、児童福祉法に定められるさまざまな目的をもった児童福祉施設にまで及ぶ。いずれの場にあっても、保育士は子どもの最も身近な存在として生活をともにしながら、子どもとその背後にいる保護者への理解を深め、子どもの最善の利益を考え、追求していくのである。

また、国がみとめる保育の専門家としての保育士には、保育士として知り得た人の秘密を守るという守秘義務や、保育士の信用を落とすような行為の禁止などの義務が課せられており、知識の維持、向上に努めることとされている。

このような重要な役割を担う保育士の資格を取得しようとしていることを、まず保育学生は自覚する必要がある。

2. 保育士になるために

保育士養成課程における保育実習

保育所や保育所以外の児童福祉施設等で保育士として働くためには、保育士資格の取得が必要であり、そのために保育士養成校においては、所定の単位を修得しなければならない。なかでも「保育実習」は、最も重要な科目といってよいだろう。

厚生労働省による保育士養成課程では、図表1-1にある5つの系列からなる教科目を学び、保育士に必要な専門知識や技能を身につけていく。そのなかで、保育実習では、実際の保育の場で、現場の実習指導者のもと、子どもとかかわり、それまでに学んだ専門知識や技術を実践し、自らの課題を明らかにする。

Step2

1. なぜ保育実習が必要か

求められる実践的な学び

保育所保育士は、保育を必要とする乳幼児を預かり、保育所での集団生活を通して、子どもの発達を支援する職務を担う。子どもの年齢や特性に応じた健全な心身の発達を援助しながら、直接子どもの人間形成にかかわり、一方で保護者や地域の子育て家庭の子育てを支援するという重要な役割を果たすことになる。

施設保育士は、子ども（施設の利用者）の生活を支えることにより、生存と発達を保障する職務を負う。したがって、日々の保育においては、主に生活場面を活用しながら、子どもやその家族にはたらきかける養護活動が想定され、専門技術が要求されることになる。

このような広範にわたる役割が期待される保育士をめざすためには、子どもや保育に関する基礎的な理論や保育技術を学ぶとともに、保育現場での実習を通して、実践的な知識と技能を体得しなければならない。理論と実践をつなぐ応用力とともに、保育場面や保護者対応の場面での的確に判断し、臨機応変に行動できる力を培っていくことが求められるのである。そして、そこに保育実習の大きな目的がある。

保育実習の意義

実習では、保育所や施設等の現場で、日々の保育の具体的な場面に出会う機会

図表1-1 保育士養成課程における教科目

系列	教科目					
	必修科目			選択必修科目		
	科目	授業形態	単位数	科目	授業形態	単位数
保育の本質・目的に関する科目	保育原理	講義	2単位	保育士養成校において設定		
	教育原理	講義	2単位			
	社会福祉	講義	2単位			
	子ども家庭福祉	講義	2単位			
	子ども家庭支援論	講義	2単位			
	社会的養護I	講義	2単位			
	保育者論	講義	2単位			
保育の対象の理解に関する科目	保育の心理学	講義	2単位			
	子ども家庭支援の心理学	講義	2単位			
	子どもの理解と援助	演習	1単位			
	子どもの保健	講義	2単位			
	子どもの食と栄養	演習	2単位			
保育の内容・方法に関する科目	保育の計画と評価	講義	2単位			
	保育内容総論	演習	1単位			
	保育内容演習	演習	5単位			
	保育内容の理解と方法	演習	4単位			
	乳児保育I	講義	2単位			
	乳児保育II	演習	1単位			
	子どもの健康と安全	演習	1単位			
	障害児保育	演習	2単位			
	社会的養護II	演習	1単位			
	子育て支援	演習	1単位			
保育実習	保育実習I	実習	4単位	保育実習IIまたは保育実習III	実習	2単位
	保育実習指導I	演習	2単位	保育実習指導IIまたは保育実習指導III	演習	1単位
総合演習	保育実践演習	演習	2単位			

資料：「指定保育士養成施設の指定及び運営の基準について」（平成15年雇児発第1209001号、厚生労働省雇用均等・児童家庭局通知）の別紙3「教科目の教授内容」をもとに作成。

実習は、実習先に出向いてただ実践をすればよいというものではない。実習先を選び、実習先での事前のオリエンテーションや養成校での事前・事後指導など、多くの時間をかけてさまざまなことを学ぶことになる。また、実習前にどのような教科目を学び、実習後にどのような教科目を学ぶかは、養成校により異なるが、実習前の学びを基本として実習を行い、実習で学んだことを実習後の養成校での学びの基本とするように、各養成校のカリキュラムは考えられている。そのような学びの過程を繰り返し、理論と実践を行き来しながら、保育の学びは深まり、保育を実践する力が身についていくのである。

Step3

1. 保育の専門家としての知識と問題意識

専門性を備えた信頼される保育士をめざすためには、さらに知識と問題意識をもって実習に臨みたい。

保育所実習では、保育に関する国の施策や制度の動向にも関心をもち、子どもを取り巻く環境に注目しながら、保育所のもつ社会的役割や機能を理解する。子どもの健やかな育ちを支援する力とともに、子育てを支援するために必要な力を養うという意識も必要である。子どもの家庭や地域での生活実態にふれ、家族背景や地域の現状を考察し、ソーシャルワーカー的な視点をもって実習に取り組むことが求められる。

施設実習では、福祉援助の内容・方法についてさらに理解を深め、技術を高める。施設のもつ社会的役割や機能についての理解を深め、子どもの家族や地域社会、そこにある問題など、子どもを取り巻く社会環境にまで視野を広げた支援の視点を養うことも重要である。施設に対する社会的ニーズ、施設サービスのあり方、子ども（利用者）のかかえる共通する問題、子ども（利用者）やその家族の感情の理解など、幅広い問題意識をもって実習に取り組むことが求められる。

時代は急速に変化を遂げ、家庭や地域での養育環境も大きく変わってきた。子どもの発達の様相も子どもの養育方法もさまざまであり、多様な家族や子どもの育ちへの理解は、これからの保育士に必要な専門性である。

2. 今日の保育の問題

都市化、情報化、少子化、核家族化などの社会の変化により、子どもが育つこと、子育てが大きく変わってきた。本来、自然のなかで、子どもの生活もあったが、都市化により、子どもが子どもらしく健やかに育つ条件はむずかしくなっている。

子どもの育ちにとってもっとも重要な自然環境が身近なものとして存在しない今、子どもに必要な経験が得られにくい状況にある。また、子どもの遊び環境の問題として、都市部では、家の近隣のうちに十分な遊びの空間といえるような場所がほとんどないだろう。

人間関係についてみると、幼児期は、自分自身や身近な人との関係を育てる重要な時期である。家庭においては、

親との信頼関係のもとで、子どもは安定し、安心して自分を発揮して生活することができるようになる。しかし、現代社会では、大人は余裕がなく、ストレスをかかえた生活を送っており、子どもはそのような大人の生活に合わせた家庭生活を送らざるをえない。一方で、長時間の保育を担う保育所においては、保育士が親代わりとなって、子どものこころのよりどころとならなければならない。また同時に、子どもにとっての生活者のモデルとしての役割も担い、親の子育てを支えるのも保育士である。

このように、保育士は子どもにとっても親にとっても大変重要な存在であるが、その保育士の労働条件については、さまざまな改善が必要である。なかでも、1人の保育士がみる子どもの数（保育士の配置）は、保育の質にかかわる重要な課題である。子どもの健全な育ちを保障するために、子どもの数に対して十分な数の保育士が配置されているかどうか、最低基準の見直しも含め、検討が必要である。特に、特別な配慮を必要とする子どもがいる場合には、保育士の手厚い配置が必須である。それだけに、現在の都市部を中心とした保育士不足は、深刻な問題である。

3. 子どもの虐待と貧困

現代の日本において、子どもをめぐる問題は、さまざまなものがあげられるが、子どもの虐待と貧困は、なかでも最も深刻な問題といえるだろう。

厚生労働省によれば、2016（平成28）年度において、全国の児童相談所での児童虐待相談対応件数は12万2575件で、過去最多であった。調査が開始された1990（平成2）年以来、その数は年々増加を続けており、2016（平成28）年度は対前年度比118.7%の増加である。2000（平成12）年に児童虐待の防止等に関する法律が制定され、その後全国で児童虐待を防止するためのさまざまな活動が行われてきているが、保育所を含む児童福祉施設の職員として、保育士が担う早期発見と早期介入の役割は非常に重要である。

また近年、子どもの貧困の問題が注目されている。特に、日本のひとり親世帯に育つ子どもの貧困率は高く、ひとり親世帯の大半を占める母子世帯の貧困率の高さがその原因となっている。貧困問題はまた、ほかのさまざまな子どもの問題と関連しており、極端な学力不振、健康不良、ネグレクト（育児放棄）などの児童虐待、不登校などとの相関が指摘されている。そして、子ども時代の貧困の不利は、大人になってからも持続する可能性をはらんでいる。

実習に臨むにあたり、これらの問題の存在を認識し、理解しておく必要がある。

Step2

このように、自分のこれまでの保育の学びや考え方を総合し、現実のより具体的な場面での実践を積み重ね、振り返りを行い、保育士という専門職への理解を深めていくことが実習の意義といえる。

実習経験の積み重ね

実習前、特にはじめての実習の前は、だれでも緊張するものである。実習前の不安を少しでも解消するためには、できるだけの準備をするしかない。実習に向けての心構えも含まれる。実習は、事前の準備からすでにはじまっている。そして、いよいよ実習に臨み、それぞれの実習先で実習を行う。実習期間を無事に終えても、それで実習が終わるわけではない。実習全体を振り返り、自己評価を行い、自分自身の課題を明らかにする過程もまた重要である。自己課題をもって、次の実習に向けて準備を進めていくのである。こうして保育実習だけでも少なくとも I～III の 3 回の実習を経験することになる。

このような一連の学びの過程（**図表1-5**）が、実習経験として積み重ねられるところに、大きな意味がある。実習を経験することで、具体的な子どもや保育のイメージを描けるようになり、養成校での学びも一段と充実するようになる。

2. 保育実習の実際

実習を実り多いものとするために、実習の目的や意義を十分に理解し、自分が実習で何を行うべきかを知っておくことは重要である。

保育実習 I では、見学・観察および参加実習を行う。保育所実習と施設実習において、それぞれ具体的な実習目標を立てて、それに向けて日々の実習を積み上げ

図表1-5 一連の学びの過程としての実習経験の積み重ね

Step3

発展的な学習内容

近年の動向、関連領域の知識など、発展的な内容を学ぶ

Step2

基本を深めた学習内容

Step1をふまえ、より詳しい内容、多様化する保育者の役割、児童福祉や教育との関連などを学ぶ

演習課題と進め方

Step1の基本内容をふまえた演習課題で、実践に役立つ知識や考える力を養う

保育士養成課程——本書の目次
対応表

　指定保育士養成施設の修業教科目については国で定められており、養成課程を構成する教科目については、通知「指定保育士養成施設の指定及び運営の基準について」（平成15年雇児発第1209001号）において、その教授内容が示されている。

　本書は保育士養成課程における「教科目の教授内容」に準拠しつつ、その内容を全20講の構成の中で網羅している。「教科目の教授内容」と本書の目次の対応関係は以下のとおりである。

○保育実習Ⅰ

教科目の教授内容 ＜保育所実習＞	対応する講
1. 保育所の役割と機能	
(1)保育所における子どもの生活と保育士の援助や関わり	第6講
(2)保育所保育指針に基づく保育の展開	第6講
2. 子ども理解	
(1)子どもの観察とその記録による理解	第4・7講
(2)子どもの発達過程の理解	第7講
(3)子どもへの援助や関わり	第7講
3. 保育内容・保育環境	
(1)保育の計画に基づく保育内容	第9講
(2)子どもの発達過程に応じた保育内容	第7講
(3)子どもの生活や遊びと保育環境	第6・8・10講
(4)子どもの健康と安全	第10講
4. 保育の計画、観察、記録	
(1)全体的な計画と指導計画及び評価の理解	第9講
(2)記録に基づく省察・自己評価	第4・18講
5. 専門職としての保育士の役割と職業倫理	
(1)保育士の業務内容	第2・8講
(2)職員間の役割分担や連携・協働	第8講
(3)保育士の役割と職業倫理	第2・19講

教科目の教授内容 ＜児童福祉施設等（保育所以外） における実習＞	対応する講
1. 施設の役割と機能	
(1)施設における子どもの生活と保育士の援助や関わり	第11・16・17講
(2)施設の役割と機能	第11・16・17講
2. 子どもの理解	
(1)子どもの観察とその記録	第4・12講
(2)個々の状態に応じた援助や関わり	第12～14講
3. 施設における子どもの生活と環境	
(1)計画に基づく活動や援助	第14講
(2)子どもの心身の状態に応じた生活と対応	第14講
(3)子どもの活動と環境	第14・15講
(4)健康管理、安全対策の理解	第15講
4. 計画と記録	
(1)支援計画の理解と活用	第14講
(2)記録に基づく省察・自己評価	第4・18講
5. 専門職としての保育士の役割と倫理	
(1)保育士の業務内容	第2・13講
(2)職員間の役割分担や連携	第13講
(3)保育士の役割と職業倫理	第2・13・19講

○保育実習Ⅱ

教科目の教授内容	対応する講
1. 保育所の役割や機能の具体的展開	
（1）養護と教育が一体となって行われる保育	第6講
（2）保育所の社会的役割と責任	第6講
2. 観察に基づく保育の理解	
（1）子どもの心身の状態や活動の観察	第7講
（2）保育士等の援助や関わり	第6〜8講
（3）保育所の生活の流れや展開の把握	第2・6講
3. 子どもの保育及び保護者・家庭への支援と地域社会等との連携	
（1）環境を通して行う保育、生活や遊びを通して総合的に行う保育	第6・8・10講
（2）入所している子どもの保護者に対する子育て支援及び地域の保護者等に対する子育て支援	第6・8講
（3）関係機関や地域社会との連携・協働	第6・8講
4. 指導計画の作成・実践・観察・記録・評価	
（1）全体的な計画に基づく指導計画の作成・実践・省察・評価と保育の過程の理解	第9講
（2）作成した指導計画に基づく保育の実践と評価	第9・18講
5. 保育士の業務と職業倫理	
（1）多様な保育の展開と保育士の業務	第2・8・10講
（2）多様な保育の展開と保育士の職業倫理	第2・20講
6. 自己の課題の明確化	第19講

○保育実習Ⅲ

教科目の教授内容	対応する講
1. 児童福祉施設等（保育所以外）の役割と機能	第11・16・17講
2. 施設における支援の実際	
（1）受容し、共感する態度	第13・16・17講
（2）個人差や生活環境に伴う子ども（利用者）のニーズの把握と子ども理解	第12・13・15〜17講
（3）個別支援計画の作成と実践	第14講
（4）子ども（利用者）の家族への支援と対応	第2・13・14講
（5）各施設における多様な専門職との連携・協働	第13講
（6）地域社会との連携・協働	第13講
3. 保育士の多様な業務と職業倫理	第2・13・20講
4. 保育士としての自己課題の明確化	第19講

○保育実習指導Ⅰ

教科目の教授内容	対応する講
1. 保育実習の意義	
（1）実習の目的	第1・11講
（2）実習の概要	第1・11講
2. 実習の内容と課題の明確化	
（1）実習の内容	第1・3・6・7・10・14講
（2）実習の課題	第5講
3. 実習に際しての留意事項	
（1）子どもの人権と最善の利益の考慮	第2・12・13・16・17・20講
（2）プライバシーの保護と守秘義務	第2・16・17講
（3）実習生としての心構え	第3・12・13・16・17講
4. 実習の計画と記録	
（1）実習における計画と実践	第9・14講
（2）実習における観察、記録及び評価	第4・7講
5. 事後指導における実習の総括と課題の明確化	
（1）実習の総括と自己評価	第18講
（2）課題の明確化	第19講

○保育実習指導Ⅱ又はⅢ

教科目の教授内容	対応する講
1. 保育実習による総合的な学び	
（1）子どもの最善の利益を考慮した保育の具体的理解	第2・8・10・12・16・17・20講
（2）子どもの保育と保護者支援	第6・8・12・16・17講
2. 保育の実践力の育成	
（1）子ども（利用者）の状態に応じた適切な関わり	第7・12・13講
（2）保育の知識・技術を活かした保育実践	第8・9講
3. 計画と観察、記録、自己評価	
（1）保育の全体計画に基づく具体的な計画と実践	第9・14講
（2）保育の観察、記録、自己評価に基づく保育の改善	第4・7講
4. 保育士の専門性と職業倫理	第2・8・13・20講
5. 事後指導における実習の総括と評価	
（1）実習の総括と自己評価	第18講
（2）課題の明確化	第19講

CONTENTS

新・基本保育シリーズ　刊行にあたって
はじめに
本書の特徴
保育士養成課程——本書の目次　対応表

第1講　保育実習の目的と概要

Step1
1. 保育士の資格 2
2. 保育士になるために 2

Step2
1. なぜ保育実習が必要か 6
2. 保育実習の実際 7

Step3
1. 保育の専門家としての知識と問題意識 ... 10
2. 今日の保育の問題 10
3. 子どもの虐待と貧困 11

COLUMN　先輩が語る「こころに残る実習中のエピソード」 ... 12

第2講　福祉職としての保育士

Step1
1. 福祉職としての保育士 14
2. 保育士の日々の仕事 16
3. 保育とソーシャルワーク 17

Step2
1. 子どもの人権擁護への道 18
2. 子どもの権利条約 19
3. 全国保育士会倫理綱領 21

Step3　虐待の疑いのある子どもと家庭への支援 ... 22

COLUMN　放課後の子どもの居場所 ... 24

第3講　保育実習の心構えと準備

Step1
1. 実習を迎えるための準備 26
2. 実習の進め方 26
3. 実習の段階 28

Step2
1. 求められるマナー 30

		2. 服装や必要な持ち物	31
		3. 実習生としての心得と留意事項	33
Step3	オリエンテーションへの臨み方		34
COLUMN	「オリエンテーションメモ」		36

第4講　保育実習の記録

Step1	**1.** なぜ実習日誌を書くのか	38
	2. 実習日誌にはどのようなことを書くのか	39
Step2	演習　実習日誌を記入してみよう	44
Step3	エピソード記述	46
COLUMN	保育者と記録	48

第5講　実習課題

Step1	**1.** 実習課題とは	50
	2. 実習課題を考える前に	51
	3. 実習課題の立て方のポイント	51
	4. 実習課題の実際	52
Step2	演習　実習課題を立て、それを遂行するための方法を考えてみよう	54
Step3	**1.** 保育所実習における課題への取り組みと発展的学習	58
	2. 施設実習における実習課題への取り組みと発展的学習	59
COLUMN	これも実習課題？	60

第6講　保育所実習①　保育所の役割と機能

Step1	**1.** 保育所の生活と1日の流れ	62
	2. デイリープログラム	63
	3. 子どもや保育へのかかわり方をイメージする	64
Step2	**1.** 保育所保育指針について	66
	2. 保育所保育指針（総則）	68

	3. 保育所保育に関する基本原則	69
Step3	1. 保育所の社会的役割と機能	70
	2. 保育所の社会的責任	71
COLUMN	認可事業となった「小規模保育」	72

第7講 保育所実習②
保育所における子ども理解

Step1	1. 乳児期の子ども	74
	2. 幼児前期の子ども	75
	3. 幼児中期の子ども	77
	4. 幼児後期の子ども	78
Step2	1. 観察とは	80
	2. 観察の視点	80
Step3	1. 個別配慮の必要な子ども理解	82
	2. 個々のニーズに応じた保育を行うために	82

第8講 保育所実習③
保育所保育士の職務理解

Step1	1. 子どもを保育するということ	86
	2. 子どもを保育すること以外の職務について	88
Step2	1. 職員間の連携について	90
	2. 地域との関係・地域における連携について	91
Step3	1. 保護者との連携について	92
	2. 保育所保育指針、幼保連携型認定こども園教育・保育要領からみる子育て支援について	95
COLUMN	遊びのなかから育ちをみる専門職としての保育士	96

第9講 保育所実習④ 保育所における計画と実践

Step1
1. 保育の計画（保育を計画すること） ………… 98
2. 全体的な計画と指導計画 ………… 98
3. 自己評価と改善 ………… 99

Step2
1. 実習生が作成する指導計画（指導案）の意義 ………… 100
2. 指導案の書き方・考え方 ………… 100
3. 省察と評価 ………… 101
4. 指導案の実例 ………… 102
演習　次の「部分実習指導案」を検討し、よりよい指導案を作成してみよう ………… 105

Step3
1. ねらいには子どもに経験してほしいことを書く ………… 108
2. 一貫性のある指導案にする ………… 108
3. 子どもが主体的に活動する姿をイメージする ………… 109

COLUMN 自由な発想で楽しく考える保育の内容と計画 ………… 110

第10講 保育所実習⑤ 保育環境と安全

Step1
1. 子どもの生活と保育環境 ………… 112
2. 保育環境づくりのポイント ………… 112
3. 子どもが安心して過ごすことができる環境 ………… 113

Step2
1. 感染症予防 ………… 114
2. 遊具や遊び場の点検 ………… 115
3. 避難訓練および防犯対策 ………… 117
4. 保育士の役割 ………… 119

Step3
1. 危機管理 ………… 120
2. 保育現場での死亡事故 ………… 120
3. けがや病気への対応 ………… 121

第11講 施設実習①　施設養護の目的や意義

Step1
1. 施設実習と保育士 …… 124
2. 児童福祉の体系と施設運営 …… 125
3. 児童福祉施設の種類と類型 …… 127

Step2
1. 児童福祉施設の目的、概要 …… 128
2. 障害者支援施設・障害福祉サービス事業所 …… 131

Step3
1. これからの社会的養護の課題 …… 132
2. 今後の施設養護の役割 …… 132

COLUMN 被虐待児へのケア …… 134

第12講 施設実習②　施設で暮らす子どもや利用者の理解

Step1
1. 社会的養護の現状について …… 136
2. 子どもや利用者の育ちの背景や障害を通した理解 …… 137
3. 事例を通して理解する施設で暮らす子どもたち …… 138

Step2
演習1　施設保育士は施設で暮らす子どもたち、利用者を援助するためにどのようなことを理解しておく必要があるか考えてみよう …… 140
演習2　施設における観察や実践から子どもや利用者の理解を深めよう …… 141

Step3
1. 自立支援 …… 144
2. 自立支援における保育所保育士と施設保育士の役割の違い …… 145

COLUMN リービングケアの実際、留意点について …… 146

第13講 施設実習③　施設保育士の役割

Step1
1. 施設保育士の業務 …… 148
2. 問題行動への対処 …… 152
3. 子どもの権利擁護 …… 153

Step2
1. 家庭支援 …… 154

	2. 自立支援	155
Step3	他職種、他機関、家庭や地域社会との連携	156
COLUMN	児童養護施設は家庭そのもの	158

第14講 施設実習④ 施設における養護内容

Step1	1. 施設における養護内容	160
	2. 生活支援・学習支援・職業支援等の実際	160
Step2	個別支援、生活の質を高めるための支援の工夫	166
Step3	さまざまな養護形態、退所後の支援	170
COLUMN	「児童養護施設運営ハンドブック」	172

第15講 施設実習⑤ 施設内の生活環境、衛生、安全管理

Step1	1. 施設内の生活環境	174
	2. 基本的生活習慣の確立	174
	3. 衣食住環境の工夫	174
Step2	1. 健康管理と医療	178
	2. 健康管理	178
	3. 医療機関との連携	179
	4. 衛生管理	180
	5. 感染症に対する対応方法	181
Step3	1. 危機管理とリスクマネジメント	182
	2. 事故防止	182
	3. 安全対策	182
COLUMN	障害のある子どもたち	184

第16講 施設実習⑥ 児童福祉施設における実習の留意点

	1. 児童福祉施設に共通した特徴と留意点	186

	2. 乳児院	187
	3. 母子生活支援施設	190
	4. 児童養護施設	193
	5. 児童厚生施設	196

COLUMN 児童養護施設のイメージとは … 198

第17講 施設実習⑦ 障害児者施設等における実習の留意点

1. 障害児者施設に共通する留意点 … 200
2. 障害児入所施設 … 202
3. 児童発達支援センター … 206
4. 障害者支援施設 … 208
5. 障害福祉サービス事業所 … 210

COLUMN 障害児者施設のイメージ … 212

第18講 実習後の学び －総括、評価－

Step1
1. 実習施設での振り返り … 214
2. 実習事後指導による振り返り … 215
3. 実習準備に対する振り返り … 216
4. 自己評価と施設評価の比較 … 218

Step2
演習1 実習においてなぜ自己評価をすることが必要なのかを考えてみよう … 220
演習2 実習でみえてきた課題を解決できるように検討してみよう … 223

Step3
1. 自己評価の留意点と意義 … 226
2. 自己課題の解決 … 226
3. 保育士の資質と適性 … 226
4. 実習日誌 … 227

第19講 自己課題の明確化

Step1
1. 保育士としての学び … 230
2. 振り返りからみえてくる自己課題 … 231
3. 自己課題の分類 … 234

	4. 今後の学習に対する目標、取り組み姿勢	235
	5. PDCAサイクルの活用	235
Step2	演習1　自己課題を明確にし、課題の優先順位を決めよう	236
	演習2　卒業までの学習計画を立てよう	238
Step3	保育士として仕事をするということ	240
COLUMN	「社会的健康」って？	242

第20講　学びを深めるために

Step1	1. 子育て家庭を取り巻く社会経済的背景	244
	2. さまざまな子育て家庭支援施策	245
Step2	1. 子どもという「概念」	248
	2. 子どもの権利の歴史的背景	249
	3. 保育者としての人権意識	251
Step3	1. 認定こども園について	252
	2. 子ども・子育て支援新制度と認定こども園	252
	3. 子育てをめぐるさまざまな制度と保育者としての学び	253
COLUMN	多様性のある親とその子どもについて	254

参考資料

	1. 全国保育士会倫理綱領	256
	2. 実習日誌（例）	258
	3. 自己課題をみつけるためのチェックリスト	261
	4. 卒業までの学習スケジュール	262
	5. 少子化社会対策大綱（概要）	263
	6. 子どもの権利に関する歴史的流れ	265

索引
企画委員一覧
編集・執筆者一覧

第1講

保育実習の目的と概要

　保育士をめざしているみなさんは、保育士資格を取得するために、これまで保育士養成校で保育や養育に関する学びを積み重ねてきたことだろう。いよいよ実際の保育の現場で、みなさんが実習を行うときがきた。

　本講では、「保育実習」に関する基本的な事項を学習する。保育実習が保育士養成課程のなかでどのように位置づけられているかを理解したうえで、実習の意義や目的、実習の流れや内容などを知り、充実した実習を実現するための第一歩としたい。

Step 1

1. 保育士の資格

　保育士になるためには、保育士養成校などを卒業するか、国家試験である保育士試験に合格したあとに、保育士として都道府県へ登録する必要がある。保育士は、名称独占資格と呼ばれる国家資格で、都道府県知事より保育士登録証を交付された人だけが名乗ることができる。

　児童福祉法では、保育士とは、「保育士の名称を用いて、専門的知識及び技術をもって、児童の保育及び児童の保護者に対する保育に関する指導を行うことを業とする者をいう」（児童福祉法第18条の4）と定められている。条文からもわかるように、保育士の役割には、「児童の保育」だけではなく、「児童の保護者に対する保育に関する指導」も含まれている。そして、地域の子育て支援を行う専門家としての保育士への期待はますます高まっているといえるだろう。また、保育士の活躍の場は、保育所以外にも、児童福祉法に定められるさまざまな目的をもった児童福祉施設にまで及ぶ。いずれの場にあっても、保育士は子どもの最も身近な存在として生活をともにしながら、子どもとその背後にいる保護者への理解を深め、子どもの最善の利益を考え、追求していくのである。

　また、国がみとめる保育の専門家としての保育士には、保育士として知り得た人の秘密を守るという守秘義務や、保育士の信用を落とすような行為の禁止などの義務が課せられており、知識の維持、向上に努めることとされている。

　このような重要な役割を担う保育士の資格を取得しようとしていることを、まず保育学生は自覚する必要がある。

2. 保育士になるために

保育士養成課程における保育実習

　保育所や保育所以外の児童福祉施設等で保育士として働くためには、保育士資格の取得が必要であり、そのために保育士養成校においては、所定の単位を修得しなければならない。なかでも「保育実習」は、最も重要な科目といってよいだろう。

　厚生労働省による保育士養成課程では、**図表1-1**にある5つの系列からなる教科目を学び、保育士に必要な専門知識や技術を身につけていく。そのなかで、保育実習では、実際の保育の場で、現場の実習指導者のもと、子どもとかかわり、それまでに学んだ専門知識や技術を実践し、自らの課題を明らかにする。

図表1-1　保育士養成課程における教科目

系列	教科目					
	必修科目			選択必修科目		
	科目	授業形態	単位数	科目	授業形態	単位数
保育の本質・目的に関する科目	保育原理 教育原理 子ども家庭福祉 社会福祉 子ども家庭支援論 社会的養護Ⅰ 保育者論	講義 講義 講義 講義 講義 講義 講義	2単位 2単位 2単位 2単位 2単位 2単位 2単位	保育士養成校において設定		
保育の対象の理解に関する科目	保育の心理学 子ども家庭支援の心理学 子どもの理解と援助 子どもの保健 子どもの食と栄養	講義 講義 演習 講義 演習	2単位 2単位 1単位 2単位 2単位			
保育の内容・方法に関する科目	保育の計画と評価 保育内容総論 保育内容演習 保育内容の理解と方法 乳児保育Ⅰ 乳児保育Ⅱ 子どもの健康と安全 障害児保育 社会的養護Ⅱ 子育て支援	講義 演習 演習 演習 講義 演習 演習 演習 演習 演習	2単位 1単位 5単位 4単位 2単位 1単位 1単位 2単位 1単位 1単位			
保育実習	保育実習Ⅰ 保育実習指導Ⅰ	実習 演習	4単位 2単位	保育実習Ⅱまたは保育実習Ⅲ 保育実習指導Ⅱまたは保育実習指導Ⅲ	実習 演習	2単位 1単位
総合演習	保育実践演習	演習	2単位			

資料：「指定保育士養成施設の指定及び運営の基準について」（平成15年雇児発第1209001号、厚生労働省雇用均等・児童家庭局通知）の別紙3「教科目の教授内容」をもとに作成。

　実習は、実習先に出向いてただ実践をすればよいというものではない。実習先を選び、実習先での事前のオリエンテーションや養成校での事前・事後指導など、多くの時間をかけてさまざまなことを学ぶことになる。また、実習前にどのような教科目を学び、実習後にどのような教科目を学ぶかは、養成校により異なるが、実習前の学びを基本として実習を行い、実習で学んだことを実習後の養成校での学びの基本とするように、各養成校のカリキュラムは考えられている。そのような学習の過程を繰り返し、理論と実践を行き来しながら、保育の学びは深まり、保育を実践する力が身についていくのである。

保育実習Ⅰ（保育所実習・施設実習）

　厚生労働省が定めた保育士養成課程においては、**図表1-1**のとおり、「保育実習Ⅰ」（4単位）と「保育実習指導Ⅰ」（2単位）が必修となっている。実際には「保育実習Ⅰ」は、保育所実習（2単位）と施設実習（2単位）に分けられる。なお、保育所実習の実習先には、保育所のほかに、幼保連携型認定こども園、0～2歳児対象で定員6～19人の小規模保育A・B型、事業所内保育事業も含まれる。また、施設実習の「施設」とは、児童福祉法に定められる児童福祉施設等で、保育所以外の居住型児童福祉施設や障害児通所施設等である。

　保育実習Ⅰの実習日数は、おおむね20日とされており、実際には、保育所実習と施設実習、それぞれおおむね10日間ずつの実習を行うことになる。

　保育実習Ⅰ（保育所実習・施設実習）の目標は、**図表1-2**に示されるとおりである。保育所実習と施設実習に共通した5つの目標が立てられているが、「具体的に」という言葉が3つの項目に含まれている。つまり、どちらの実習においても、実際の保育の現場に身をおき、観察や子どもとのかかわりを通して、また保育士からの指導を受けながら、できるだけ具体的に学び理解することが重要となる。

保育実習Ⅱ（保育所実習）・保育実習Ⅲ（施設実習）

　保育実習Ⅰを終え、保育所実習と施設実習それぞれの総括を行い、課題を明らかにしたうえで、次に保育実習Ⅱ（2単位）または保育実習Ⅲ（2単位）のいずれかを選択して、実習を行うことになる。保育実習Ⅱでは、保育所保育についてより深く学び、保育実習Ⅲでは、保育所以外の児童福祉施設等についてさらに理解を深める。なお、保育実習Ⅲにおいては、実習先として児童館等の児童厚生施設が加わる。

　保育実習Ⅱと保育実習Ⅲの実習日数は、それぞれおおむね10日とされており、それぞれの実習に対して「保育実習指導Ⅱ」（1単位）と「保育実習指導Ⅲ」（1単位）が設けられている。

図表1-2 保育実習Ⅰ（保育所実習・施設実習）の目標

1. 保育所、児童福祉施設等の役割や機能を具体的に理解する。
2. 観察や子どもとの関わりを通して子どもへの理解を深める。
3. 既習の教科目の内容を踏まえ、子どもの保育及び保護者への支援について総合的に理解する。
4. 保育の計画・観察・記録及び自己評価等について具体的に理解する。
5. 保育士の業務内容や職業倫理について具体的に理解する。

資料：「指定保育士養成施設の指定及び運営の基準について」（平成15年雇児発第1209001号、厚生労働省雇用均等・児童家庭局通知）の別紙3「教科目の教授内容」より抜粋。

保育実習Ⅱと保育実習Ⅲの目標は、それぞれ**図表1-3**と**図表1-4**に示されるとおりである。保育実習Ⅱと保育実習Ⅲについては、保育実習Ⅰの保育所実習と施設実習の経験をふまえながら、保育所や施設の役割や機能に関して、具体的な「実践」を通して理解を深めたり、保育士の業務内容や職業倫理について、具体的な「実践」に結びつけて理解するなど、保育実習Ⅰに比べてよりいっそう「実践」に重点がおかれている。

先にも述べたように、保育実習Ⅰでは、保育所実習と施設実習の両方を経験するが、保育実習Ⅰの経験をふまえ、次は保育実習Ⅱか保育実習Ⅲのどちらかを選択して実習を行うことになる。どちらの実習を行うかは、将来、保育所保育士をめざすのか、または施設保育士をめざすのかの選択にも重なる。当然ながら、保育所実習と施設実習は、めざす専門性の違いを受けて、実習の内容も大きく異なる。しかしながら、同じ「保育士」を名乗り、子どもの養護と教育、子育て支援を行う専門職として、本来ならば、保育実習Ⅱと保育実習Ⅲの両方を履修すべきところ、そのうちの1つを選択するのだということを自覚しておきたい。いずれにしても、保育実習Ⅱと保育実習Ⅲは、保育士資格取得に向けての最後の総まとめの重要な実習である。

図表1-3　保育実習Ⅱ（保育所実習）の目標

1. 保育所の役割や機能について、具体的な実践を通して理解を深める。
2. 子どもの観察や関わりの視点を明確にすることを通して、保育の理解を深める。
3. 既習の教科目や保育実習Ⅰの経験を踏まえ、子どもの保育及び子育て支援について総合的に理解する。
4. 保育の計画・実践・観察・記録及び自己評価等について、実際に取り組み、理解を深める。
5. 保育士の業務内容や職業倫理について、具体的な実践に結びつけて理解する。
6. 実習における自己の課題を明確化する。

資料：図表1-2と同じ。

図表1-4　保育実習Ⅲ（施設実習）の目標

1. 既習の教科目や保育実習の経験を踏まえ、児童福祉施設等（保育所以外）の役割や機能について実践を通して、理解する。
2. 家庭と地域の生活実態にふれて、子ども家庭福祉、社会的養護、障害児支援に対する理解をもとに、保護者支援、家庭支援のための知識、技術、判断力を習得する。
3. 保育士の業務内容や職業倫理について具体的な実践に結びつけて理解する。
4. 実習における自己の課題を理解する。

資料：図表1-2と同じ。

Step2

1. なぜ保育実習が必要か

求められる実践的な学び

　保育所保育士は、保育を必要とする乳幼児を預かり、保育所での集団生活を通して、子どもの発達を支援する職務を担う。子どもの年齢や特性に応じた健全な心身の発達を援助しながら、直接子どもの人間形成にかかわり、一方で保護者や地域の子育て家庭の子育てを支援するという重要な役割を果たすことになる。

　施設保育士は、子ども（施設の利用者）の生活を支えることにより、生存と発達を保障する職務を負う。したがって、日々の保育においては、主に生活場面を活用しながら、子どもやその家族にはたらきかける養護活動が想定され、専門技術が要求されることになる。

　このような広範にわたる役割が期待される保育士をめざすためには、子どもや保育に関する基礎的な理論や保育技術を学ぶとともに、保育現場での実習を通して、実践的な知識と技能を体得しなければならない。理論と実践をつなぐ応用力とともに、保育場面や保護者対応の場面で的確に判断し、臨機応変に行動できる力を培っていくことが求められるのである。そして、そこに保育実習の大きな目的がある。

保育実習の意義

　実習では、保育所や施設等の現場で、日々の保育の具体的な場面に出会う機会を得る。子どもとの実際のかかわりを通して子どもへの理解を深め、同時に保育士としてのさまざまな仕事を学ぶ。また、子どもを取り巻く家族—地域—社会の関係性や、保育所やそれぞれの施設の役割や機能を実地で学ぶことも可能となる。そして、養成校で学んだことを保育の現場でどのように活かせばよいのかを考え、さまざまな領域の内容を融合させながら実践し、それに対して現場の実習指導者の具体的な助言や指導を得ることができる。そのような体験を通して、保育の学びは格段に深まっていく。

　また実習では、保育士になることへの使命感や喜びを実感し、心構えを養う一方で、保育現場の厳しさや保育士の日々の苦労、職員間や保護者との連携の大切さ、保育士のたゆまぬ努力やその充実感を実体験することができる。さらに実習は、保育士としての自分の特性や適性、人間性、価値観などを自分自身に問い直す機会にもなる。

このように、自分のこれまでの保育の学びや考え方を総合し、現実のより具体的な場面での実践を積み重ね、振り返りを行い、保育士という専門職への理解を深めていくことが実習の意義といえる。

実習経験の積み重ね

　実習前、特にはじめての実習の前は、だれでも緊張するものである。実習前の不安を少しでも解消するためには、できるだけの準備をするしかない。事前の準備には、実習に向けての心構えも含まれる。実習は、事前の準備からすでにはじまっている。そして、いよいよ実習に臨み、それぞれの実習先で実習を行う。実習期間を無事に終えても、それで実習が終わるわけではない。実習全体を振り返り、自己評価を行い、自分自身の課題を明らかにする過程もまた重要である。自己課題をもって、次の実習に向けて準備を進めていくのである。こうして保育実習だけでも少なくともⅠ～Ⅲの3回の実習を経験することになる。

　このような一連の学びの過程（図表1－5）が、実習経験として積み重ねられるところに、大きな意味がある。実習を経験することで、具体的な子どもや保育のイメージを描けるようになり、養成校での学びも一段と充実するようになる。

2. 保育実習の実際

　実習を実り多いものとするために、実習の目的や意義を十分に理解し、自分が実習で何を行うべきかを知っておくことは重要である。
　保育実習Ⅰでは、見学・観察および参加実習を行う。保育所実習と施設実習において、それぞれ具体的な実習目標を立てて、それに向けて日々の実習を積み上げる

図表1-5　一連の学びの過程としての実習経験の積み重ね

ことで、保育士に必要となる総合的な実践力を身につけていくのである。

保育所実習や施設実習のより具体的な実習の内容をみてみよう。

保育所実習の具体的な内容

(1) 見学・観察実習（オリエンテーションを含む）
- 実習を行う保育所（以下「実習園」）の沿革や保育の基本方針を学ぶ。
- 実習園を取り巻く環境や実習園の特徴を学ぶ。
- 園舎、保育室、遊戯室、設備、遊具等の概要を知る。
- 園組織、クラス編成、職員組織と職務分担などの概要を知る。
- 各年齢児の1日の過ごし方を知る。
- 乳幼児の生活や遊びを観察する。
- 保育士の保育方法や援助方法について観察する。
- 保育士の保護者対応について観察する。

(2) 参加実習
- 乳幼児の生活や遊びに参加する。
- 設定された活動に参加する。
- 環境の整備、環境の構成、教材の準備や整理に参加する。
- 実習園の行事や社会活動に参加する。
- 早番、遅番などの保育（勤務）を経験する。

(3) 部分実習・責任実習
- 配属されたクラスで、朝の会、給食、おやつ、帰りの会など、保育の一部分を担任保育士に代わり実践する。
- 実習園の全体的な計画や指導計画に基づき、クラスの子どもの姿をよくみて、設定保育の活動や1日の保育の指導計画を立案し、実際に保育を行う。

実践女子大学「実習の手引き」をもとに作成。

保育実習Ⅰの中盤以降や保育実習Ⅱでは、直接保育活動に参加する実習が主となる。また部分実習や1日の責任実習の機会も与えられる。実習指導者の助言や指導を受けながら、乳幼児の発達に応じた具体的な指導計画を自ら作成し、準備を進め、実践する。その振り返りも行う。また、保育士同士の連携や、家庭と保育所とのコミュニケーションのあり方、地域と保育所との連携などにも注意を向け、保育所の機能や特性について具体的に学ぶ。

施設実習の具体的な内容

> (1) 見学・観察実習（オリエンテーションを含む）
> ・実習施設の沿革や基本方針を学ぶ。
> ・実習施設を取り巻く環境や実習施設の特徴を学ぶ。
> ・実習施設の建物、設備等の生活環境を知る。
> ・法人等の組織、職員組織と職務分担などの概要を知る。
> ・子ども（利用者）の特性や1日の過ごし方を知る。
> ・子ども（利用者）の生活や活動を観察する。
> ・保育士の生活指導、学習指導、療育指導、自立支援等について観察する。
> (2) 参加実習
> ・子ども（利用者）の生活や遊びに参加する。
> ・保育士の生活指導、学習指導、療育指導、自立支援等の活動に参加する。
> ・環境の整備、環境の構成に参加する。
> ・実習施設の行事や社会活動に参加する。
> ・早番、遅番、宿直等の勤務を経験する。
> (3) 部分実習・責任実習
> ・個別支援計画を作成し、それに基づき実際の支援を行う。

実践女子大学「実習の手引き」をもとに作成。

　施設実習では、児童養護施設等の居住型児童福祉施設で宿泊しながら実習を行う場合もある。子ども（利用者）の施設への入所経路や入所理由など、社会的な背景を事前に学習したうえで、実際に施設の果たしている役割や機能などを理解する。また、子ども（利用者）の家族はどのような思いや願いをもって施設を利用しているのか、施設やそこで生活している子ども（利用者）のかかえる一般的な問題点は何であるのか、それはどのようなことから生じているのか、さらに施設やそこで生活をしている子ども（利用者）はそれをどのように克服しようとしているのかなど、常に問題意識をもって実習に取り組む。

　保育所実習においても施設実習においても、それぞれ2週間あまりを保育所や施設で過ごすことになる。実習生の立場ではあるが、保育士としての守秘義務を守り、保育士として行動する。そこに責任も生じる。また、実習生としては、日々実習指導者との直接のやりとりによる反省の機会を得るとともに、日々の記録や反省を実習日誌に記す作業も行う。さらに実習期間中には、保育士養成校の教員による訪問指導も受けることになっている。

Step 3

1. 保育の専門家としての知識と問題意識

　専門性を備えた信頼される保育士をめざすためには、さらに知識と問題意識をもって実習に臨みたい。

　保育所実習では、保育に関する国の施策や制度の動向にも関心をもち、子どもを取り巻く環境に注目しながら、保育所のもつ社会的役割や機能を理解する。子どもの健やかな育ちを支援する力とともに、子育てを支援するために必要な力を養うという意識も必要である。子どもの家庭や地域での生活実態にふれ、家族背景や地域の現状を考察し、ソーシャルワーカー的な視点をもって実習に取り組むことが求められる。

　施設実習では、福祉援助の内容・方法についてさらに理解を深め、技術を高める。施設のもつ社会的役割や機能についての理解を深め、子どもの家族や地域社会、そこにある問題など、子どもを取り巻く社会環境にまで視野を広げた支援の視点を養うことも重要である。施設に対する社会的ニーズ、施設サービスのあり方、子ども（利用者）のかかえる共通する問題、子ども（利用者）やその家族の感情の理解など、幅広い問題意識をもって実習に取り組むことが求められる。

　時代は急速に変化を遂げ、家庭や地域での養育環境も大きく変わってきた。子どもの発達の様相も子どもの養育方法もさまざまであり、多様な家族や子どもの育ちへの理解は、これからの保育士に必要な専門性である。

2. 今日の保育の問題

　都市化、情報化、少子化、核家族化などの社会の変化により、子どもが育つこと、子どもを育てることが困難な時代が続いている。子どもは本来、自然のなかで、そして人と人との間で、健やかに育つものである。しかし、子どもが子どもらしく健全に育つために必要な環境を保障することが難しくなってきている。

　子どもたちに豊かな経験を与え、健康面でも保育の環境としても重要な自然環境が、近年さまざまな理由で失われようとしている。それは、子どもに必要な経験が奪われてしまうということでもある。自然環境の問題は、子どもの遊び環境の問題でもあり、またそれは、保育の質にもかかわる。子どもたちに十分な遊びの空間と時間が保障できているか、あらためて問い直す必要があるだろう。

　そして、今日、人間関係の希薄化が指摘されている。乳幼児期は、自分自身や身近な人に対して、基本的な信頼感を育んでいく大切な時期である。家庭においては、

親との信頼関係のもとで、子どもは安定し、安心して自分を発揮(はっき)して生活することができるようになる。しかし、現代社会では、大人は余裕がなく、ストレスをかかえた生活を送っており、子どもはそのような大人の生活に合わせた家庭生活を送らざるをえない。一方で、長時間の保育を担う保育所においては、保育士が親代わりとなって、子どものこころのよりどころとならなければならない。また同時に、子どもにとっての生活者のモデルとしての役割も担い、親の子育てを支えるのも保育士である。

このように、保育士は子どもにとっても親にとっても大変重要な存在であるが、その保育士の労働条件については、さまざまな改善が必要である。なかでも、1人の保育士がみる子どもの数（保育士の配置）は、保育の質にかかわる重要な課題である。子どもの健全な育ちを保障するために、子どもの数に対して十分な数の保育士が配置されているかどうか、最低基準の見直しも含め、検討が必要である。特に、特別な配慮を必要とする子どもがいる場合には、保育士の手厚い配置は必須(ひっす)である。それだけに、現在の都市部を中心とした保育士不足は、深刻な問題である。

3. 子どもの虐待と貧困

現代の日本において、子どもをめぐる問題には、さまざまなものがあげられるが、子どもの虐待(ぎゃくたい)と貧困は、なかでも最も深刻な問題といえるだろう。

厚生労働省によれば、2016（平成28）年度において、全国の児童相談所での児童虐待相談対応件数は12万2575件で、過去最多であった。調査が開始された1990（平成2）年以来、その数は年々増加を続けており、2016（平成28）年度は対前年度比118.7％の増加である。2000（平成12）年に児童虐待の防止等に関する法律が制定され、その後全国で児童虐待を防止するためのさまざまな活動が行われてきているが、保育所を含む児童福祉施設の職員として、保育士が担う早期発見と早期介入の役割は非常に重要である。

また近年、子どもの貧困の問題が注目されている。特に、日本のひとり親世帯に育つ子どもの貧困率は高く、ひとり親世帯の大半を占める母子世帯の貧困率の高さがその原因となっている。貧困の問題はまた、ほかのさまざまな子どもの問題と関連しており、極端(きょくたん)な学力不足、健康不良、ネグレクト（育児放棄）などの児童虐待、不登校などとの相関が指摘されている。そして、子ども時代の貧困の不利は、大人になってからも持続する可能性をはらんでいる。

実習に臨むにあたり、これらの問題の存在を認識し、理解しておく必要がある。

参考文献

- 愛知県保育実習連絡協議会「福祉施設実習」編集委員会編『保育士をめざす人の福祉施設実習』みらい，2011.
- 阿部彩『子どもの貧困Ⅱ――解決策を考える』岩波書店，2014.
- 阿部和子・増田まゆみ・小櫃智子編『最新保育講座⑬ 保育実習 第2版』ミネルヴァ書房，2014.
- 乙訓稔監，近喰晴子・松田純子編『保育原理――保育士と幼稚園教諭を志す人に』東信堂，2014.
- 子育て支援者コンピテンシー研究会編著『育つ・つながる子育て支援――具体的な技術・態度を身につける32のリスト』チャイルド本社，2009.
- 新 保育士養成講座編纂委員会編『新 保育士養成講座⑨ 保育実習 改訂1版』全国社会福祉協議会，2015.

COLUMN　先輩が語る「こころに残る実習中のエピソード」

ある実習生が、実習中のエピソードとして、次のような報告をしてくれた。

> 4歳児クラスで1日責任実習を行った際、主活動として「野菜スタンプ」に取り組んだ。活動をはじめる前に、子どもたちと2つの約束をした。1つめは、保育室を走らないこと。2つめは、限られた数の野菜を友達と仲よく使うことであった。約束をしたあとで、子どもたちが理解しているかどうかを確認するために、もう一度問い直してみた。「約束が2つあったけど、覚えているかな」と聞くと、子どもたちは、「走らない」と言う。しかし、2つめが出てこない。「野菜をどうやって使うって言ったかな」と聞いてみる。すると、ある女児が「大事に使う」と言った。私が求めていた答えは「仲よく使う」であったが、女児の言葉を聞いて、野菜を大事に使うことは、最初に子どもたちと約束しなければならないことだったと気づかされた。この女児は、4歳なりに食べ物の大切さを理解し、つくってくれる人への感謝の気持ちをもっているのだ。あらためて、子どもから教わることも多いと実感した。子どもの発した一言で、その子どもの成長や発達が感じられることがある。その背景には、保育者の工夫や配慮があると思う。給食の食器を片づける際に、保育者は毎日、当番の子どもたちに対して「今日の給食は何がおいしかったかな」と聞いていた。その後で、子どもたちは、「スープに入っていたにんじんがおいしかったです」など、自分の思ったことを感謝の気持ちを込めて調理師の方に伝えていた。保育者が毎日の保育のなかで取り組んでいた食育の成果が、野菜スタンプの場面に現れたのだと思う。

保育の現場は、このような学びの宝庫である。実習中は、緊張することも多いかもしれないが、日々子どもたちと生活をともにできる喜びを味わいながら、自ら積極的に学んでほしい。

（松田純子）

第2講

福祉職としての保育士

　保育士は児童福祉法に規定された国家資格であり、0歳から18歳に達するまでの児童の保育にたずさわる福祉職である。本講では、福祉職としての保育士が理解しておくべき職務内容やその背景にある理念について学ぶ。

　はじめに福祉職としての保育士の職務内容について概観する。次に最も重要な基本理念である「子どもの人権擁護（じんけんようご）」について学び、最後に「虐待（ぎゃくたい）」を事例に保育士の対応について考える。

Step 1

1. 福祉職としての保育士

福祉としての「保育」

　「保育」とは、子どもの養護と教育の総称である。子どものありのままの姿を受容し、子どものこころの安定を図りつつきめ細かくていねいにかかわっていく養護的側面と、子どもの成長・発達をうながし、導いていく教育的側面の両者を一体化して展開していくのが保育であるといえる。一般的には、保育所や幼稚園に通う乳幼児に対する支援を指して用いられることが多いが、本来的には、児童養護施設などの児童福祉施設や放課後児童クラブ（学童保育）等で提供される子どもたちへの支援すべてに対して用いられる言葉である。いいかえれば、児童福祉法においては、「児童」とは0歳から18歳に達するまでの子どもを指しているので、当該年齢の子どもに対して行われる養護と教育をすべて「保育」といっても間違いではない。

　また、保育は子ども家庭福祉の一分野として位置づけられるものである。子ども家庭福祉とは、子どもに対する福祉であるだけでなく、子どもの生活の場である家庭もその支援の対象としていくという考え方に基づいている。この考え方に立って考えてみると、例えば、家庭で「保育を必要とする」状況が生じた場合に、乳幼児に対して提供される子ども家庭福祉サービスの1つが、保育所での保育である。また、主に10歳未満の学齢児童について、保護者が就労等により昼間いない状況が生じた際に提供されるのが、「放課後児童健全育成事業」に基づく「放課後児童クラブ（学童保育）」である。これらは、子どもの保育を通じて、家庭の支援を行っていることをわかりやすく示すものだといえる。

福祉職としての保育士

　保育士は、社会福祉士、介護福祉士、精神保健福祉士と並ぶ福祉関連の国家資格である。保育士は長きにわたって、児童福祉施設の任用資格であったが、2001（平成13）年の児童福祉法改正により国家資格化された。

　児童福祉法第18条の4によれば、保育士とは「登録を受け、保育士の名称を用いて、専門的知識及び技術をもって、児童の保育及び児童の保護者に対する保育に関する指導を行うことを業とする者」とされている。つまり、保育士には、子どもに対する保育を行うとともに、保護者に対して保育指導を行うことが求められているのである。

　保護者への保育指導について、『保育所保育指針解説　平成30年3月』では、次

のように書かれている。すなわち、保護者への保育指導とは、「保護者が支援を求めている子育ての問題や課題に対して、保護者の気持ちを受け止めつつ行われる、子育てに関する相談、助言、行動見本の提示その他の援助業務の総体を指す。子どもの保育に関する専門性を有する保育士が、各家庭において安定した親子関係が築かれ、保護者の養育力の向上につながることを目指して、保育の専門的知識・技術を背景としながら行うもの[*1]」である。つまり、保育士には、保育の専門家として、保護者のかかえる課題に対して相談援助を行うことが求められているということである。

また、全国保育士会では、保育士の守るべき倫理を明示した「全国保育士会倫理綱領」（256ページ参考資料１参照）を発表しているが、その前文で保育士の仕事を３点にまとめている。

> 私たちは、子どもが現在（いま）を幸せに生活し、未来（あす）を生きる力を育てる保育の仕事に誇りと責任をもって、自らの人間性と専門性の向上に努め、一人ひとりの子どもを心から尊重し、次のことを行います。
> 　私たちは、子どもの育ちを支えます。
> 　私たちは、保護者の子育てを支えます。
> 　私たちは、子どもと子育てにやさしい社会をつくります。

ここまでにあげた保育士の職務内容をあらためて整理し直すと、次のようになるだろう。

① 保育所を中心とした児童福祉施設において、０歳から18歳に達するまでの子どもたちに対して、一人ひとりの最善の利益を尊重しながら、保育や生活支援を行うこと。
② 子育て家庭に対して、専門的知識や技術をもった保育の専門家としてかかわり、子どもやその保護者がかかえる子育ての問題や生活課題を解決・改善できるように支援すること。
③ 地域社会の人間関係の希薄化や子どもの生活環境の変化等をふまえ、地域の子育て支援ならびに、子育てや子どもの育つ環境を整備するために力を尽くすこと。

これらの職務をまっとうするのが「福祉職としての保育士」だといえるのである。

[*1] 厚生労働省編『保育所保育指針解説　平成30年３月』フレーベル館, p.328, 2018.

2. 保育士の日々の仕事

　保育士の日々の仕事は、子どもの生活全般にかかわる仕事である。保育所保育士の場合、朝の登園の受け入れからはじまり、自由遊び、設定保育、給食やおやつ、排泄、午睡など、夕方（夜）の降園までの生活を支援する。一方、施設保育士の場合は、朝の起床からはじまり、学校や保育所等への送り出し、掃除や洗濯、下校後は食事やおやつの準備、宿題や入浴の支援など、就寝までの生活支援が求められる。

　このように、保育所保育士の場合は、朝から夕方（夜）までの時間、その一方で、施設保育士の場合は、学校や保育所に通っている時間以外のすべての時間という、まったく正反対の時間だが、どちらも子どもの1日の多くの時間をともに過ごす仕事である。

　しかし、もちろん漫然と子どもと一緒に遊んだり、生活の支援をすればよいということではない。そこには「計画」と「意図」が必ずともなっていなければならないし、そのために日々行わなければならない仕事がたくさんある。

　保育士が立てる「計画」には、長期計画と短期計画がある。保育所保育士の立てる長期計画の1つは「年間指導計画」である。保育所保育指針に示された「全体的な計画」に基づいて、子どもの発達や園の特徴、地域特性等をふまえて計画を立てていくことになる。また、短期計画としては、1週間の生活の区切りを単位とした「週案（週間指導計画）」や1日の生活を単位とした「日案」等がある。これらの「計画」を連動させながら、日々の保育を行っていく。

　また、保育所保育士の日々の仕事の重要なものの1つに、「家庭への連絡」がある。連絡帳等により、子どもの様子を保護者に伝えるために毎日記入する必要がある。定期的に「園だより」や「クラスだより」を発行して、園での生活や行事の様子を連絡・報告する仕事もある。さらに、子ども一人ひとりの保育の記録として「保育所児童保育要録」の作成も義務づけられており、就学前の発達や健康状態等について記入し、小学校へ送付することになっている。

　一方、施設保育士の場合は、子ども一人ひとりに対してつくられる「自立支援計画」に基づいて日々の生活の支援を行っていく。児童相談所から送られてくる「児童記録票」や入所前後の様子から一人ひとりの長期計画と短期計画を立て、定期的に見直しながら保育を進めていく。

　また、施設保育士の場合、子どもたちが通う学校や幼稚園・保育所との連携が不可欠なので、日々の連絡ノートのやりとりをしたり、多様な勤務形態がある職員同士の情報共有のために引き継ぎ書類をつくったり、連絡会を行ったりすることは必

ず毎日の業務の一環として行われなければならない。

　子どもと直接かかわる時間と、保育環境を整えるための時間以外にも、こうした間接的に子どもと向き合う重要な仕事があるのである。

3. 保育とソーシャルワーク

　前2項で整理した保育士の職務内容や具体的な日々の仕事をみれば明らかなように、保育士には子どもと直接かかわる「保育」を行うだけでなく、福祉専門職として、子育て家庭への支援や地域レベルでの子育て支援、子どもが健やかに育つための地域社会環境の整備等が求められている。こうした職務は、いわゆる「ソーシャルワーク」の実践と考えることができる。

　保育士が行う「ソーシャルワーク」について、2008（平成20）年の『保育所保育指針解説書』では次のように書かれていた[*2]。

> 　生活課題を抱える対象者と、対象者が必要とする社会資源との関係を調整しながら、対象者の課題解決や自立的な生活、自己実現、よりよく生きることの達成を支える一連の活動をいいます。対象者が必要とする社会資源がない場合は、必要な資源の開発や対象者のニーズを行政や他の専門機関に伝えるなどの活動も行います。さらに、同じような問題が起きないように、対象者が他の人々と共に主体的に活動することを側面的に、支援することもあります。

　例えば、子どもの保護者が子どもの成長・発達に関して不安を覚えているような場合、保護者の相談を十分に聴き、保育士が自らの専門職としての知識と経験でアドバイスができればそれを行い、必要であれば、療育センター等の地域にある利用可能な機関を紹介するといった活動を行う。また、保護者が経済的困窮（けいざいてきこんきゅう）や就労の問題等をかかえているような場合、生活保護や就労支援団体等の利用可能な社会資源へとつないでいく役割を果たす。さらに、保育所内に地域子育て支援センターを開設し、地域に暮らす子育て家庭に対し、安全・安心して遊べる場所を提供し、保護者からの子育て相談を受けたりするといった活動もある。

　これらの保育士からの直接的なはたらきかけに加え、同じような課題をかかえた保護者や家庭同士がつながりをもち、自分たちで問題解決に向かっていくことができるように、側面から支援をすることも大事な役割である。

　このように保育士には、多様なレベルのソーシャルワークが求められている。

---

*2　厚生労働省編『保育所保育指針解説書』フレーベル館，p.185，2008.

Step2

1. 子どもの人権擁護への道

　子どもの人権を護ること、すなわち子どもの「人権擁護」は、現代の子ども家庭福祉のキーワードの1つであるが、その理念が本格的に形づくられはじめたのは、第2次世界大戦後からであり、まして具体的な実践という意味では、ようやくはじまったばかりだといってもよい。

　ではまず、子どもの人権擁護につながる宣言や法律などの制定に関するおおまかな流れをまとめてみることにしよう。

　日本における子どもの人権擁護の経緯を考える際に、まず最初に参照すべきなのは、「日本国憲法」である。第2次世界大戦後に制定された日本国憲法では、「国民主権」「平和主義（戦争放棄）」「基本的人権の尊重」が3本の柱に

図表2-1 日本における子どもの人権擁護の経緯

1946（昭和21）年	日本国憲法
1947（昭和22）年	児童福祉法
1951（昭和26）年	児童憲章
1994（平成6）年	「子どもの権利条約」批准

なっている。特に「基本的人権の尊重」として、「この憲法が国民に保障する基本的人権は、侵すことのできない永久の権利」（第11条）であることが謳われ、具体的には「すべて国民は、健康で文化的な最低限度の生活を営む権利を有する」（第25条）等が定められている。もちろん日本国憲法は子どもの人権に限ったものではないが、すべての国民が個人として尊重され、人間らしく生きる権利を保障されていることの意味は大きい。

　また、子どもの権利に関する法律としては、1947（昭和22）年制定の「児童福祉法」がある。児童福祉法は、第2次世界大戦後、街に戦災孤児や浮浪児があふれ、また子どもの生活環境がきわめて劣悪になったために、子どもの保護を目的に制定されたものである。

　さらに、1951（昭和26）年5月5日の「こどもの日」に、すべての児童の幸福を図るために、「児童憲章」が制定された。これは日本国憲法や児童福祉法で謳われた子どもの基本的人権を具体的な形で提示したものだといえる。全12か条にわたって、子どもの生活環境や教育環境などについて言及されている。日本の「児童憲章」は、1959年の国連による「児童権利宣言」に先立って宣言されたものである。このことは大変に意義のあることである。

2. 子どもの権利条約

「子どもの権利条約」成立の経緯

　日本国内のみならず、国際的な動向においても、子どもの人権擁護に関する到達点は、「児童の権利に関する条約」（子どもの権利条約）に集約されている。

　「子どもの権利条約」は、1989年に国際連合で採択された、子どもの人権擁護に関するグローバルスタンダード（世界標準）である。ここで、「子どもの権利条約」採択に至る経緯を簡単にふれておく。

　1989年からさかのぼること30年、1959年に「児童の権利に関する宣言」（児童権利宣言）が国連で採択された。その前文で「人類は、児童に対し、最善のものを与える義務を負う」と述べられ、「児童が、幸福な生活を送り、かつ、自己と社会の福利のために権利と自由を享有することができるよう」努力することが求められている。ただし、この宣言には法的な拘束力はないため、長い間各国の努力目標となるにすぎなかった。

　そして1979年は、児童権利宣言採択20周年を記念して、「国際児童年」に指定された年であった。ここでは、国連加盟国すべてが、あらためて子どもの問題を考え、その解決のために最善の努力をすべきことが確認された。また、国際児童年に先立ち、1978年にポーランドより、児童権利宣言の条約化が提案された。というのも、ポーランドは2度の大戦において戦場となり、数多くの子どもたちの犠牲者を出したつらい経験をもつ国だったからである。これがきっかけとなり、児童権利宣言採択30周年にあたる1989年に「子どもの権利条約」が採択されるに至った。ここでようやく子どもの人権擁護に関する理念ができあがったと考えることができる。

　では、これまで国内外でいくつかの「宣言」や「憲章」が出されてきたが、これらは「条約」と何が異なるのだろうか。それは端的にいえば、法的拘束力の有無である。「宣言」や「憲章」は国連によるものであっても、各国の努力目標の域を出ることができないのに対し、「条約」の場合は条約締結国に遵守の義務が課せられる。日本国憲法には「日本国が締結した条約及び確立された国際法規は、これを誠実に遵守することを必要とする」（第98条）という条項があり、日本では日本国憲法に準ずる効力をもち、その他の法律よりも優先される。ちなみに、「子どもの権利条約」のような重要な条約を締結する場合、国家の代表（＝全権大使）が条約の内容を確認して行う「署名」（＝「調印」）だけでは効力を発揮せず、署名した内容を国家（国会）で最終確認し、同意すること（＝「批准」）が必要になる。「子

どもの権利条約」の場合、国連で1989年に採択されたものに、日本は1990（平成2）年に「署名」し、その後1994（平成6）年に「批准」したのである。

「子どもの権利条約」の内容

「子どもの権利条約」は、基本的な理念や、他の宣言や条約との関係を明示した前文と、実質的な子どもに関する規定である第1部（第1条～第41条）、条約締結国の義務について規定した第2部（第42条～第45条）、運用の規定を記した第3部（第46条～第54条）から構成されている。

まず最初に重要なのは、「子どもの最善の利益」の最優先が明言されていることである（第3条）。これは、子どものために何がなされるにしても、何よりも「子どもの最善の利益」を考えたものでなければならないということである。

また、「子どもの権利条約」の最大の特徴は、子どもを保護の対象とするだけでなく、権利を享受し行使する主体的な存在として位置づけた点にある。つまり、「保護される存在としての子ども」から「権利の主体者としての子ども」へと子ども観を転換させたことに大きな意味がある。

「権利の主体者としての子ども」の視点が最も端的に表れているのは、第12条の「意見表明権」であろう。意見表明権とは、子どもは自分にかかわりのあることについて、自由に自分の意見を言う権利をもっており、その意見は子どもの年齢や発達に合わせて尊重されるということである。いいかえれば、子どもだからといって発言が制限されたり、その意見がないがしろにされたりしないということである。

条約の発効後は、各国が条約に規定された子どもの権利を実現するための責任と義務を負い、批准後2年以内に（それ以降は5年ごとに）その実施状況を国連の「児童の権利に関する委員会」に報告しなければならないことが決められている（第44条）。日本も1996（平成8）年に第1回の報告を提出したが、その審査の結果、22項目に及ぶ不備の指摘や勧告を受けた。例えば、1999（平成11）年に制定された「児童買春、児童ポルノに係る行為等の規制及び処罰並びに児童の保護等に関する法律」（児童買春・児童ポルノ禁止法）や2000（平成12）年制定の「児童虐待の防止等に関する法律」（児童虐待防止法）は、このときに受けた指摘に基づいて制定されたものであるし、子どもの人権に関するオンブズパーソン制度（国民の自由や権利が侵害されないよう、外部から行政機関を監視し、国民の苦情処理などにあたる制度）などが整備されはじめたのも、これがきっかけであるといえる。ちなみに、児童福祉法が1997（平成9）年に大幅改正されたが、それは「子どもの権利条約」に基づいて法律を見直したことが契機になっているのである。

3. 全国保育士会倫理綱領

2001（平成13）年の児童福祉法改正によって、保育士が国家資格となり業務の範囲も新たに規定されることとなった。その背景にもすでに述べてきた「子どもの権利条約」の批准がある。保育士の国家資格化にともない、全国保育士会では「全国保育士会倫理綱領」を策定した（**256ページ参考資料1参照**）。内容は、Step1であげた前文と、8条からなり、「子どもの権利条約」の内容をふまえた、保育士の行動規範と、専門職集団として社会に果たすべき役割を明示したものとなっている。

図表2-2 全国保育士会倫理綱領の内容

1	子どもの最善の利益の尊重
2	子どもの発達保障
3	保護者との協力
4	プライバシーの保護
5	チームワークと自己評価
6	利用者の代弁
7	地域の子育て支援
8	専門職としての責務

まず条文1では、保育士が最も依拠すべき行動規範として「子どもの最善の利益の尊重」が掲げられている。子どもを一人の人間として尊重し、子どもの立場に立って考え、それぞれの発達に応じて支援していくことが大切である。

続く条文2～4では、子どもや保護者などと直接かかわる際の倫理が表現されている。条文2では、子どもとかかわる際には、子どもの発達を理解したうえで、一人ひとりの可能性や能力を尊重したはたらきかけが必要であることが明示され、条文3では、保護者のおかれている状況を理解したうえで、保護者と保育士の協力関係を築き、寄り添うことが大切であることが示されている。また、条文4では、子どもと保護者への支援を行っていく際の根源的な倫理として、プライバシーの尊重、すなわち、保育を通じて知り得た個人の秘密の厳守と個人情報の保護が謳われている。

条文5では、保育士の職場改善の努力について記載されている。子どもの視点に立って、チームワークや連携を大切にし、保育の質の向上に努めることが必要である。

条文6と7では、社会との関係について記されており、条文6では、子どもや保護者のニーズを社会に対して代弁していくこと、条文7では、子どもと子育て家庭にやさしい地域社会づくりに貢献することが求められている。

最後の条文8では、専門職としての責務が述べられており、保育士の人間性と専門性の向上が求められているのである。

Step 3

虐待の疑いのある子どもと家庭への支援

事例1　ネグレクトが疑われる4歳児A君

　4歳児のA君はお母さんと2人で暮らしています。A君は、同じクラスの子どもたちと比べると身体がかなり小さく、表情もとぼしくてあまりほかの子どもたちとかかわらずに1人でいることが多い園児です。同じ服を何日も着てきたり、身体が汚れたまま登園してくるなど、あまり手がかけられていない印象があります。毎日お母さんが送り迎えをしているのですが、時間が一定していなかったり、送迎時に保育士がお母さんに声をかけてもほとんど反応せずにそそくさと帰ったりします。また、園からお願いした提出物も期限までに出されたことはほとんどありません。A君の様子だけではなく、お母さんもさまざまな問題をかかえているように見受けられます。

事例2　身体的虐待が疑われる5歳児Bちゃん

　5歳児のBちゃんは1歳のころから保育所に通っており、明るく活発な子どもでした。ところが4歳になったころから様子が変わってきて、保育士に対しておどおどした態度をとったり、ほかの子どもたちに手を出すことが目立つようになってきました。もともと3歳年上のお兄ちゃんとお母さんと3人で暮らしていたのですが、そのころからお母さんとお付き合いのある男性が同居しはじめたようでした。どうも、その男性からBちゃんとお兄ちゃんは虐待を受けているのではないかという話が、ほかの保護者から園に伝えられました。
　園では対応を慎重に検討し、Bちゃんとお母さんの様子を見守ってきました。ある日、Bちゃんの身体にあざがあることに気づいた保育士がBちゃんに聞いたところ、「お父さん（同居の男性）にたたかれた」と話したので、児童相談所に通告し対応をあおぐことにしました。

　これら2つの事例は、保育所で見受ける虐待事例の典型的なものである。虐待にはさまざまなケースがあり、それぞれの家庭の事情も複雑にからみ合っていて、保育士の対応に常に唯一の正解があるわけではない。それぞれのケースに応じて、保育士は子どもと家庭にていねいなかかわりをしていく必要がある。

　まず、子どもと日々きめ細かくかかわり、成長発達をうながす役割を果たす「保育」では、子どもたちの異変にいち早く気づき、適切な対応をすることが求められる。例えば、身体にあざができていたり、精神状態が不安定であったりすれば、すぐに気がつかなければならない。子どもたちの様子で気になることがあれば、保護者と話をしてみるといった対応が必要になる。

　そうした対応をすることで、保護者から育児に対する不安やストレスといった相談を受けることがあるかもしれない。その場合には、保育士は子育ての専門家とし

てかかわり、保護者自身が解決に向かえるようにアドバイスをしたり、支援を行うことになる。

　保護者とのかかわりのなかで、育児ストレスが強かったり、周囲から孤立して育児をしているような状況がみえてきたら、保育所が主催している子育て支援の講座や、保護者たちで行っているサークル活動等に参加をうながすといったことを行い、同じような育児ストレスや悩みをかかえがちな他の保護者たちとかかわりができるように導くこともあるだろう。それによって保護者自身がそれぞれ成長したり、問題の解決・改善の糸口を見いだしたりすることが可能になることがある。

　さらに、虐待をしてしまっている、あるいは虐待ぎりぎりのところで育児をしている保護者やその被害者である子どもたちは、地域社会のなかで孤立した生活を送っている可能性もある。虐待を未然に防ぎ、あるいは虐待を受けている子どもたちやその保護者を救い出すために、行動を起こすことが必要になることもある。ほとんどの市町村には「要保護児童対策地域協議会」がおかれており、保育士がそこへ子どもたちや家庭をつないでいく役割を果たすこともある。「要保護児童対策地域協議会」とは、保育所や幼稚園、小・中学校などの保育・教育機関や、児童相談所や保健センター、警察などの関連行政機関、児童委員等が縦横につながりながら、情報の共有化、孤立した子育て家庭の掘り起こしや支援をしていくものである。

　もちろん事例2のように、明らかに虐待が起こっており、一刻も早く子どもを虐待と思われる環境から救い出さなければならないと判断される場合には、迷うことなく児童相談所に「通告」しなければならないのはいうまでもない。

　以上みてきたように、福祉職としての保育士の職務は単に保育所をはじめとする児童福祉施設内での養育および教育にとどまるものではなく、保護者への支援や地域への支援等のソーシャルワークも含めた広範囲にわたるものなのである。

第2講　福祉職としての保育士

参考文献

- 池田隆英・楠本恭之ほか編著『保育所・幼稚園実習 保育者になるための5ステップ』ミネルヴァ書房，2011.
- 大嶋恭二・金子恵美編著『相談援助』建帛社，2011.
- 小田豊・中坪史典編著『幼児理解からはじまる保育・幼児教育方法』建帛社，2009.
- 小野澤昇・田中利則編著『保育士のための福祉施設実習ハンドブック』ミネルヴァ書房，2011.
- 柏女霊峰監，全国保育士会編『全国保育士会倫理綱領ガイドブック』全国社会福祉協議会，2004.
- 厚生労働省編『保育所保育指針解説書』フレーベル館，2008.
- 厚生労働省編『保育所保育指針解説 平成30年3月』フレーベル館，2018.
- 佐々木政人・澁谷昌史編著『保育士養成課程 子ども家庭福祉』光生館，2011.
- 林邦雄・谷田貝公昭監，高橋弥生・小野友紀編著『保育者養成シリーズ 保育実習』一藝社，2012.
- 伊達悦子・辰己隆編『保育士をめざす人の社会的養護』みらい，2012.

COLUMN 放課後の子どもの居場所

　保育を必要とする子どもたちの居場所の代表的なものは保育所であるが、保育所を卒園した学齢期の子どもたちの居場所の必要性が、近年話題になることが多くなっている。なぜなら、保育所を利用する子どもたちが増加しており、小学生になったからといって「保育を必要とする」状況が解消されるわけではないからである。

　従来から学齢期の子どもたちの居場所としては、いわゆる「学童保育（放課後児童クラブ）」がある。1940年代から草の根的にはじまった「学童保育」は、1997（平成9）年の児童福祉法改正でようやく法定化され、現在は「放課後児童健全育成事業」として実施されている。なお、この事業は2015（平成27）年度からはじまった「子ども・子育て支援新制度」のなかの1つの柱として、量と質の両面での充実が図られてきており、2017（平成29）年5月現在で全国に2万4573か所、117万人を超える子どもたちが利用し、待機児童が1万7170人となっている。

　また、障害のある子どもの放課後の居場所については、「放課後等デイサービス」の整備が急速に進められている。2011（平成23）年の児童福祉法改正で法定化された事業で、学校に通う障害のある子どもたちが、放課後や学校休業日、長期休暇等の時間を過ごす場所である。2017（平成29）年10月現在で1万1301か所の事業所があり、同年9月現在の利用者数も22万6611人に上っている。

　学童保育も放課後等デイサービスも、現状では指導員になるために保育士資格を必須（ひっす）としているわけではない。しかし、質の向上を今後いっそう求めていくことになるとすれば、福祉専門職である保育士の活躍が求められていくことになろう。

（小堀哲郎）

第3講

保育実習の心構えと準備

　実習で大切なことは、取り組むその姿勢である。「学びたい」「経験したい」と、常に前向きな意欲をもつことが、実りある実習へとつながる。そのためには、十分な心構えと準備とが必要になる。心構え一つで不安はやわらぎ、よい意味で緊張感(きんちょうかん)をもって実習に臨(のぞ)むことができるからである。そこで、本講では保育実習における事前の心構えと準備について学ぶ。実習先の理解や社会人としての姿、事前訪問の意義や目的などを考えることにより、保育者としての成長をめざす。

Step 1

1. 実習を迎えるための準備

　実習では、命を預かる現場という意識から、真摯に学ぶ姿勢が最も重視される。ただ免許や資格を取得するために必要だからと、消極的な態度で臨むと、学びも浅く、事故も起きやすくなる。たとえ実習であっても、幼い命を守ることが最優先される現場であることには変わりはない。それゆえ、謙虚に誠意をもって学ぶことが求められる。また、現場の保育士や職員は、忙しいなかでも後輩を育て社会で貢献してほしいと願い、実習生を受け入れ、熱心に指導をしている。こうした関係のなかで、育てられていることを自覚し、短期間ではあるが豊かな学びの時となるよう努力を惜しまず、取り組んでほしい。

　ところで、実習へ行くにあたり、できる限り実習先の下調べをしておくことは大切な準備の1つである。インターネットを駆使して得られる情報や、学校にある資料やファイル、さらには事前訪問などを通して「どのような園・施設であるのか」「どのような特色のある取り組みをしているのか」などを知ることは、その後の実習をより円滑なものにするからである。

　また、実習先へ提出する書類もさまざまである。身上調査書や健康診断書、検便検査結果や抗体検査結果などは、実習先へ必ず提出しなければならない。しかし、医療機関によっては、検査結果が出るまでに時間を要する場合もあるので、必要書類に関しては、計画的に準備をすることが求められる。

2. 実習の進め方

実習前（事前指導）

　充実した実習を迎えるためには、どれだけの事前準備ができたかが重要となる。実習の準備とは、入学してからのすべての学びと自主的な学習を基盤に、具体的な指導が行われる。それは、実習に臨むまでの事務的手続きに始まり、実習への心構え等のガイダンス、さらには実習先で行われるオリエンテーションにまで至る。

　また、保育所実習においては、養護や安全、病気やけがの予防、対処についての知識まで求められる。さらには、月齢差の幅が広い乳児の発達から、小学校へとスムーズな連携を願う幼児の発達へと、それぞれに応じたはたらきかけも実践では重要となってくる。これは実習生であっても同じことであるので「保育所保育指針」を熟読しておくことは必須であろう。

左記をふまえ、事前指導として、各養成校では実習要項や実習の手引き等を通し、実習に臨むための基本的な姿勢や心構えを確認し、具体的な保育内容の指導が行われる。しかし、最も大切なことは、学生自身の日常の生活における姿勢や態度であることを覚えていてもらいたい。一見、実習指導とはかかわりがないようにみえるが、ふだんからの自分の姿が実習そのものに大きく反映されるのである。付け焼き刃ではなく、自らの生き様が保育に大きな影響をもたらすということである。

実習中

　実習中で大切なことは、まず健康管理である。毎日の実習日誌の提出、指導計画案の作成、保育の準備等で寝不足になることもあり、生活が不規則になりがちである。しかし、保育現場では、子どもたちと笑顔で向かい合い、元気いっぱい身体を動かさなければならない。そのためには、十分な睡眠確保と正しい食生活が実習を乗り切る要となる。つまり、実習中の健康管理のあり方が問われるのである。これも、保育士としての一歩を踏み出すにあたり、必要な能力である。

　また、実習中は原則として実習先の職務規定にしたがわなければならない。そのため、当たり前のことであるが学生気分を払拭し、保育士として働くという強い意思をもつことが大切である。しかし、過度の緊張や疲労の蓄積、保育に対する力不足、さらには心理的な側面から、実習に対し自信を失うこともある。保育における具体的な疑問や不安は、実習担当の保育士に相談することで解決へと導かれることもある。それでも拭い去れない不安があるならば、養成校の担当教員に相談することにより、克服する力が与えられるかもしれない。

　とにかく、実習中は簡単にあきらめないことが大切である。たとえさまざまな困難に出会ったとしても、実習に参加する学生として職務規定の違反や無届けの欠席や遅刻等は絶対に許されることではないので、自らの力で実習を乗り越えていく強い意思とあきらめない気持ちとをもちあわせることが重要である。

実習後（事後指導）

　実習を終えた実習生は、無事終えたことへの達成感や充実感を味わうであろう。子どもとの出会いや現場の保育士との交わり、保育を進めていくうえでの難しさや楽しさ、面白さを経験した学生は、すでに保育士としての第一歩を踏み出しているといえる。しかし、実習を終了したからといって、すぐに保育士になれるというわけではない。実は、実習後の振り返りにこそ貴重な意味が込められているのである。

　自らの実習を謙虚に振り返り、次の実習への課題につなげていくことで保育士と

しての力が蓄えられていく。まず、実習最終日に行われる実習先での反省会で、実習担当の保育士や職員の意見を素直に聞き、実習中に生じた疑問や感想を主体的に述べることである。また学内で行われる事後指導では、それぞれの現場で実習を終えてきた仲間が集まり、お互いの経験を積極的に述べることで、客観的に保育をみる目を養うこともできる。このように、実習後の情報交換には大きな学びもともなうのである。

3. 実習の段階

観察（見学）実習

　観察（見学）実習は、客観的な視点から保育活動の観察を行うことで、1日の保育の流れを把握し、記録をとる段階である。そこでは、その日の保育の「ねらい」と「内容」、環境構成への配慮、具体的な乳幼児の活動、保育士の援助等、保育に関する理解を深めながら丹念に記録することが大切となる。この経験が今後の実習の充実へとつながっていくからである。

　観察（見学）実習での参加態度は、むやみに乳幼児の遊びのなかに入ったり、声をかけたりせず、一定の距離をおいたところから客観的に観察することが原則である。保育の妨げにならないように、常に自分のいる位置に注意を払いながら、乳幼児へ圧迫感や恐怖感を与えないように配慮しなければならない。また、記録をとる場合にも、できるだけ目立たないように小さなメモを準備する心づかいをもつようにしたい。

参加実習

　参加実習は担当保育士の指導のもと、実際の保育活動に参加する段階である。実習生としては、実習のうちこの参加実習の占める割合は多く、乳幼児とともに生活を営み、発達状況や遊び、活動に対する理解を深めていく。そのなかで、一人ひとりに応じた援助や支援を行い、乳幼児理解に努めることが参加実習の目的である。

　参加実習での記録は、活動しながらメモをとることになるので、実習先の保育士や子どもたちに不快な思いを抱かせないよう、保育活動の合間をぬって、適度にメモをとるように心がけたい。

　実習生として、長い保育時間と繰り返される生活のリズムに流されることなく、常に主体的に、積極的に保育にかかわっていく姿勢を心がけてもらいたい。

責任（指導）実習

　責任（指導）実習とは、実習生が指導計画を立案し、自らが保育者として保育を経験する実習の段階である。そこでは、保育活動の一部分を担う「部分実習」と、1日（半日）の保育を展開する「全日（半日）実習」とがある。

　子どもの前に立つときの緊張感や一体感、子ども一人ひとりの表情やしぐさなど、実際に保育を経験することではじめて、保育の楽しさや喜び、そして難しさなどを感じることができる。もちろん、担当保育士と同じように行うことは難しい。何度も場面に応じた教材の提示方法を考える等、教材研究を行い、十分な準備をしても計画どおりに進まないことのほうが多いであろう。

　しかし、うまくいかないときこそ、担当保育士からの指導や助言を謙虚に受け入れ、自らの学びとしてほしいのである。この繰り返しにより、保育者としての基盤がつくられるからである。

（1）部分実習とは

　保育活動の一部分を担当保育士に代わって担うことである。実習にあたっては、以下の点を意識してほしい。

・子どもの前に立つことに慣れよう。
・ゆっくりと話すように心がけよう。
・得意とする活動をできるだけ準備しておこう。
・ピアノの練習は日々の積み重ねである。
・活動前後の子どもへの配慮など、実習にふさわしい環境を整えよう。
・部分実習後に行われる担当保育士との協議時間を有意義なものにしよう。

（2）全日（半日）実習とは

　担当保育士に代わって1日（半日）の保育を実習生が展開することである。実習にあたっては、以下の点を意識してほしい。

・1日の生活が静と動のリズムをもって、スムーズに流れるように計画しよう。
・子どもの現在の姿をしっかりと把握しよう。
・主活動（子どもが興味をもって取り組める活動）を提案し発展させよう。
・主活動後の片づけの時間なども考慮しよう。
・次の活動へと移るときの時間にも細心の注意を払おう。
・自分なりに精一杯準備してきたことに自信をもとう。

Step2

1. 求められるマナー

マナーの大切さ

実習生に求められるマナーには下記のような視点があげられる。
- あいさつがきちんとできる。
- 態度や返事などが礼儀正しく行える。
- 言われたことを素直(すなお)に聞くことができる。
- 積極的に一生懸命取り組むことができる。
- 十分に準備をして実習に臨(のぞ)んでいる。
- 常に明るく元気である。

このように、実習で求められるマナーとは、ごく常識的なものであり、その基本的なマナーのうえに立ってはじめて、さまざまな保育技術が生きてくるのである。それゆえ、実習に行く前に、今一度、自分自身を振り返り、確認する必要がある。

オリエンテーション（事前訪問）時のマナー

実習へ行くにはさまざまな準備が必要である。その1つに、実習先でのオリエンテーション（事前訪問）がある。ほとんどの実習生にとって、これがはじめて実習先の担当者と話をする場となる。つまり、オリエンテーションからすでに実習がはじまっているという意識をもっておきたい。

① 実習先へアポイントメントをとる
　Step 3「電話のかけ方」を参照（35ページ）。

② 実習先へ訪問する
　常識ではあるが遅刻は厳禁である。指定された時間の少なくとも10分前には着くように心がけたい。なお、使用する公共の交通機関によっては、交通事情に左右される場合もあるので、余裕をもって行動すること。

③ 実習先で打ち合わせをする
　あいさつはマナーであり常識である。明るく元気に、そして笑顔でていねいな言葉づかいを心がけたい。また、打ち合わせで聞いておきたいことは、事前に考えてノートにまとめておくこと。不明な点があれば、そのままにせず必ず確認すること。打ち合わせが終わったら、しっかりとお礼のあいさつをして門を出るこ

と。これらは実習生としてだけでなく、社会人としてのマナーである。
④ 実習生からの積極的な提案

　実習がはじまってから突然「〜をさせてほしい」「〜をしてもよいか」と聞くのではなく、あらかじめ考えていることがあれば、オリエンテーションのときに聞いておくのも大切である。例えば、「手作り教材で自己紹介をつくったが、初日に時間をもらえるか否（いな）か」「時間があれば、絵本を持参するので毎日読ませてもらえるか否か」など、積極的な提案や質問は事前にしておくと、担当保育士も計画を立てやすい。

実習中のマナー

　実習に必要な基本的マナーといってもそれはさまざまである。下記に何点か記しているが、それがすべてではない。わからないことは担当保育士に確認することも大切なマナーの1つであることを理解してもらいたい。

- 実習中のアルバイトは厳禁である。アルバイトで実習がおろそかになっては本末転倒だからである。
- 携帯電話、スマートフォンの電源は切っておくこと。実習中の使用は厳禁である。
- 無届けの欠席・遅刻は厳禁である。指定時刻の10分前には到着するようにし、体調不良・交通事情などでやむをえない場合は、必ず出勤時刻までに連絡すること。
- 決められた期限は必ず守らなければならない。特に実習日誌や指導案は期限前に提出すること。また、誤字脱字等には細心の注意を払うのは当然である。
- 実習生である自覚をもち、園のやり方や担当保育士の批判はしない。
- 勝手な行動は慎（つつし）むべきである。わからないことがあれば必ず担当保育士に聞き、相談をすること。
- 掃除は大切な保育の仕事である。それゆえ積極的に行うべきである。
- 担当保育士からの指導や指摘は素直にしたがうべきである。

2. 服装や必要な持ち物

オリエンテーションの服装

　実習先を訪問するときは、就職活動でも通用する服装を選ぶとよい。ただし、場合によっては、オリエンテーション時に子どもとかかわることもあるので、アポイントメントをとるときに確認しておくとよい。

アクセサリーなどの装飾品はすべてはずし、爪は短く切っておく。髪の長い場合は後ろに束ねるなどして、表情がわかりやすくすることも大切である。

実習の服装

実習は学びの場である。服装や頭髪は実習生らしく清潔さを心がけるとよい。

① 動きやすく子どもに違和感を与えないもの

襟首(えりくび)の大きくあいた派手な服装は厳禁であるが、子どもたちとの活動の場として地味であればよいというものでもない。園の雰囲気もあるが、保育者として子どもとかかわるなかで行動が制限されるような服装は避け、汚れても大丈夫なものを選ぶとよい。

② 子どもの安全や健康に配慮したもの

保育では子どもの安全や健康を第一に考えなければならない。それゆえ、アクセサリー類は不要であることは理解できるところである。また、化粧はしない、もしくは薄めがよい。保育者の顔に頬(ほお)ずりするなど子どもは予想外の行動をとることがあり、子どもの肌は思っている以上にデリケートなものであることを知っておいてもらいたい。以下いくつかのトラブル事例を挙げておく。

トラブル事例	① ピアスを実習中に落としてしまい、それを子どもが誤飲した。 ② 服のなかに隠していたネックレスが子どもの腕にからみ、首を絞められた。 ③ 爪の処理ができておらず、乳児の肌を傷つけた。 ④ 名札の安全ピンがはずれており、乳児の頬を傷つけた。

必要な持ち物と確認事項

必要な持ち物は、早めに用意しておくことが大切である。施設実習では、泊まりになる場合もあるため、そのための準備も必要になる。また、実習先によっては、実習前に課題が出されることもあるので、そのときになってあわてることがないよ

図表3-1 持ち物チェックリスト

筆記用具	名札	メモ用紙
実習日誌	ハンカチ・ティッシュ	腕時計
印鑑	コップ・タオル	
運動靴	お弁当	
上履き	着替え	

う、事前に確認をしておくことがこころの余裕にもつながる。

3. 実習生としての心得と留意事項

　実習とは、講義や演習で学んだ知識や技術を実践の場で具体化し、保育士としてより確かな力を獲得していく重要な場である。また、保育士としての使命感と子どもへの愛情を深め、資質の向上を図ることや、子どもの成長や発達に即して対応する実践的な能力を身につけることを目的としている。

① 保育士になる意欲をもつこと
　　もっている能力や意欲を精一杯発揮し、誠意をもって努力することで子どもたちとの関係がつくられる。積極的な熱意ある態度で臨むことが大切である。

② 子どもから学び、保育士から学ぶ謙虚な姿勢をもつこと
　　保育士になることに責任と誇りを感じて実習に臨むこと。

③ 社会人としての自覚をもつこと
　・自主性をもって行動する。
　・時間と決まりを守る。
　・こころと身体の健康管理に努める。
　・正しい言葉づかいであるか注意する。

④ 専門職にたずさわるという自覚をもつこと
　・実習先の歴史や保育の状況を理解し、謙虚に学ぶ。
　・実習は限られた期間に行うものである。子どもの育ちや保育のあり方について安易に評価や批評を加えない。
　・子どもや家庭の状況など園で知った情報は守秘義務を守り、ふだんから自分の言動には十分に気をつける。

⑤ 意欲的に取り組む姿勢をもつこと
　・自分の得意な手遊びや歌、ゲームや絵本、簡単な製作などを身につけ、さらにレパートリーを広げる努力をする。
　・積極的に保育に参加する姿勢をもつ。

⑥ 「報告・連絡・相談（ホウレンソウ）」は確実に行うこと
　・どんなささいなことであっても「報告・連絡・相談」を怠らず、それに対する指示にしたがい、社会人としての自覚をもち対応する。

Step3

オリエンテーションへの臨み方

学内オリエンテーション（事前指導）

　実習に行く前には、必ず準備が必要である。そのため、養成校では事前に指導を行い、下記のような点について学生一人ひとりの理解を深めていく。これにより、実習に対する不安は徐々に取り除かれ、新たに目標と課題、そして適度な緊張を保ちつつ、実習初日を迎えることができるのである。

> **事前指導の内容**
> （本テキストの各講で内容の詳細が述べられているので、必ず確認しておくこと）
> ・実習の意義・目的
> ・実習機関（園・施設）への理解
> ・実習の段階と方法
> ・実習日誌の書き方
> ・指導案の作成
> ・実習を迎えるための心構えと諸注意
> ・実習先でのオリエンテーション
> ・その他必要事項

実習先のオリエンテーション

　学内での事前指導が終わると、実習先でのオリエンテーションがある。配属が決まった実習先に連絡をとり、実際に出向いて具体的な実習計画や注意事項、準備物などについて話を聞く。例えば、施設の沿革や概要、保育方針、園舎や園庭の構造や環境、遊具の配置、教職員組織、担当するクラスや子ども、服装や持ち物、外靴や上靴を置く場所、通勤方法、出勤や退勤時間、荷物置き場、貴重品の管理、給食費の支払方法に至るまで、詳細な内容が伝えられる。このような情報を前もって知ることにより、実習に臨む心構えを確かなものへとしていくのである。

　しかし、オリエンテーションでは長い時間をとれるわけではない。そのため、あらかじめ得たい情報を整理した「オリエンテーションメモ」（**36**ページ「COLUMN」参照）を作成することを勧める。これにチェックを入れながら説明を受けていくと、効率よく情報を得ることができるからである。

電話のかけ方

　まず、実習園に電話をして、オリエンテーションの日程を決める。数人で行くようであれば代表者が連絡をする。その際、前もって授業や試験が重ならないよう、希望日時を考えておくとスムーズに調整を行うことができる。なお、携帯電話からの通話は電波状態によっては途中で切れてしまうこともあるので、可能な限り固定電話から連絡をすることが望ましい。

　電話をかける時間帯では、お昼寝の時間や、登園が一段落した後の時間帯などが比較的園として対応しやすいと思われるので、参考にするとよいであろう。

電話での応答に関して
- 自分を名乗る
  「〇〇大学の学生で、〇〇と申します」
- 用件を言う
  「〇月〇日からの実習のことでお電話させていただきました」
- 園長（実習担当）に代わってもらい、都合を聞く
  「園長先生はいらっしゃいますか」「今、お時間よろしいでしょうか」
- 用件を言う
  「実習に先立ち、オリエンテーションをしていただきたく、日程の件でお電話させていただきました」「いつがよろしいでしょうか」
- 希望があれば伝える
  「できましたら、授業のない〇日から〇日の間にお願いしたいのですが、いかがでしょうか」
- 確認する
  「〇月〇日〇曜日、〇時からですね」
- あいさつをして電話を切る
  「では、うかがいますので、よろしくお願いいたします」

オリエンテーションの報告

　オリエンテーションで説明を受けた内容や得られた情報を、各養成校の実習担当教員に報告することを忘れてはならない。例えば、部分実習や全日実習についての助言、担当するクラスの子どもの様子や発達の状況等、それらの内容を受け、残された時間内ではあるが、事前指導もより内容が深まっていくからである。

　そして、準備を十分に整えたあとは、自信をもって実習に臨んでほしいと願う。

参考文献

- 小林育子・長島和代ほか『幼稚園・保育所・施設 実習ワーク』萌文書林，2006.
- 神田伸生編著『保育実習』青踏社，2009.
- 無藤隆監『よくわかる New 保育・教育実習テキスト』診断と治療社，2008.
- 無藤隆編『育てたい子どもの姿とこれからの保育――平成30年度施行幼稚園・保育所・認定こども園新要領・指針対応』ぎょうせい，2018.
- 東京家政大学「教育・保育実習のデザイン」研究会編『教育・保育実習のデザイン』萌文書林，2010.
- 全国保育士養成協議会編『保育実習指導のミニマムスタンダード Ver.2――「協働」する保育士養成』中央法規出版，2018.

COLUMN 「オリエンテーションメモ」

　実習園とのはじめての顔あわせは、オリエンテーション時である。しかし、その前に、自分で電話をかけ、日程調整を行わなければならない。つまり、電話の対応から実習ははじまっているのである。

　もちろん、学内で行われる事前指導のなかでは、電話対応からオリエンテーション時の対応まで細かく指導が行われる。ところが、実際に電話をかけたり、実習先へ足を運ぶと、緊張から言葉が出なくなることも起こりうるのである。

　そこで役に立つのが「オリエンテーションメモ」である。まず、電話対応のノウハウを自分なりにまとめ、想定できる場面を可能な限り詳細にイメージし書きとめることで、臨機応変でスマートな電話対応が可能となる。実習先で行われるオリエンテーションでは、最後に必ず「質問はありませんか」と聞かれるだろう。このとき、積極的に質問をすることで意欲的な実習生であるとの印象を与えることができる。なかには、メモもとらず黙って座っている学生をみかけることもあるが、あらかじめメモ帳に質問事項（事前指導で受けた内容等）を書きとめておくと、実習園からの話を聞きながらチェックを入れるだけで、落ち着いて対応することが可能となる。

　実習園との対応は非常に緊張するものであるが、自分自身の準備次第で、好印象を与えることもできる。そのため、事前にメモ帳を活用し、「オリエンテーションメモ」をつくっておくと、それだけで安心材料になるのである。

（猪田裕子）

第4講

保育実習の記録

実習では、毎日の実習を終えたあとに実習日誌を記入する。実習生にとっては負担に思う作業かもしれないが、実習の記録となる大切なものである。本講では、実習日誌を記録することの意義とその具体的な記入の方法について述べる。

Step 1

1. なぜ実習日誌を書くのか

　実習生にとって、実習日誌を記入するのは大変な作業である。しかしながら、実習の記録を残すことは、その実習の過程においても、のちに実習を振り返る際にも大変意味のある大切な作業である。どんなにすばらしい実習の経験であったとしても、記録を残していかなければ、大切な気づきもいつの間にかうやむやになってしまう。実習日誌を記入する意義としては、次のことが考えられる。

①実際の子どもの生活・遊びの姿や保育者のかかわりを記録し、子どもの年齢や発達にふさわしい生活を理解する

　実習では、食事や着替え、排泄などの生活や遊びの場面にかかわり、子どもがどこまで自分でできるのか、どのような保育士の援助や配慮が必要なのかがみえてくる。また、保育士や友達との散歩や水遊びといったさまざまな活動に取り組む姿をみる。実際にその年齢クラスの保育にかかわり、観察したこと、経験したことを日々記録して整理していくことで、子どもの年齢や発達にふさわしい生活のあり方や保育士の役割が理解できるようになる。

②子どもとのかかわりを振り返り、気づく

　1日の実習で実際に体験した子どもとのやりとりをすべて記録として残すことはできない。しかし、その日の実習を振り返って印象に残ったやりとりを中心に記録していき、そのやりとりをめぐって省察することは、子どもとのかかわりにおいて大切なことに気づいたり、次の日の課題を見いだす機会となる。

③指導を担当する保育士に実習生の学びを共有してもらう

　実習日誌は、実習の翌朝に提出する。指導を担当する保育士に実習日誌を見てもらうことは、実習生として何を観察して、何を学んでいるのかを把握してもらうことである。短い実習期間での実習生の学びを促進するものとなる。反省会などで指導・助言をもらうこととあわせて、日誌の記録内容を確認してもらうことも、実習生の成長を確かなものにする。保育士によっては、保育士の援助や配慮の意図を実習日誌にコメントとして記入してくれる場合もある。提出した実習日誌に対して保育士に記入していただいた内容についても、読み返しながら実習を進めていきたい。

④課題を明確にして、次に活かす

　実習の記録があることで、実習全体の経過や成果を把握することができる。またじっくりと読み直して、次の実習の課題を明確にすることができる。

2. 実習日誌にはどのようなことを書くのか

実習日誌には、以下の項目を記入していく。
（1）実習園（施設）の概要
　実習園（施設）の基本情報である名称、所在地、職員の構成、在籍する子ども（利用者）の人数（クラスごと）を記入し、さらに保育方針や沿革などを記入する。実習園の保育方針を把握しておくことで、実習中の保育士の子どもへの援助の意図を理解しやすくなる。保育方針や沿革は、園のパンフレットに記載されていることが多い。よく読んでおくことが大切である。また、実習園の年間行事や実習中の行事についても記入する。
（2）実習中の配属クラスのスケジュールやオリエンテーションの内容
　配属クラスのスケジュールや実習に必要な持ち物、子どもとかかわる際の留意事項、心構えなどオリエンテーションで指導をされた内容を記入する。
（3）1日の実習の記録（図表4−1の日誌記入例を参照）
① 日付、天気、出席児数・欠席児数
　「何歳児のいつごろの姿」なのかは、あとに実習日誌を見直すときに重要な情報となる。天気や人数によっても保育士の援助や必要な配慮は変わってくる。単なる記録の項目ではなく、その日の保育、その時期の保育を理解するのに必要な情報であることを心得て、記入漏れのないようにする。

② 今日の目標
　目標は、まず実習の段階にそったものを設定したい。観察実習であるならば、「〜を観察する」、参加実習であるならば「生活場面での援助に積極的にかかわる」などとなる。目標を立てる際は、大きく漠然とした目標にならないようにする。例えば「保育士の援助を学ぶ」では、保育士の子どもへのすべての援助を学ぶこととなり、1日で学ぶ内容として広すぎる。「遊び場面を中心に保育士の援助を学ぶ」とするほうが、実習生にとっても観察すべきポイントがつかみやすい。今日の目標については、朝、保育に入る前に担当の保育士に伝えるようにしたい。

③ 時間
　登園、散歩に行く支度など、生活場面や活動ごとに時間をとらえていくとよい。保育士が片づけをうながす声をかけた時間、実際に子どもたちの片づけにかかった時間などを記録しておくと、のちに指導計画を立案するときにも役に立つ。

④ 環境・準備
　活動や生活場面ごとに、どのような環境構成にしているかを図で示す。保育士

の立ち位置や子どもの位置、どのような物を準備するかなどを記録する。
⑤　子どもの活動（生活の流れ）

実際に観察したり、かかわった子どもの姿を簡潔に記録する。生活の流れの説明だけでなく、子どもが活動にどのように取り組んでいたのかが伝わるように記録する。また、子どもの名前はイニシャルで書く。

⑥　保育士の動き（保育の配慮）

さまざまな年齢クラスの保育に参加し、担当の保育士がどのように子どもとかかわっていたのかを活動ごとに記録する。登園、散歩の準備など生活の場面ごとにその年齢に必要な援助や配慮、どのように声をかけたかをよく観察する。保育士は、子どもの「自分でやりたい」という意欲や思いを大切にしている。「〜させる」という表現にならないように、「気づくように、○○と伝える」「うながす」などの表現を使う。「○○してあげる」「○○してもらう」という表現も避ける。

⑦　実習生の動き

保育士の補助的な立場で、子どもたちとどのようにかかわったのか、「子どもの活動」「保育士の動き」と対応させて書く。特に動いたりせず、子どもたちの様子を見守っていた場合でも、「見守る」「○○を観察する」などと書く。

⑧　感想や考察

単なる感想文ではなく、今日の目標についてどのくらい達成できたのか、印象に残った子どもとのやりとりからどのようなことに気づいたり考えたりしたのか、明日の課題をどう考えているのか考察を書く。

（4）その他

反省会で自分がどのような発言をしたのか、保育士からどのような指導や助言をもらったのか、また、毎日の実習での保育士とのちょっとしたやりとりの際に受けた指導・助言の内容も適当なスペースを見つけて記入しておくとよい。

実習日誌を書くときの留意事項
　しっかりとできているか□欄にチェックしよう。
□読み手を意識して、読みやすく書いている。
□正しい言葉で、ていねいに書いている。
　　×「ちゃんと」→○「きちんと」　　×「お当番」→○「当番」
　　×「食べれる」「着れる」（「ら」抜き言葉）→○「食べられる」「着られる」
□わからない漢字があったときは、辞書で確認している。
□誤字脱字がないよう、書き終えたら読み直している。
□その日のうちに書き終え、翌日の朝に提出している。
□実習の終了後、園への提出期限を守る。

図表4-1 日誌記入例

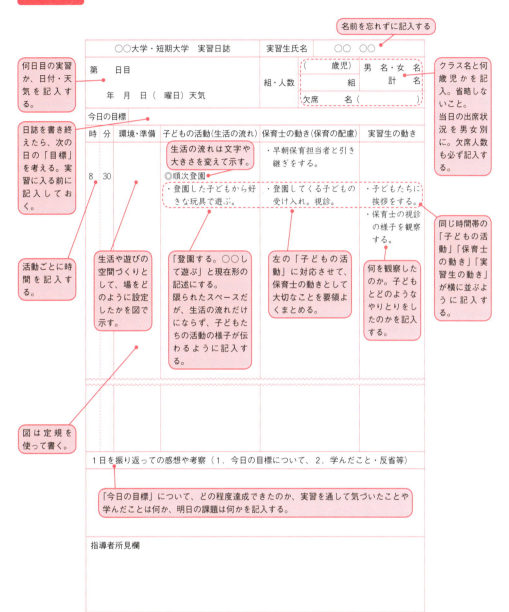

図表4-2　参加実習の日誌記入例

○○大学・短期大学　実習日誌			実習生氏名	○○　○○	
第5日目 ○年6月11日（金曜日）天気　晴れ			組・人数	（2歳児） うさぎ　組 欠席　2名　（　△△△、□□□　）	男8名・女8名 計　16名
今日の目標		積極的に保育に参加し、さまざまな場面での保育士の援助を学ぶ。			
時	分	環境・準備	子どもの活動（生活の流れ）	保育士の動き（保育の配慮）	実習生の動き
8	30	［ロッカー／ブロック／机の配置図　保・実］	◎順次登園 ・元気よく挨拶をして、部屋で支度をする。 ・ブロックや人形で遊ぶ。 ・片づけ。ブロックを両手いっぱいに持ち運ぶ。 ・帽子を被り、自分で靴をはいて外に出る。	・門で子どもを迎え、挨拶をする。 ・子どもと片づけをする。 ・帽子を被り、外に出るように声をかける。靴の左右が違うときは、直すよう声をかける。	・子どもと保護者に挨拶をしながら掃除。保育室に入る。 ・おやつの準備として机と椅子を用意する。
9	00		◎外遊び ・砂場に行き、靴を脱いで砂場に入る。 ・砂や土の感触を楽しみ、水たまりに入って喜ぶ。 ・喜んで水をくぐる。	・砂場に行き、裸足になって遊ぶようにうながす。子どもの脱いだ靴をそろえる。 ・ホースで水を流し、子どもが水をくぐれるようにする。頭を下げると濡れないと伝える。	・足が汚れて泣き出したYちゃんを抱っこし、足を洗い、砂場に行き、また洗うのにつき合う。
9	30	・タオル ・バケツ ・足拭きマット	◎部屋に戻る ・濡れた服は脱ぎ、手足をきれいに洗う。保育士や友達と手をつないで部屋に向かう。	・部屋に戻ることを伝え、服を脱ぐのを手伝い、手足を洗う。 ・部屋に誘導する。	・足を1人ずつ拭く。 ・服を簡単に洗い、それぞれの名前の袋に入れる。
9	40	［テーブル配置図　保・実］	◎おやつ ・挨拶をしてお茶を飲み、クッキーを食べる。 ◎トイレとおむつ交換 ・自分の帽子を被り、外に出る。 ・すみれ組の子と手をつなぐ。	・お茶やクッキーを配る。 ・トイレをうながし、おむつ交換、洋服の着脱を手伝う。自分でできるところはまかせる。外に行くよう声をかける。	・子どもと一緒に待つ。
10	20	保　リュック ・財布 ・水 ・薬など ・横断旗 ［保・保・実・保・保の隊列図］	◎散歩 ・元気よく「エイエイオー」を言って歩きはじめる。 ・たんぽぽを見つけ、持ち歩く。 ・新しい道に「すごーい」と歓声をあげ、タケノコやドクダミをうれしそうに持ち歩く。 ・地蔵を見て「上を向いてる」「べんきょうしている」と言いまねをする。 ・座り込んでしまう子をすみれ組が励まし連れていく。	・手をつないでゆっくり歩きはじめる。 ・車に気をつけ、道路を渡るときは、そばで誘導する。 ・新しい道ができたと伝えたり、タケノコやドクダミを子どもに採って渡す。 ・いくつかある地蔵の顔をよく見て「まねっこしよう」と子どもを誘う。 ・園に向かう。	・手をつなぎ一緒に歩き、「間をつめて」「前を向いて」と声をかける。 ・新しい道を一緒に見たり、地蔵の顔のまねを楽しむ。
11	20		◎園に到着 ・手洗い、着替えをする。 ・クレヨンでぐるぐる絵を描き「あか好き」「むらさきも使う」と言いながら絵を描く。 ・友達に「Aちゃんまだ？つぎ？」と声をかける。 ・描き終わった子から、保育士と手を洗う。	・手洗い、着替えの援助をする。 ・丸い紙を配り、1人ずつクレヨンを渡し「グルグル絵を描いて」と声をかけ、様子を見守る。 ・せっけんで手を洗うのを手伝う。昼食の準備に取りかかる。	・自分で着替えができないところを援助する。 ・子どもが描くのを見守り、「こっちの色も使ってみよう」など声をかける。 ・机を拭き、昼食の準備をする。

Step1

時	分	環境・準備	子どもの活動（生活の流れ）	保育士の動き（保育の配慮）	実習生の動き
11	50	（配膳図：保・実）	◎昼食（魚の照り焼き、切り昆布の煮物、粉ふきいも、実だくさん汁） ・順調に食べる子もいれば、なかなか野菜を食べない子もいる。 ・ごちそうさまをして、トイレをすませる。	・食べられる量や速さを考えて、おかずなどを配膳する。 ・なかなか食べない子やスプーンがうまく使えていない子を援助する。 ・最後までお皿に残ったご飯は、食べやすく集める。	・子どもと一緒に食べ、様子を見る。 ・口に運んだり、声をかける。 ・お皿を片づけ、机を拭いて片づける。
12	55	（読み聞かせ配置図：実・保）	◎手遊び・読み聞かせ ・一緒に手遊びをして、絵本を集中して見る。「ちがうよ」「ぼうし」など声を出す。 ・紙芝居のオオカミをこわがる。 ・自分の布団に入る。	・手遊び「ずーっとあいこ」、絵本『どうすればいいのかな』を読む。 ・「おやすみなさい」と布団に入るように声をかける。	・紙芝居「ねないこだれだ」を読む。 ・帽子にタオルを入れ、持ち帰りやすくする。 〈休憩〉
13 15	10 00	（午睡配置図：保・保・実）	◎午睡 ◎起床 ・目をこすりながら起きて、トイレをすませる。椅子に座る。 ・実習生とおやつをもらいに行く。うれしそうに部屋に戻る。	・子どもを起こし、トイレをうながす。 ・なかなか起きない子は軽くゆすって起こす。 ・おやつの机を用意する。	・「起きてー」と声をかけたり、布団をたたむ。 ・子どもとおやつをもらいに行く。組名を言うよううながす。
15	15		◎おやつ（牛乳、ココアサンド） ・「いただきます」と言って牛乳を飲む。	・牛乳とおやつを配る。 ・牛乳が飲めないKちゃんはお茶にする。	・食べる様子を見守る。
17	00		◎順次お迎えがきて降園する	・保護者に今日の子どもの様子を伝える。 ・実習生と反省会を行う。	・電車を作って、子どもとお迎えを待つ。 ・反省会をしていただく。

1日を振り返っての感想や考察（1．今日の目標について、2．学んだこと・反省等）

今日はうさぎ組2日目だったため、子どもたちも覚えてくれて、コミュニケーションがとりやすく感じました。生活の流れも把握できてきて、自分から動けるようになったように思います。保育士の援助については、先生方の言葉かけをまねしてみるなかで、注意するときもきちんと伝えると子どもたちにも伝わると感じました。集団での活動では、散歩など、しっかり歩けない子を大きい年齢のなかでもしっかりしている子にまかせ、子ども同士でやりとりができるように考えてあり、とても感心しました。

砂場での自由遊びでも、楽しく水に慣れるよう "トンネル" にしていたり、足を洗ったり汚したりと繰り返すことを大事にしていて、1日ではなくて何日もかけて少しずつ大丈夫になっていくことが保育では大切だと学びました。子どもたちとたくさんかかわることができて楽しい1日でした。

指導者所見欄

うさぎ組での実習お疲れ様でした。いろいろとお手伝いをしていただき、ありがとうございました。散歩のときなど、"お兄さんお姉さんに連れていってもらう日" "小さい子を連れていく日" "うさぎ組同士でいく日" などを決めて行っています。今のうさぎ組の子どもは、やっと少しずつ自分の気持ちを他の友達や保育者に声に出して伝えられるようになってきました。その気持ちを保育者が受け止めるのも大切ですよね。少しずつ暑くなってきたので、水にも慣れる機会も増やしています。多くのことを学んでください、応援しています。

Step 2

演習　実習日誌を記入してみよう

課題

　以下の事例は、保育園3歳児クラスの1日の様子である。Step 1の書き方を参考にして、「子どもの活動（生活の流れ）」「保育士の動き（保育の配慮）」「実習生の動き」の欄を記入してみる。

進め方

（1）準備するもの

　図表4-3に示すような記録用紙、A4サイズ2枚ほど。

（2）方法

① 個人で記録を仕上げる。

② それぞれの記録を小グループで交換して読み合い、記録としてどのように工夫することができるかを話し合う。

事例

3歳児クラスの1日（9月1週目、天気「雨」）

　9時、A保育士の周りに子どもが集まり、朝の会が始まる。みんなで朝の挨拶をし、手遊び「グー、チョキ、パー」、紙芝居「はのいたいももちゃん」と絵本『いいから　いいから』を見る。実習生は一緒に手遊び、絵本を見て、給食室にお茶をもらいにいく。9時15分、椅子を持ってホールに移動し、○○組とリズム遊びをする。歌「手をたたきましょう」「かなづちトントン」などを歌う。リズム遊びでは"とんぼ""かえる""かめ""つばめ"などの動きをA保育士のピアノに合わせながら身体を動かす。B保育士は、「上手だよ」と声をかけながら、一緒にリズム遊びをする。実習生も一緒にリズム遊びをし、○○組のリズム遊びの間は、見て待つように声をかける。10時に椅子を持って保育室に戻り、コップをA保育士からもらってお茶を飲む。実習生はコップをもらった子から、お茶を入れ、飲み終わったらコップを回収する。実習生の自己紹介を聞き、A保育士が読む紙芝居「じしんなんかにまけないぞ！」を見る。保育士から防災ずきんを1人ずつもらい、自分で被る。

　実習生が防災ずきんを回収し、片づける。A保育士が鉄棒を準備する。子どもは一列に並び、足抜けまわりを1人3回する。1回したら、列にまた並ぶ。実習生は、保育士とともに鉄棒を押さえる。鉄棒が終わった子どもから、積木で遊ぶ。並べて電車を作ったり、とんかちに見立てる。実習生も一緒に積木を並べる。片づけの時間となる。11時、昼食の準備をする。子どもが協力して机を運び、布巾をぬらして机を拭く。給食を運ぶ。保育士は子どもに準備を頼んだり、配膳用エレベーターから給食を出し、子どもに渡す。実習生は子どもと汁

物を運ぶ。

　子どもは、自分の椅子を用意し、給食をよそい、昼食となる。箸(はし)を上手に使って食べる。子どもが給食をよそうとき、保育士がそばにつく。よそいすぎずに、おかわりにくるように伝える。保育士も実習生も一緒に給食を食べる。食べ終わった子どもから、食器を下げ、椅子を片づける。パジャマに着替え、布団を敷いて絵本を見る。実習生は空いた机や食器を片づけ、最後まで食べている子どものそばにつく。

　12時45分、保育士が絵本を読み、午睡(ごすい)。15時に起床、布団をたたみ、押し入れに運ぶ。着替えをする。保育士と実習生は子どもが運んできた布団を押し入れにしまい、まだ寝ている子どもに声をかけ、ござの片づけをする。

　15時20分、おやつ。子どもが机を運び、布巾で机を拭き、おやつを運ぶ。自分でおやつをよそい、おにぎりは自分で握る。保育士はおやつの準備をうながし、お皿の上にラップを敷いてご飯をよそい、おにぎりにしやすいよう準備する。保育士も実習生も子どもと一緒におやつを食べ、机や食器の片づけをする。

　15時50分、保育士の周りに集まって、紙芝居「ねずみきょう」を見る。16時、輪飾りをまだ作っていない子どもは、輪飾りを作る（終わっている子どもは折り紙で作りたいものを作る）。保育士が線を描いた折り紙とはさみ・のりを準備する。子どもは、線の上をはさみで切り、切ったものは牛乳パックの箱に入れる。のりを使って輪っかをつなげて長くする。実習生はのりを出したり、名前を書いたり、はさみを使う子どもの様子を見る。保育士は長くできた子どもの輪飾りをみんなに見せ、できた輪飾りにたこ糸でひもをつけて飾る。16時50分、実習生の周りに集まって、手遊び「トントントントンひげじいさん」、絵本『えんまのはいしゃ』を見る。実習生は反省会を行っていただく。

図表4-3　演習　課題記入用紙

時	分	環境・準備	子どもの活動（生活の流れ）	保育士の動き（保育の配慮）	実習生の動き

（実際の用紙はＡ４サイズで作成）

Step3

エピソード記述

　「エピソード記述」とは、子どもとのかかわりのなかで、実習生のこころが揺さぶられた体験や特に印象に残った出来事を事例として書きつづり、その子どもとのかかわりを自身でどう考察したかを記録するものである。実習の記録は、起こった出来事を客観的につづる経過記録（例えば、**図表4-2**の2歳児クラスの1日）と1日の考察とを記入していくのが一般的である。実習の後期になって、さらに主観的な表現で「エピソード記述」で日誌を書くことも意義のあることである。

　エピソードを中心に考察を書いていく「エピソード記述」の手順は次のとおりである。

① 1日の実習を終えて、特に印象に残る子どもとのやりとりを思い返してみて、エピソードとする出来事を決める。「子どもと一緒に楽しめた」「対応の難しさを感じた」など、実習生のこころが揺れ動くような子どもとの出来事にするとよい。

② エピソードとして取り上げる子どもとの出来事は、ある短い時間のなかで展開したものでよい。

③ 取り上げる場面が読み手にわかるように書く。

④ なぜ、その場面を取り上げたかったのか、その場面でどのようなことを考えたのか、実習生の思いを伝えようとすること。

　以下に、エピソードと考察の例を示す。

事例
母親とバイバイできなかったM君（3歳児クラスでの実習、8日目）
　登園の時間、M君は母親と元気よく保育室に入ってくる。母親と担任が話している間、母親の背中にくっついたまま、他児がかいじゅうごっこをしているのをうれしそうに見ている。母親からお弁当箱を渡され、自分でかごに入れ、母親のそばに戻る。部屋ではA君とH君が布団の上で押しあっていて、M君もそこに加わり、H君を押している。母親の支度ができて、M君に「行ってきまーす」と声をかけてバイバイと手を振るが、M君は友達に気を取られていて、押しあっていて、母親は行ってしまう。M君は、ちらっとドアを見るがそのまま組み合っている。A君とH君が走り出したあと、M君は沈んだ表情で1人で座っていて、目に涙を浮かべている。担任が様子を見にきて、抱き上げると、うれしそうな顔を見せる。M君は廊下に走っていく。ぐるぐる走っているうちに、元気そうな表情になる。
【考察】
　M君は、いつもは母親をしっかりと見送ってバイバイと手を振り合っている。今日は他児に気を取られていて、手を振り合っての別れをしていない。M君の表情が沈んでいたことや、さえない表情のまま、1人で走っていたのは、母親とバイバイできなかったからではないか

と思った。母親をしっかり見送るということが、子どもにとっては元気よく過ごすために大切なときなのではないかと思った。

図表4-4 エピソード記述形式の日誌

○○大学・短期大学　実習日誌	実習生氏名　○○　○○
第　　　日目 　　年　　　月　　　日（　　曜日）天気	組・人数　（　　　歳児）　男　名・女　名 　　　　　　　　　　　組　　　　計　　　名 欠席　　名（　　　　　　　　　　）

今日の目標

（本文記入欄）

指導者所見欄

参考文献
- 小田豊監，岡上直子・鈴木みゆき・酒井幸子編著『保育士養成課程 教育・保育実習と実習指導』光生館，2012.
- 相馬和子・中田カヨ子編『幼稚園・保育所実習 実習日誌の書き方』萌文書林，2004.
- 鯨岡峻・鯨岡和子『保育のためのエピソード記述入門』ミネルヴァ書房，2007.

COLUMN 保育者と記録

　保育者になってからの記録には、どのようなものがあるだろう。保育の実施状況を日々記録する保育日誌、週案とその日の保育の実施状況を記録する週案日誌、子どもの園での様子と家庭での様子を保護者と伝え合う連絡帳、児童票に添付する書類である保育経過記録などがある。例えば、保育日誌は、1日を振り返り、その日の保育のねらいとの関連するものにポイントを定めてこれだけはと思うものについて、子どもの姿と保育者の行為や思いを書きつづるものである。1日だけの記録では、子どもの変化や行為の意味が読み取れないが、継続した記録を読み返してみると、子どもの育ちのプロセスやクラスの保育の方向が見いだされるものである。日々の保育の記録が、指導計画の作成や保育者のあり方に活かされるのである。

　実習生の実習日誌も、記録を通して1日の保育や子どもとのかかわりを振り返って気づく、あれこれと考える、という保育者としての実際を体験させてもらうものだといえる。実習生にとって、慣れないことが続き、精神的にも肉体的にも疲労が蓄積されていくなかで、毎日、実習を終えて日誌を仕上げることは大変なことであろう。しかしながら、保育者としての大切な体験と前向きにとらえて、実習日誌の記録に取り組んでもらいたい。

（土屋　由）

第5講

実習課題

保育実習に参加するにあたって、実習生は事前にさまざまな準備をすることになる。準備の1つとしてあげられることが「実習課題」の設定である。課題の設定は、実りある実習体験が得られるか否かの重要な鍵となるが、あいまいなとらえ方をされている部分もある。本講では、実習課題の概念化を試み、加えて実習課題の設定から実践、考察までの過程について概説する。

Step 1

1. 実習課題とは

　実習事前指導では「実習の目的」、「実習の目標」、「実習のねらい」など判別しがたい用語がよく使われる。実習課題にふれる前にこれらの用語を整理し、実習課題について考えてみよう。「目的」という用語を使ったとき考えられることは、国が定めた保育実習実施基準に示された「保育実習の目的」があげられる。そこでは、「保育実習は、その習得した教科全体の知識、技能を基礎とし、これらを総合的に実践する応用能力を養うため、児童に対する理解を通して保育の理論と実践の関係について習熟させることを目的とする」と記されている。このことから「目的」という用語が使われたときは、実習の根幹でもあり、実習に関するすべての事項を表していると考えられる。また、「目標」は目的を達成するために設けられた目当てであり、学びのポイントを具体的に示したものである。さらに、「ねらい」は学生に対し、実習中に学んでほしい事柄として示していることもあるが、目標とねらいについては明確に区別することは困難である。本講では、「目的」という表現については実習の全体像を指し、「目標（ねらい）」は、目的を達成すべき具体的な学びの視点という概念として位置づける。

　では、実習課題とはどのような性質をもつものであろうか。

　実習をより効果的な学習経験の場とするためには、学びの視点を明確にもち、実習に臨むことが大切である。不安や緊張の連続で、何を学んだのか覚えていない、また、実習中は「あれも知りたい」「これも学びたい」と目前で展開される活動に惑わされてしまい、学びの視点が不明瞭になってしまうことがよくある。多くのことを学びたいとする意欲は大切であるが、実習はある一定の期間内で行われる学びの場であり、限られた期間のなかですべてを学ぶことは不可能なことである。また、多くのことに目を向けると、学びが浅く、中途半端な学びとなり、何をどのように学んだのかがみえてこなくなり、具体的な学習成果が得られない。実習終了後に「いろいろ学べてためになった」「子どもと楽しく過ごせたことが最大の成果であった」などの報告や記録をみると、本人なりの成果は得られたのかもしれないが、物足りなさも感じる。

　そこで、実習での学びがより充実したものとなるよう、実習生自身もあらかじめ学びのポイントを事前に整理して問題意識を明確にする必要がある。したがって、実習課題を定義づけするならば、「実習を効果的に行うために、学生自身が、実践の場で学べる学びの視点や問題意識を明確にし、実習期間内に取り組むテーマ」であるといえよう。

2. 実習課題を考える前に

　課題という言葉を「広辞苑」で調べると、「解決するために与えられた問題」や「問題を与えること、また解決を求めるべき与えられた題」などと記されている。このことから予測されるように、課題は他者から、つまり養成校の教員から課せられたものと、学生自身が自分に課したものとに大別できる。前項で定義づけたように、ここで扱う実習課題は学生自身が自己に課したものについてのみ取り上げる。

　実習は、養成校で学んだ知識や技能が、実際の場で通用するかどうかを確認する場でもある。したがって、今まで学んだことを振り返り、実習の場で確認できるよう準備をする必要がある。まず、施設の機能、乳幼児の発達、保育内容など実習に関連のある教科で学んだことを復習しておく。次に、それぞれ学んだことから特に関心をもった項目を書き出しておくとよい。例えば「今、子どもたちはどんな遊びをしているのであろうか」「児童養護施設の子どもたちは、自分の洋服をどのように購入するのであろうか」「保護者との連携はどのようにしているのであろうか」「地域との連携はどのようにとっているのであろうか」など思いつくままにメモしておくとよい。

3. 実習課題の立て方のポイント

課題の対象を考える

　学生にとって、実習課題を考えることは難しい作業でもある。よく指摘される実習課題に、「利用者さんと積極的にコミュニケーションをとる」や「1日も休まないで一生懸命がんばる」などがある。積極的に取り組むことや一生懸命がんばることは、実習において大事なことではあるが、これらは意気込みや心構えであり実習課題とは異なる。実習課題を立てる際、まず注意することは、学びの対象を考えることである。先にあげた積極性や、一生懸命さは自分自身に向けられたメッセージであり、実習に対する抱負である。したがって、実習課題の対象は、実習を受け入れてくれる施設や保育所であり、そこで生活を送る子ども（利用者）や保育者（施設職員）である。

具体的な課題設定にする

　次に注意することは具体的な内容となるよう考えることである。「子どもの発達

を学ぶ」「施設がどのような場であるか学ぶ」などは、課題そのものが大きく漠然としていて、抽象的な表現になっている。このような設定であると、発達や施設のすべてを学ぶことは困難であり、また、学べたとしても表面的で抽象的な学びとなる。発達のどの部分をどのように学びたいのか、例えば「遊びのなかでみられる子ども同士の関係について、年齢ごとに差がみられるかどうかを、観察や遊びに参加することによって学ぶ」のように「何を」「どのように」学びたいのかを入れただけでも具体的な課題となってくる。そうすると、結果や考察において「いろいろ学べてよかった」という内容から、「3歳の遊びのなかでみられる人間関係は…」などというように学んだ1つひとつを具体的に表すことができ、自分自身にとっての体験的学びとなる。

実習の場で学べる課題を設定する

もう1点、注意したいことは、実習の場で学べる内容にすることである。教科書やさまざまな文献で学べるものは、実習の場ではなくても学べるため避けたほうがよい。せっかく与えられた実習の場であるからA施設、B保育所でしか学べないものにするとよい。「A施設で行っている利用者の生活の質を上げるための取り組み」や「B保育所が取り組んでいる子育て支援の実際」など施設独自の取り組みに視点をおくとよい。子どもたちが夢中になっている遊びも、実習の場によって異なるであろう。また、それぞれの施設がもつ保育・養護理念によって、また地域性によっても保育・養護現場でみられる姿、実態は異なるものである。

4. 実習課題の実際

前述したように、実習課題は「対象から学ぶ」「具体的」「実践の場で学べるもの」から選ぶことが大切である。しかし、実際には実習の経験差（保育実習Ⅰ、保育実習Ⅱ、保育実習Ⅲなど）や、実習生のもつ価値観によっても課題設定は当然異なる。また、実習の形態によっても異なる。ここでは、見学・観察・部分参加を中心とした保育実習Ⅰにおける実習課題、保育実習Ⅱ・Ⅲにおける実習課題の実例をあげる。

図表5-1　実習課題の実例

① 保育実習Ⅰ（保育所・施設）

【実習施設に関するもの】
- 実習施設の役割や機能
- 実習施設の人的環境や職種間の連携
- 保護者や家庭との連携
- 保護者支援、家族支援の実際
- 行事や娯楽活動の意義や具体的な活動内容
- ボランティアの受け入れや役割

【子どもや利用者に関するもの】
- 子どもの発達に関すること
- 遊び（娯楽）や人間関係に関すること
- 言葉以外のコミュニケーションの方法
- 進学や就職、自立支援の実際
- 障害や発達支援に関すること

【保育士や施設職員に関するもの】
- 保育士や施設職員の役割や業務内容
- 職員間の役割分担や連携
- 環境構成や環境整備に関すること
- 指導や支援の方法（かかわり方、接し方）に関すること

② 保育実習Ⅱ（保育所）

【保育所に関するもの】
- 保育所の役割や機能
- 子育て支援や施設開放などの実際
- 保育所の特徴、保育理念、保育実践などとの関連
- 社会のニーズとさまざまな保育の実際

【乳幼児理解に関するもの】
- 子どもの発達や個性など一人ひとりの特性に関すること
- 子どものおかれた状況や子どもがかかえる問題

【保育士の職務に関するもの】
- 子どもの発達支援と保育実践に関すること
- PDCAサイクルに関すること
- 多様な保育実践と保育士の職務に関すること
- 子どもの権利保障と保育士の職業倫理に関すること

③ 保育実習Ⅲ（施設）

【施設に関するもの】
- 施設の役割や機能
- 家庭や地域の実態と社会的養護の関係について
- 自立支援や退所後の支援の実際

【子どもや利用者に関するもの】
- 養護ニーズと子ども理解
- 面会や外泊など家族とのかかわりに関すること
- 趣味、課外活動、学習などに関すること

【職員の職務理解に関するもの】
- 他の機関や専門職との連携に関すること
- 健康管理、保健衛生、安全管理などに関すること
- 権利保障や職業倫理に関すること

Step2

> **演習** 実習課題を立て、それを遂行するための方法を考えてみよう

課題

以下の実習課題①~④の遂行方法(すいこうほうほう)を参考に、自らの実習課題とその遂行方法を考える。

① 保育所実習では、0歳児から5歳児までの全クラスで実習するため、それぞれのクラスの発達的特徴を学ぶ。

② 知的障害のある利用者の生活を支援するために、職員はどのようなかかわり方をしているのか、また、どのような配慮が必要なのか、支援技術の実際について学ぶ。

③ 児童館実習では、午前中の活動として親子活動を中心に行っている。幼稚園や保育所実習では、親子で一緒に遊んでいる姿をほとんどみる機会はないため、この実習では、親子の様子を観察し、子育て支援のニーズについて学ぶ。

④ 後期実習(保育実習Ⅱ)では、夕方から夜間にかけて長時間保育を受ける子どもたちへの保育内容や園生活に対する留意点(りゅういてん)、保護者とのコミュニケーションのあり方について学ぶ。

進め方

(1) 実習課題①について

① 課題を通し、何を学びたいのか明確にする

　初期の実習では、多くの実習生が取り組みやすい課題を設定する。内容が抽象的(しょうてき)で対象範囲が広く、課題としては幅広い範囲をカバーすることができる。しかし、どこに焦点(しょうてん)をあて課題を遂行すればよいかあいまいになるおそれもある。

　子どもの発達のどのような領域に関心をもっているのか、サブテーマを設定し、さらに、その学びを具現化していくための視点を考えておくと、何を学びたいのか課題に対する意識が明確になってくる。

　発達に関する領域として、仮に「0歳児から5歳児までの遊びのなかでみられる発達の違いについて学ぶ」とサブテーマを設定してみよう。このテーマにそって、どのような場所でどのような遊びをしているか、玩具(がんぐ)や教材、教具はどう

いったものをどのように使っているか、遊びのなかでみられる人間関係やトラブルなどはどのようなものであるか、保育者のかかわり方（指導・援助）はどのように行われているかなどについて考えておくとよい。

② 課題遂行の方法

　一般的に行われている方法は、観察あるいは子どもの活動に参加することにより課題を遂行していく方法である。観察に徹する実習形態は保育実習場面では少なく、観察と参加が同時に行われることが一般的である。この場合、目の前で展開される保育の営みに左右され、期待した結果が得られないこともある。観察の視点を定めてチェックする方法も考えられるが、目の前で展開される子どもたちの行動をエピソードとして記録に残し、エピソードを通して子どもの遊びの実態を学ぶ方法もある。

③ 実習開始までに整理しておくこと

　これまで養成校で学んだ知識や技能のなかから、特に課題設定した領域に関する内容について整理しておく。保育の心理学、保育原理、保育内容などのテキストから、子どもの発達に関する箇所を復習したり、保育所保育指針「第1章　4　幼児教育を行う施設として共有すべき事項」や「第2章　保育の内容」を熟読しておくと、子どもの育ちの方向性がイメージしやすくなる。

　また、観察方法やエピソード記録のとり方などについても事前に学習しておくと役に立つ。

（2）実習課題②について

① 学びの核心について考えよう

　保育実習Ⅰのうち障害者支援施設での実習課題である。実習前の学生にとって施設利用者は、支援の対象者としてのイメージが強い。したがって、保育の場面と同様に、対象者理解と保育士や職員のかかわり方に関する課題設定も多くみられる。

　生活支援における配慮ということから、学びの対象は職員に向けられるであろう。生活場面をどの範囲にするか、あらかじめ決めておくとよい。基本的な生活習慣に関する支援の留意点に特化するのか、趣味や娯楽を含めた生活支援のあり方を学びたいのか整理しておこう。また、利用者一人ひとりの発達の様子、個性、障害の程度などからも学びの視点を考えておこう。

② 課題遂行の方法

　観察を通して、職員の意図や配慮を読み取ることは実習生には難しいことである。利用者への職員のかかわりを観察し、気になる事例について「～についてど

のような意図があったのですか」「～についてはこのような配慮をされたのですね」などと質問や確認をできるようにしておくとよい。

③ 実習開始までに整理しておくこと

障害者支援施設の機能である食事、衣服の着脱、排泄、入浴などの日常生活動作（ADL）や、洗濯、掃除、買い物などの機能的日常生活動作（IADL）に対する知識と、実習生自らがこれらの動作を身につけていることが大切である。そのうえで、社会福祉、社会的養護、障害児保育など授業で学んだことを復習しておこう。

（3）実習課題③について

① どんな学びを期待しているのか整理しよう

児童館は、18歳未満の児童を対象とした施設である。児童館での実習は、養成校によっては保育実習Ⅲでの実習先として、また、児童厚生員資格取得のための実習先として設定されている。近年、特に児童館が力を入れている取り組みの1つが子育て支援であろう。特に午前中の活動では、来館した親子が職員の提供する活動に参加する、自由にリラックスして過ごすなどの姿がみられる。親子がともに過ごしている場面を観察する機会はほかの実習では得にくいため、課題としての着眼点はよい。ただ、親子のどのような場面でのかかわり方を観察したいのか、また観察できるのか事前に考えておこう。例えば、子どもの活動に対し、傍観的態度、受容的態度、拒否的態度、支配的態度などである。また、親同士の関係についても観察の視点を考えておくとよい。

② 課題遂行の方法

観察を通し、親子のかかわりを学ぶことも1つの方法であるが、質問紙を用意し、直接、親にインタビューをする方法もある。来館時の様子だけでなく、家庭でのかかわり方や育児に対する不安などの情報も得られるであろう。リラックスした雰囲気のなかで「こんなときは、どうするのですか？」と話しかけてみると、親子関係や支援の方向性もみえてくると思われる。

③ 実習開始までに整理しておくこと

現在、子育てをしている世代のかかえる問題点（育児不安、育児の孤立化、子育てに関する知識不足など）を整理しておこう。また、子育て支援が必要となった社会的背景などに関する理解が必要である。

（4）実習課題④について

① 学びの視点を明確にしよう

この課題は、保育実習Ⅱ（選択必修実習）における実習課題である。保育実習

Ⅰでは、子どもや保育士に目を向けた課題が多いが、保育実習Ⅱでは、保育所の機能や理念など、保育の根幹（こんかん）に関する課題も多くなる。この課題は保育所の機能に関する課題である。

最近では多くの園で長時間保育を行っているが、この課題を設定した園では、夜10時までの夜間保育を実施している。時間外保育の実態にふれるよい機会であるが、実習生が夜間保育にかかわることは物理的に制限されるので、事前に学びたいこと、例えば、夜間の過ごさせ方、子どもへの配慮、保護者との連携、安全管理などについて整理しておこう。

② 課題遂行の方法

実習生が夜間保育を体験できるのは、実習期間中数回であろう。したがって体得的に夜間保育の実態を学ぶことは難しい。事前に資料を見るなど準備を行い、質問項目を決めておくとよい。

③ 実習開始までに整理しておくこと

保育所保育指針第1章—3—(2)—カに「長時間にわたる保育については、子どもの発達過程、生活のリズム及び心身の状態に十分配慮して、保育の内容や方法、職員の協力体制、家庭との連携などを指導計画に位置付けること」と記されているように、保育課程、指導計画に関するテキストや参考資料には必ずふれられているので熟読しておこう。

（5）実習課題を考えてみよう

Step 1、Step 2 で学んだことを参考に、実習で学びたい課題を実習の種別ごとに考えてみよう。

実習の種別	課　　題	具体的に学びたい事柄	課題遂行方法	事前準備
保育実習Ⅰ				
保育実習Ⅱ				
保育実習Ⅲ				

第5講　実習課題

Step 3

1. 保育所実習における課題への取り組みと発展的学習

Step 2 で取り上げた実習課題①について解説する。

実習中の学び方

実習生は実習園でのオリエンテーションの際、実習課題の取り組み方について相談し、指導を受けるとよい。なお、事前に設定した課題が実践できない場合もあるので別の課題も用意しておこう。配属クラスの特徴、保育活動、人気のある遊び、仲間関係などを聞いておくと子どもの様子をイメージすることができる。

全クラスでの実習の場合、各クラスの特徴を深く学ぶことは不可能である。したがって、事前に設定した観察の視点が有効となる。ただし、子どもの活動は予測不能な部分もあり、必ずしも計画通りにいかないことも理解しておく必要がある。実際に実習生が課題をどのように遂行していったか、レポートを通して考えてみよう。

> **レポートより抜粋　3歳児クラスでの遊び**
>
> 　○○組の子どもたちは、ひとり遊びというより数人の子どもたちで遊んでいる姿が比較的多く観察できた。プラレールをつなげ電車ごっこをするグループ、仲よしグループ（先生に教えていただいた）でいつものようにソフト積み木で家を作り、おうちごっこをしている姿も観察できた。この年代の子どもはごっこ遊びが好き、ということを学んでいたので観察をしたことによって納得した。なかには遊びに参加できない子どももいて、「ぼくもプラレールで遊びたい」と、いきなりレールを奪う場面や友達が使っているものが欲しくて積み木の取り合いも起こった。まだまだこの年齢の子どもは自己主張をすることも多く、自己主張と自己主張のぶつかり合いも目の当たりに観察でき、あらためて3歳児であることを実感した。トラブルが発生した際、先生は双方の子どもに対しスキンシップをしながら言葉をかけていらっしゃった。トラブルが発生したときどのような対応をされるのか質問したところ、この年齢の子どもには「見守る」「双方の話を聞き相手の気持ちを伝える」「他の遊びや玩具を提示する」などその場にあった対応をすると教えていただいた。

レポートからは観察・参加を通して気づいたこと、確認したこと、保育者に質問して得られた情報などから3歳児の遊びにみられる発達的特徴をとらえることができたと評価できる。同一クラス2日間の実習としては、このような学びが得られることを期待したい。

課題を通した学びの活用

前期実習での課題は、後期実習につながる課題としての学びや卒業論文の資料、

今後の保育実践を考えるうえでも貴重な資料となるであろう。また、子どもの活動する姿を知ることは、保育環境、特に子どもの実態に即した遊びの環境を構成していく手がかりとなる。また、子どものニーズにあった教材、教具あるいは玩具などを提示していくための手がかりとなるであろう。子どもの実態を知るということは、保育活動を支える根幹にふれることでもある。

2. 施設実習における実習課題への取り組みと発展的学習

Step 2 で取り上げた実習課題②について解説する。

実習中の学び方

実習課題は実習施設でのオリエンテーション時に示し、担当者に相談し指導を受けること。課題への実質的な取り組みはこの時点からはじまる。

障害をかかえた施設利用者は、個人差が大きい。まずは一人ひとりの特徴を知ることからはじめよう。そうすると、職員のかかわり方が一律ではなく、それぞれ異なることに気づくであろう。そのうえで、職員が個々の利用者にどのようにかかわっているか観察するとよい。よくわからない点は質問をすることによって課題を遂行しよう。以下に課題に対するレポートの一部分を紹介する。

> **知的障害者支援施設での実習課題レポート抜粋**
> 全体を通して学んだことは、「この人は○○ができない」としてかかわるのではなく「この人は○○ができる」とプラス思考で利用者さんを支援すること。また「してあげる」のではなく、「できないところを一緒に行う」という考え方である。
> 食事介助、排泄介助、入浴介助などを経験したが、職員さんからはそのたび、ていねいにかかわり方を教えていただき取り組んだが、教えられたとおりに行ってもうまくいかないこともあった。排泄介助の時、排泄を終え着衣の際に利用者さんを怒らせてしまった。原因を考えた時、自分の手が冷たいことに気づいた。「手が冷たいですがいいですか」と声をかけたところ納得してくださった。ささいなことであっても声をかけることの大切さを学んだ。

課題を通した学びの活用

福祉における歴史的変遷、現代の福祉観や子どもの人権、権利などに目を向けて学びを深めよう。

参考文献
- 石橋裕子・林幸範編著『幼稚園・保育所・児童福祉施設等実習ガイド――知りたいときにすぐわかる 新版』同文書院，2013．
- 実習問題研究会編著『保育所・幼稚園実習のすべて』相川書房，1995．
- 小林育子・長島和代ほか『幼稚園・保育所・施設 実習ワーク』萌文書林，2006．
- 上村麻郁・千葉弘明・仲本美央編著『保育者養成実習事後指導』大学図書出版，2012．
- 岡本幹彦・神戸賢次ほか編『保育士養成課程 四訂 福祉施設実習ハンドブック』みらい，2013．
- 厚生労働省編『保育所保育指針解説　平成30年3月』フレーベル館，2018．

COLUMN　これも実習課題？

　実習事前指導では「実習課題」や「実習の抱負」などを考える機会をもつであろう。下記の事例は実習課題といえるであろうか。
・前期実習で失敗したこと、学んだことなどを参考にして積極的に子どもとかかわる。
・視野を広くもち、子どもたちが何をしているか、子どもたちの行動を把握する。
・子どもたちとのコミュニケーションを大切にし、自分自身も楽しんで積極的にかかわる。

　実習では、子どもや施設利用者、指導者と積極的にコミュニケーションをとることも、視野を広くもつことも大切な行為である。しかし、自分ががんばることや積極的に行動することは、学生自身の実習に対する意気込みであり心構えにあたる。実習中の自分自身の態度ではなく、実習で出会った人や場を通して何を学びとりたいのかについて深く追究することが実習課題を考えるうえで重要となる。

（近喰晴子）

第6講

保育所実習①
保育所の役割と機能

保育所の役割と機能とは何か。保育所の1日の流れを知ることにより、実習時の子どもの生活や姿をイメージし、実習生として保育にどのようにかかわるのか、具体的な自分の動き方を考えてみよう。

また、保育所保育指針に記載されている、「子どもが現在を最も良く生き、望ましい未来をつくり出す力の基礎を培う」という保育の目標、保育所の機能、保育所の役割と責任、今日的な保育所の課題について理解を深める。

Step 1

1. 保育所の生活と1日の流れ

デイリープログラム（日課）

　保育所では、子どもの1日24時間の生活のうち、保育所で過ごす登所（登園）から降所（降園）までを「1日の生活の流れ」として、時間の流れにそって表にしている。これをデイリープログラム、または日課ともいう。

　0歳児から6歳児までと保育期間が長期にわたる保育所では、子どもの生活の流れは、発達によって大きく変化していくため、子どもの発達や時期に適した生活リズムをもって過ごせるようにデイリープログラムを活用している。

　具体的な項目として、登所（登園）時の活動、午前の主な遊びや活動、授乳や間食（おやつ）、給食、排泄・清潔活動、午睡などの活動から降所（降園）までの生活の流れ、それに対応させて「保育者の援助や配慮」「環境構成」等のすべてを記載したものをデイリープログラムということが多い。一方、時間の流れにそって大まかな生活の流れのみを示しているものをデイリープログラムとし、他の項目を日案として記載する方法もある。

　生活の内容や項目については、年齢・発達段階による発達の違い、同年齢でも期別の活動や経験による違い、季節（日照時間等）による遊びの時間帯の違いもある。また、乳児保育では、3～5名の特定の子どもを担当して保育する等の担当制を取り入れる園もある。また、幼児の遊びや活動によっては個別・グループに分かれるなど、保育形態や方法を工夫することで、個々に対応したていねいな生活ができるよう実践している。

長時間保育とデイリープログラム

　保育利用時間が長時間化している今日、1日の生活の流れのなかに、子どもの多様な活動が調和的に組み込まれるように配慮することが求められている。午前の遊びの時間をどこでどのように過ごすのがよいか、午睡後から夕方の時間にどのような発展的な遊びを取り入れていくか、子どもの本来の生活リズムに即した夕方から晩の過ごし方についても、各園での方針が反映されている。延長保育の時間帯は、クラスを合同にして保育をしたり、土曜日の保育の流れも園によって状況が異なっている。また、休日保育や夜間保育、一時保育など、拡大・長時間化する日課についても理解しておこう。

2. デイリープログラム

　毎日の保育はデイリープログラムによって、発達に即した生活の流れを積み重ねていくわけであるが、それぞれの園で大切にしている保育の考え方が反映されていることがわかる。

　図表6-1は、デイリープログラムの一例である。この園では、0歳児クラス、1・2歳児クラス、3・4・5歳児クラスに分けたデイリープログラムになっている。

　保育内容の特徴としては、「好きな遊び」では、自分で選択することができる環境があり、午前の「散歩」や「室内外での遊び」も日課として計画されており、遊びの場を重視していることをみてとることができる。

　日課の項目の「好きな遊び」とは、いくつかの遊びのうちから、子ども自身がどの遊びをするかを選んで、じっくりと自由に遊ぶことができるという内容である。落ち着いた場所や雰囲気があること、保育者が各クラスの子どもに適した遊びを創意工夫して用意している場でもある。

　また、午前に設けている「室外や戸外での好きな遊び」や「散歩」は、幼児の身体の発育や健康の促進はもとより、こころの安定を図ることや知的発達をうながす

図表6-1 デイリープログラムの一例

時間	0歳児	1・2歳児	3・4・5歳児
7：00	随時に登園 好きな遊び	随時に登園 好きな遊び	随時に登園 好きな遊び
9：00	授乳 その子に合わせて午前睡 保育者と1対1での遊び	間食 好きな遊び［室内外］ 散歩	好きな遊び［室内外］ 散歩 クラス活動
11：00	離乳食	食事	食事［ランチルーム合同］
12：00	順次に午睡	午睡	午睡（休息） 室内遊び［5歳児］
13：00			
15：00	離乳食・おやつ 室内遊び	おやつ 好きな遊び［室内外］	おやつ 好きな遊び［室内外］
16：30	随時に降園	随時に降園	随時に降園
18：00	延長保育	延長保育	延長保育
19：00	全員降園	全員降園	全員降園

活動でもある。登園するまでの各家庭での過ごし方は多様であるため、開放的な空間でこころを落ち着けさせてから、保育所での1日のはじまりを迎えるという意味もある。さらに、自然や具体物に直接ふれることにより知的発達がうながされる経験ができる活動も用意している。

デイリープログラムの各項目について、実際の保育の様子や雰囲気、具体的な内容は各年齢クラスや実習する園によってもさまざまである。

特に基本的生活習慣に関する内容は、同じクラスでも年間計画のどの時期かによって子どもの様子や具体的なことが異なってくる。例えば、4・5歳児クラスでの「昼寝（午睡）」は、年間計画の後期には「午後の休憩」あるいは、午睡なしで「静かな遊びをする」等へゆるやかに移行していく。また、「食事」場面でも、4月と10月では、自立の度合いによって保育の流れのスムーズ感に違いがあったり、子ども同士が会話を楽しみながら食事をする雰囲気の違いなどもあるだろう。

実習期間中は、実習生は子どもや保育者と日課の流れにそって生活をともにする。日課1つひとつの内容について、なぜそうするか、子どもの育ちにどのようにつながるのかをふまえたうえで、何をどうするかイメージすることが大切である。

3. 子どもや保育へのかかわり方をイメージする

デイリープログラムにそってクラス全体の動きを理解する

図表6-1のデイリープログラムをみて、生活の流れにそった「保育でのかかわりのポイント」をイメージしよう。自分がその場にいると想定して、デイリープログラムに応じた動き方、子どもへのかかわり方を具体的にあげてみよう。

特に実習生が部分実習や責任実習をする場合、日課のうち一定の時間帯を実習生が1人で担当することになる。生活の流れにそって子どもの姿を理解し、指導案を作成するときには、この1日の生活の流れを損なうことのないように考慮したい。

自由遊びやコーナー遊びのとき

室内・室外の場所を問わず、子どもが自分の好きな遊びを選んで取り組む「自由遊び」のときには、子どもと一緒に遊んでみよう。一緒に遊びながら観察することは、①遊びの種類（どんな遊び）、②遊びの環境構成（保育者が用意したもの、何を使って遊ぶか、自分で選んでいるモノ）、③遊びでの人間関係（だれとどのように遊んでいるのか）、④遊びへの興味（その遊びのどこに興味をもっているのか、

何を楽しんでいるのか、こだわりは何か）、⑤遊びの持続時間や集中の度合い（遊びのはじまり方や終わり方）などである。

かかわりのポイントは、「子どもと一緒に遊びつつも観察と安全面の配慮は怠らないこと」である。小グループの子ども同士の遊びには自然に参加しけっして邪魔をしないこと。同じメンバーの遊びばかりに参加するのではなく、観察・参加のねらいによって、かかわる時間や場所を移動すると遊びへの理解が深まる。

「ごっこ遊び」に入れてもらった場合や協同遊びに参加した際、別の遊びに移動するときには、この遊びから離れることを伝えたり、やめるときの言葉をかけて抜けるなど、遊びに参加している仲間の了解をとることが子どもの遊びの展開にとって大切なことである。

「コーナー遊び」を取り入れている場合や、遊びの種類によって場所を変える環境構成型の場合は、保育者が行う具体的な遊びの援助は異なる。例えば、子どもの要求に応じて必要な道具や材料を出したり、一緒に作って参加したり、コーナーや遊びの場所間を動いて様子を見守ることもある。

固定遊具のある「園庭での遊び」は、大きな事故やけがにつながることもあるため、遊びをうながす援助と安全面を配慮した援助が欠かせない。広い空間では保育者同士がどこに立っているのがよいのか、ブランコでの遊びやすべり台の補助等とでは具体的な動きが異なるので、遊具に応じた援助の仕方、身体の動かし方・立ち位置などを事前に確認しておこう。

担当制による乳児保育の場合

乳児保育においては、特に個々の対応が求められる。常に保育士から子どもへの細やかな配慮とかかわりが必要である。できるなら保育士の近くに寄り、直接的な子どものケアや援助をしている様子をみて学び、まねてみて、実際にかかわってみたい。また、生活習慣の援助については、子どもが自分でできるように声をかけたり、個々の子どもに応じて手助けする加減を見極めたり、担当の保育士に尋ねることが重要である。

保育者同士の連携を分担されるとき

クラスや保育室に複数の保育者（実習生を含む大人）がいる場合、保育士同士の業務や担当場所を分担して保育をすることがあるが、どこでだれが何をしているかみてもらえる所にいて、いつでも指導が受けられるようにすることが大切である。

Step2

1. 保育所保育指針について

保育所保育指針とは何か

　保育所保育指針（以下、保育指針）は、保育所における保育の内容やこれに関連する運営などについて定めたものである。1965（昭和40）年にはじめて策定された保育指針は、2回の改定のあと、2008（平成20）年の改定で厚生労働大臣による告示となり、すべての保育所が遵守すべき最低基準とし、規範性をもつ基準とされた。社会に保育所の役割と機能が重要なものとして、広くみとめられることとなった。

　保育指針によって、保育の内容に関する基本的事項を規定することは、全国的に一定の保育の水準を保つことになり、それが子どもの最善の利益につながるという考えである。もとより各保育所では、それぞれの保育の理念や目標に基づき、利用する保護者や子ども、地域の実情に応じて保育を実施している。さらなる保育の質の向上と改善を支え、各保育所の創意工夫や取り組みをうながすために、社会のニーズをふまえながら改定が行われており、保育所保育だけでなく、多種にわたる保育施設や家庭的保育など、すべての保育施設において活用するよう望まれている。2017（平成29）年に4度目の改定が行われた。

2017（平成29）年改定の要点

　今次の保育指針の改定は、幼稚園教育要領、幼保連携型認定こども園教育・保育要領の改訂とともに行われ、その内容の整合性が図られていることが特徴である。就学前の子どもが、どの場所においても等しく質の高い保育を受けられるようにするためである。改定の要点は次のとおりである。
① 乳児、1～3歳未満児の保育の充実
② 保育所における幼児教育の積極的な位置づけ
③ 環境の変化をふまえた健康安全の記載（食物アレルギー、事故、防災）
④ 保護者、家庭、地域と連携した子育て支援
⑤ 職員の資質、専門性の向上

保育所保育指針解説

　保育所保育指針解説は、保育指針の記載事項の解説や補足説明、保育を行ううえでの留意点、取り組みの参考となる関連事項等を示したものである。保育指針は

改定を繰り返しているが、保育所保育の理念や基本的な考え方は、普遍的な価値をもつものとして改定を経ても引き継がれている。保育指針の趣旨と内容が、保育士をはじめとする保育にたずさわるすべての人、保育関係者が理解を深めることで、よりいっそうの保育の内容の充実と保育の質の向上が図られることをねらって作成された。保育所保育をよく理解して実践するために活用するとよい。

幼稚園教育要領（解説）

　幼稚園教育要領は、2017（平成29）年に保育指針と同時に改訂され、文部科学大臣により告示された。今次の改訂のねらいは、2016（平成28）年12月の中央教育審議会答申をふまえ、幼稚園教育において育みたい資質・能力を明確化すること、「幼児期の終わりまでに育ってほしい姿」を示して、小学校の教師と共有し連携することにより、小学校教育との円滑な接続を図ることである。また、第１章総説の改訂の要点は、次のとおりであるのでよく理解しておきたい。

① 幼稚園教育の基本
② 幼稚園教育において育みたい資質・能力及び「幼児期の終わりまでに育ってほしい姿」の明確化
③ 教育課程の役割と編成等
④ 指導計画の作成と幼児理解に基づく評価
⑤ 特別な配慮を必要とする幼児への指導

　特に、②に掲げた幼稚園教育において育みたい資質・能力及び「幼児期の終わりまでに育ってほしい姿」は、保育指針では、「幼児教育を行う施設として共有すべき事項」とされ、小学校教育以降の子どもの発達を見通して保育することを重視している。

　幼稚園教育要領の理解を深め、各幼稚園が適切な教育課程を編成、実施するための参考資料として、2018（平成30）年に「幼稚園教育要領解説」も改訂された。

幼保連携型認定こども園教育・保育要領（解説）

　幼保連携型認定こども園教育・保育要領は、2017（平成29）年、内閣府・文部科学省・厚生労働省により告示された。「子ども・子育て支援新制度」の一環として創設した幼保連携型認定こども園の教育課程その他の教育及び保育の内容を定めた。その解説と全体的な計画を作成、実施するうえの参考資料が「幼保連携型認定こども園教育・保育要領解説」であり、2018（平成30）年に改訂された。

2. 保育所保育指針（総則）

　保育指針の第1章（総則）は、保育所保育に関する基本原則（後述）、養護に関する基本的事項、保育の計画及び評価、幼児教育を行う施設として共有すべき事項がある。これは保育指針に一貫する基本的な考え方を示し、保育指針の全体像である。これを受けて第2章の保育の内容以降には、その保育の実施にかかわり具体化したものが示され構成されている。各章が関連し、一貫性をもっていることをわかったうえで保育指針を読み通すと理解が進む。

養護に関する基本的事項

　保育における養護は、子どもの生命の保持および情緒の安定を図るために保育士等が行う援助やかかわりであり、保育所保育では、養護および教育を一体的に行う。養護にかかわるねらいおよび内容として、「生命の保持」にかかわるものと、「情緒の安定」にかかわるものに分けて示されている。

保育の計画および評価

　これには、全体的な計画の作成、指導計画の作成、指導計画の展開、保育内容等の評価、評価をふまえた計画の改善について記載されている。保育所保育は、計画とそれに基づく養護と教育が一体となった保育の実践である。保育の記録等を通して振り返り、評価した結果を次の計画の作成に活かすという、循環的な過程のなかで営まれていく。保育所が保育の質の向上を図り、社会的責任を果たすために、組織全体で計画的な保育の実践とその評価・改善に取り組むこと、保育の全体的な過程や構造を明確にしている保育の計画および評価が重要である。

幼児教育を行う施設として共有すべき事項

　保育所保育において育みたい資質・能力とは、「知識及び技能の基礎」「思考力、判断力、表現力等の基礎」「学びに向かう力、人間性等」である。この資質・能力は、各保育所で展開される保育活動全体で育むものであるが、3つをそれぞれに取り上げて指導するのではなく、遊びを通した総合的な指導のなかで一体的に育むものである。また、資質・能力が育まれている子どもの卒園を迎える年度の後半の具体的な姿として「幼児期の終わりまでに育ってほしい姿」（10の姿）がある。子どもの発達のそれぞれの時期にふさわしい指導を積み重ね、保育士等が適切にかかわることにより、生活のなかでみられるようになる姿である。

3. 保育所保育に関する基本原則

　保育所保育に関する基本原則には、(1)保育所の役割、(2)保育の目標、(3)保育の方法、(4)保育の環境、(5)保育所の社会的責任が規定されている。各保育所は、この基本原則のもと、それぞれの実情に応じて創意工夫を図り、子どもの保育と保護者や地域の子育て家庭への支援をしている。

保育の目標

　どこの保育所にも共通している保育の目標とは、1つ目は、子どもの養護と教育の目標であり、保育を通して、「子どもが現在を最も良く生き、望ましい未来をつくり出す力の基礎を培う」ことである（これは幼稚園の目標と共通している）。2つ目は、「入所する子どもの保護者に対し、その援助に当たる」ことである。

　保育の実際は、それぞれの保育所によって保育方針や特色があり、所在する地域性や施設の規模によっても、さまざまな違いがあるだろう。また保育の援助は、両義的な側面が一体となって展開している。今を生きる子どもを丸ごと受け止め、きめ細やかに援助していくこと（養護的側面）と、子どもの未来、成長・発達を見すえながら、保育者が願いを込めて意図をもって導いていくこと（教育的側面）の両方が、子どもと保育者の生活として営まれる、これが保育の場である。

保育の方法

　保育の目標を達成するために、保育士等が留意すべきものとして6つの事項があげられている。子どもの保育にかかわる事項5つと、保護者への援助にかかわる事項である。「子どもの状況の把握と主体性の尊重」、「健康安全な環境での自己発揮」、「個と集団の育ち」、「生活や遊びを通しての総合的な保育」である。

保育の環境

　子どもが環境との相互作用によって成長・発達していくことをふまえて、環境を通して行う保育が重要となってくる。保育者は子ども自らがかかわる環境、かかわりたくなる魅力的な環境を構成すること、発達過程にあるどの子どもにとっても安全で保健的な環境であることに留意し、温かな雰囲気と生き生きとした活動の場となること、また人とのかかわりを育む環境を構成することが求められている。

Step 3

1. 保育所の社会的役割と機能

保育所の役割

　保育指針には、保育所について、「保育を必要とする子どもの保育を行い、その健全な心身の発達を図ることを目的とする児童福祉施設であり、入所する子どもの最善の利益を考慮し、その福祉を積極的に増進することに最もふさわしい生活の場でなければならない」としている（下線は筆者）。保育所は、入所する子どもの最善の利益を守り、子どもたちを心身ともに健やかに育てるところである。また、子どもにとって長時間にわたって過ごす保育所が安心して居られる場であること、乳幼児期の発達に最もふさわしい生活の場とすることが重要である。

保育所の特性

　保育所の特性は大きく5つあげられる。1つ目は、保育所では、保育士をはじめ、看護師、栄養士、調理員など専門性を有した職員がそれぞれの専門性を発揮して保育にあたっているということである。特に保育士の専門性には、専門的な知識と技術による子どもへの援助、専門的な助言などの保護者への支援がある。それらに加えて倫理観に裏づけられた判断が必要とされている。

　2つ目は、保育は、家庭との連携のもと、家庭や地域のさまざまな社会資源との連携を図りながら、保護者に対する支援および地域の子育て家庭に対する支援が求められている。

　3つ目は、保育指針においては、子どもの発達を、環境との相互作用を通して資質・能力が育まれていく過程としてとらえている。それぞれの子どもの育ちゆく過程を大切にしており、発達過程という語を用いる。

　加えて4つ目に、環境を通して行う保育がある。乳幼児が生活のなかで興味や欲求に基づいて自ら周囲の環境にかかわるという直接的な体験を通して、心身が育つ時期であることを重視している。

　5つ目は、保育が養護と教育が一体的に展開されるということである。保育士等が子どもを一人の人間として尊重し、その命を守り、情緒の安定を図りつつ、乳幼児にふさわしい経験が積み重ねられていくようていねいに援助することを指している。

子育て支援

3歳未満児（0〜2歳児）で保育所に入所している割合は約3割であり、多くの3歳未満児は、家庭で保護者と過ごす生活をしている。核家族化、地域のつながりの希薄化、児童数の減少にともない地域社会での子育て機能が低下しているなか、男性の子育てのかかわりが少なく、母親に子育ての役割が集中していること等も背景にあり、保育所では、在所児童のみならず地域の子育て家庭も支援の対象としている。

2. 保育所の社会的責任

保育の知識、経験、技術の蓄積されている保育施設に対して社会からの期待は高く、その役割を果たすことは使命であり責任である。特に遵守しなくてはならない保育所の社会的責任は次の3つである。

子どもの人権の尊重

多様な背景をもつ子どもが集う保育所において、子どもの人権の尊重は義務である。子ども一人ひとりの人格を尊重して保育を行うことを職員間で確認する必要があるだけでなく、保育士等は常に自らの人間性や専門性の向上に努め、豊かな感性と愛情をもって子どもとかかわり、信頼関係を築いていかなくてはならない。

地域交流と説明責任

地域社会との交流や連携を図ること、保護者や地域社会に保育の内容をわかりやすく応答的に説明することが望まれている。また、保育士一人ひとりの自己評価を基盤とした保育所の評価が求められており、第三者評価についても同様である。

個人情報の保護と苦情解決

保育所が保育にあたり知り得た子どもや保護者に関する情報は外部に漏らしてはならず（守秘義務）、保育士にも秘密保持義務がある。また保護者からの苦情などに対して、保育所はそれを解決するしくみをつくり、誠実に対応することになっている。実習までに「全国保育士会倫理綱領」（**256ページ参考資料1参照**）も一読しておこう。

参考文献

- 厚生労働省編『保育所保育指針解説　平成30年3月』フレーベル館，2018.
- 文部科学省『幼稚園教育要領解説　平成30年3月』フレーベル館，2018.
- 内閣府・文部科学省・厚生労働省『幼保連携型認定こども園教育・保育要領解説　平成30年3月』フレーベル館，2018.
- 全国保育団体連絡会・保育研究所編『2017年度版保育白書』ちいさいなかま社，2017.
- 民秋言・西村重稀・清水益治・千葉武夫・馬場耕一郎・川喜田昌代編『幼稚園教育要領・保育所保育指針・幼保連携型認定こども園教育・保育要領の成立と変遷』萌文書林，2017.

COLUMN　認可事業となった「小規模保育」

　2015（平成27）年4月から施行されている「子ども・子育て支援新制度」により、小規模保育施設（小規模保育園）は、市町村による「小規模保育事業」として認可事業に位置づけられている。

　小規模保育施設は、6人以上19人以下の定員で、0～2歳児を対象にしている。認可基準には3つのタイプがあり、すでにある保育所の分園に近い型、家庭的保育に近い型、それらの中間的な型がある。小規模かつ0～2歳児までの事業であることから、保育内容の支援ができる施設があること、卒園後を引き継ぐ3歳児保育の受け皿となる施設があるということが、認可事業となる際に求められている。

　実際の保育では、少人数での0～2歳児保育という点、子ども同士が異年齢での密なかかわりを通して育ち合う姿がみられるという。遊びや活動の場面では、各年齢クラスの活動を基本にしながらも、日常的に行き来できる人数であるため、一緒の活動がしやすいこともある。また、着替えや排泄など、基本的生活習慣の自立については、身近にいる1、2歳児の見よう見まねで自分で靴下を履いてみようとする0歳児の姿や、2歳児なりに1歳児の子どもの着替えを手伝う様子があるなど、子どもが互いの姿をよくとらえて積極的に取り組んでいるという実践報告もある。

　保育環境については、限られたスペースや設備状況であるため、0～2歳児保育の子どもの発達の変化に応じて細やかに工夫することが求められている。

（髙根栄美）

第7講

保育所実習②
保育所における子ども理解

1日の多くを過ごす保育所において、子どもの育ちを保障する保育の出発点となるのが、子ども理解である。そこで、本講では保育所における子ども理解について学ぶ。

はじめに乳幼児期の子どもの発達過程や遊びの実態を、こころの育ちに焦点(しょうてん)をあてながら理解する。次に、子ども理解を深める観察の重要性と視点について考える。最後に、個別配慮の必要な子ども理解について学びを深める。

Step 1

1. 乳児期の子ども

基本的信頼と思いの立ちあがり

　胎内(たいない)での母子一体の生活を終え、一個人として人生をスタートさせたばかりの乳児期に最も重要なことは、基本的信頼感を育むことである。人や世界への基本的信頼なしに、その後の発達や学びを重ねることは非常に困難だからである。乳児期に一人ではどうすることもできない"不快"の状態から"快"へと導かれる経験を重ねることで、他者とこの世界に信頼を寄せ、快の状態へと導かれる自己を肯定(こうてい)する気持ち、自己への信頼が芽生(めば)える。この経験を通じ、子どものなかに積極的に外界とかかわろうとする思いが立ちあがりはじめるのである。

発達と遊び

　発達には個人差があることが前提であるが、おおむね生後3か月ごろから首がすわりはじめ、4か月ごろには自らあやす相手に微笑みかけるようになる。あやされて微笑みを返していた時期を経て、積極的に外界とかかわろうとする重要な発達の姿である。このような時期、人的環境としては1対1でのスキンシップやあやし遊びで笑顔や発声を引き出す遊びを大切にしたい。物的環境としては、安全、衛生面に留意(りゅうい)し、素材や大きさに配慮することはいうまでもないが、乳児のはたらきかけにより音や動きに変化のあるもの、重さも含めて操作しやすい形状のものを用意することで、乳児が物との出会いを楽しめる環境を用意したい。

　首すわりや寝返り、腹ばいができるようになると、視界や行動範囲の広がりとと

もに興味関心も広がり、手足の動きも活発になる。徐々に身体を自由に操作できるようになることは、乳児の内部に思いを立ちあがらせる契機となる。瞳に意思の輝きをたたえ、一人で姿勢を保ち、次から次へといろいろな物で夢中に遊ぶようになる。

　鈴の入った玩具に手が触れると音がする。このとき、人に対する信頼感が育まれていると、この大発見をだれかに伝えたいという思いが立ちあがり、まなざしや喃語でこの感動を伝えようとする姿がみられる。この物を介して人とつながろうとする行為は、乳児期の重要な発達の１つである。また、思いが喃語となり、やがて豊かな一語文を生む言葉の発達の起点となるのも人に対する信頼感の育みである。

2. 幼児前期の子ども

自己を懸けた主張と他者の思いに出会う

　人に対する信頼感が育まれ、一人で自由にからだを動かせるようになると行動範囲が広がり、「自分でしたい」「あんな風にやってみたい」との思いをふくらませる。生活習慣も自立しはじめるこのころは、気分はすっかり一人前にしっかり自己主張するようになる。

　この時期の拡大する自我は他者の思いに出会い、衝突し、抑制されることもしばしばである。1歳ごろの自我の芽生えである「イヤ！」といった拒否の主張から、自我が拡大する2歳ごろには自分の誇りをかけた要求の主張となるため、大人にとっては手を焼く強情なだだこねの姿となって映る。ありったけの力での玩具の取り合いやかみつき、自分の思い通りにならずにひっくり返って火がついたように泣きわめくこともこの時期には珍しくない。

　しかし、自我が拡大する時期は他者の思いに気づく絶好の時期でもある。まずは落ち着いて思いに寄り添い、「ゆう君もボールで遊びたかったのね。このボール、大好きだもんね。でも、みくちゃんもボールが大好きだから遊んでたのよ」と保育士が双方の思いを交通整理するかのように代弁し、気持ちが落ち着いてきたころを見計らい、「ゆう君。みくちゃんのお顔を見てごらん。大好きなボールを取られて嫌だったって泣いてるよ。ボールで遊びたかったら、黙って急に取らないで『かして』って言ってごらん」と、次にどうすべきかをできるだけゆったりとした雰囲気で根気よく伝えていくことが重要である。

　さまざまな出会いに触発されてふくらみはじめた自我はその子らしさの要であ

り、それを単なるわがまま、扱いづらさと受け取り、頭ごなしに抑圧するのは本末転倒である。自分の思いを他者に受け止められなければ、子どものこころのなかに他者の思いが入り込むスペースは生まれない。そのため、まずはその子の思いを受け止め、その思いからの行動が相手を害する場合には、相手の思いやこちらの願いをていねいに繰り返し伝えていく。この積み重ねにより、子どものこころのなかに自分だけでなく他者の思いを受け止めるスペースが生まれる。これは子どものこころの発達にとってきわめて重要なことである。

発達と遊び

　歩行が安定すると、低い段差からの飛び降りや両足跳び、足を交互に出しての階段の上り下りにも挑戦し、やがてできるようになる。走ったり、しゃがんだ姿勢で遊ぶ等、上手にからだを使って遊ぶようになるころなので、這う、跳ぶ、くぐるなど全身を使って運動できる環境を整えることが重要である。また、ちぎる、破く、貼るなど指先の機能も発達し、なぐり描きをするようにもなる。

　さらにこの時期は、言葉やイメージする力の発達とともに自分の思いがふくらむため、ひとり遊びを盛んに行うようになる。各々がイメージをふくらませて夢中に遊ぶあまり、そばに友達がいても交わることなく個々が好きな遊びをしたり、一見、友達と一緒に遊んでいるようにみえても実はそれぞれが遊びを楽しんでいる平行遊びであることが多い。じっくりと自分のイメージで遊び込むひとり遊びを保障することは、次の友達とともにイメージや思いを共有して遊ぶ力の素地となる。

　自分のイメージで周囲のものを何かに見立て、つもりで遊べるようになると、保育士とのごっこ遊びができるようになる。そのため、子どものイメージがふくらむ言葉かけや環境を整えることが重要になる。また、この時期は子ども同士でイメージを共有して遊ぶことはまだ困難であるが、「ゆみちゃんのケーキ、おいしそうね。しょう君のケーキもいいにおい。ここはケーキ屋さんみたいね」と保育士が遊びに入り、子ども同士のイメージをつなぐ役割を担うことで、友達の存在を視野に入れるようにし、少しずつ一緒に遊ぶ楽しさを子どもが感じられるように配慮することも忘れてはならない。保育士が子どもの中継地点となって遊ぶうちに、しだいに子ども同士が共通のイメージをもって遊ぶことができるようになる。そのためにも、一人遊びを保障しつつ、徐々に友達と遊ぶ面白さの体感へとつなげる保育士の役割は重要となる。

3. 幼児中期の子ども

自分と相手の気持ちの狭間で揺れ動く

　乳児期の自我の芽生え、幼児前期の自己の思いの強まりと他者との衝突を経験し、いつも自分の思い通りにはならないことや他者の思いにも気づき、自分と相手の気持ちの間で揺れ動きはじめるのが幼児中期である。相手に譲(ゆず)れるときもあれば、今日は絶対に譲れないと自分の思いを貫(つらぬ)き通すときもある。頭では理解できるが、いつも自分の気持ちをコントロールして行動することはまだまだ難しい。しかし、不安定ななかで、その難しさに挑戦しはじめるのが幼児中期のすばらしさでもある。そのため、昨日は譲れたのに、どうしても今日は譲れない、あるいはその逆といった姿もよくみられる。

> **〈事例〉けいた君の揺れる心**
>
> 　ある保育園での4月の朝、3歳児のけいた君が、みんなが遊んでいる場から少し離れ、階段の真ん中で赤ちゃん人形をひざに抱き、黙って座っている。成長してきたとはいえ、まだまだ3歳。しかし、0歳児のいる保育園では3歳児はお兄ちゃん、お姉ちゃんとみられることも少なくない。"本当は先生に抱っこしてもらいたい。だけど、先生のひざには泣いている子がいる。だから、今はがまんしよう"と、赤ちゃん人形を抱きしめながら、自分の思いを自分で抱いているかのようである。

　この時期は少しずつ自分の気持ちをコントロールし、だれかのことを考えて行動できるようになりはじめる時期である。だれかのことを考えて行動できた姿を見逃(みのが)さず、しっかりとみとめることが大切である。玩具の取り合いになり、がまんして譲ったときの「本当は使いたかったね。でも、がまんして貸してくれたのね。お友達のことも大事に考えられるようになったんだなって、先生、うれしい気持ちになったわ」といった保育士の一言が、子どものなかに他者の思いをも大切にできる、誇らしい自分を育む力を生み出していくのである。

発達と遊び

　基本的な運動機能が発達し、回す、跳ぶの2つの動作をともなうなわとびや、片足跳び、スキップなど巧みな動きができるようになる。そのため、からだの動きをコントロールし、バランス感覚を高める遊び環境を整えたい。また、簡単なルールのある鬼ごっこなども楽しめるようになる。造形遊びではさみを使う際も、「1回

切り」から切りながら進む「直線切り」、切りつつ用紙を回す「曲線切り」などもしだいにできるようになる。

　日常生活では自分の思いや経験を伝えたり、質問に答えたりと言葉によるコミュニケーションの楽しさを味わうようになる。言葉の力の発達は自ら考える力をうながし、「なぜ？」「どうして？」といった知的好奇心の高まりや想像力のふくらみをもたらす。簡単なストーリーのある絵本を楽しみ、登場人物と自分を同化させて考えられるようにもなる。しだいに自分で物語をつくり、友達とイメージを共有して遊びに発展させる等、ごっこ遊びを通して仲間関係を築き、深めるようにもなる。

　想像力がふくらむ時期は、科学するこころが芽生える時期でもある。ある男の子が園庭のイチゴに水をあげようと右手にじょうろを持ち、水をためはじめた。徐々に水がたまりはじめると、水の重みでじょうろが左へ傾きはじめる。すると、左側のじょうろの口から水が地面へこぼれはじめた。蛇口から出る水とじょうろの口からこぼれ出る水を交互に見つめ、小さな科学者は"水を入れているのに、どうしてたまらずに出ていっちゃうんだ？"と真剣な表情である。水は上から下へと流れる、水には重みがある、重さがあるほうへ傾くといった事象は、大人には当然のことであるが、子どもは日々の生活や遊びからさまざまな事象に興味や関心をもち、想像力をはたらかせて自ら考え、学び取っていく。すぐさま蛇口を閉め、「水がもったいないよ」等と注意するのではなく、子ども自身の発見を奪わない保育士の一呼吸おいたかかわりこそ、「毎日が発見」の子どもの遊びと学びを実現する鍵となる。

4. 幼児後期の子ども

共通の目的に向けて力を合わせる

　友達と一緒に遊ぶなかで思いのぶつかり合いや譲る、譲られるといった経験を重

ね、自分の思いだけでなく、相手の思いをこころのなかに位置づけていくのが幼児後期である。相手と自分、双方の気持ちを考えられるからこそ、思いを強引に押し通すことも、思いを飲み込み、相手に合わせることもできる。しかし、どちらかの思いのみを優先して遊んでいても、結果としてこころからの満足が得られないことに気づきはじめる。声高(こわだか)に主張し、自分の思い通りに遊んでいるとしだいに友達が去っていく、友達との衝突を避け、思いを言わずに遊んでいてもやっぱりおもしろくない、といった後味の悪い経験を重ね、互いの気持ちを考え合わせ、みんながおもしろい、みんなで楽しいを実現するにはどうすればよいかを考えるようになりはじめるのである。それぞれの思いを伝え合い、聴き合う過程で友達と共通の目標や価値観を共有するようになり、目的の実現に向かって仲間と力を合わせる協同的な遊び、創造的な活動を生み出すようになる。

発達と遊び

　基本的生活習慣の自立や運動機能の高まりにともない、自律性(じりつせい)や自主性が育まれる。また、遊びのなかで仲間意識が芽生え、協調性が育まれ、自分の考えを提案したり、友達の意見を聴いたりしながら、自分たちでルールを決めて遊びを発展させるようになる。この時期は、相手と自己の思いを考え合わせたうえで、どう行動するかを判断、決定し、行動する力を育む時期である。仲間と一緒に遊ぶことの楽しさが、ルールを守る大切さに気づく機会となり、また、他者と自分の思いに折り合いをつけることのできる力、奥行きのあるこころを育む素地となる。

　しかし、相手の気持ちが理解できるようになる時期だからこそ「友達と仲良く、楽しく遊びましょう」という保育士の言葉が必要以上に力をもつこともある。仲良しグループができるこの時期は、仲良く遊ぶために自己の思いを押し殺して友達の思いを優先させ、結果として浮かない表情でいる年長児に出会うことがある。一方、自分の考えた遊びが楽しいのだからと、数人の友達をしたがえて強引に引っ張っていく子どももいる。保育士の同じ言葉でも、子どもによって受け取り方は異なるため、思いを言葉で伝えられる幼児後期とはいえ、自制心の強い子が無理をしすぎていないかなど、子どもたちの姿や表情をよく観察する必要がある。

　遊びのなかで思いや考えを伝え合い、自分たちで新しいルールや活動を生み出していく経験は、異なる思いをもつ者同士がどうすれば楽しく過ごせるかを考える姿勢と集団生活を送るための社会性を育む。そのためにも、一人ひとりが自己発揮(じこはっき)して毎日を過ごすことができるよう、保育士の個々の思いに寄り添うまなざしや意識は乳児期と同様に必要であることを忘れてはならない。

Step 2

1. 観察とは

　子どもの観察は、子ども理解を深める最も重要な要素の1つである。しかし、単に第三者的に観察していても子どものこころがみえてくるわけではない。観察者自身が自らの感覚を鋭敏にして子どもの姿にこころを動かし、積極的にこころを寄り添わせようとしなければ、観察による子ども理解は成立しない。つまり、観察による子ども理解には、共感的な観察姿勢が求められるのである。子どものこころの動きは表情、姿、行動、声色などに表れる。そのため、子どもの姿を表現として受け取る力、子どもの表現をキャッチする感性を保育士自身がもち合わせていることが求められるのであり、子ども理解の鍵を握るのである。

　他者を理解することは困難である。しかし、子どもなら理解できると私たちはどこかで過信していないだろうか。理解とは、相手のことを思い、こころを配る過程で浮かび上がるものである。つまり、理解とは、完結し閉じられたものではなく、常に更新され続ける必要のあるもの、開かれたものであり、理解し続けようとするなかで立ち現われてくる性質のものである。共感的なまなざしとこころで常に理解しようとし続けるとき、何かのタイミングで点と点とがつながる瞬間がある。それが、子どもへの理解が深まる瞬間である。子どもを理解し続けるために不可欠な手段として観察があり、その観察にはその子どもを理解したいという思いがともなっていなければならないのである。

2. 観察の視点

子どもへのまなざしと記録の重要性

　子どもの育ちを保障する保育士には、見えるものから見えないものを読み取ることが求められる。そして、生きる力の基礎となる心情、意欲、態度を培う乳幼児期の保育において、子どもの育ちをどうとらえるかはきわめて重要な事柄である。

　ニュージーランドの就学前統一カリキュラムである「テ・ファリキ」に基づき保育を行うニュージーランドの保育者たちは子どもを観察し、子どもの学びをアセスメントする際、①関心をもつ、②熱中する、③困難に立ち向かう、④他者とコミュニケーションを図る、⑤自ら責任を担う、といった5つの視点を保持し、重視している。また、観察後にはその子の「学びの物語」として、5つの視点から子どもの学び、育ちを読み取りながら子ども理解を深め、写真なども活用し、次の保育の手

立てを考えるために保育中のエピソードを記録している。この「学びの物語」方式の記録開発にたずさわったマーガレット・カー（Carr, M.）は、子どものできないことに目を向けるのではなく、やろうとする、熱中しているといった子どもの有能さに目を向けて観察し、「子ども理解」を紡ぐ重要性を強調している。また、子どもの姿から目に見えないこころの育ちを保育者が肯定的なまなざしでとらえ、記録によって可視化することで、子どもの育ちを保護者や保育者間および子ども自身とも共有することができる。

子どもの姿から一人ひとりの思いと育ちに応じた保育を展開していくために、保育士が子どもとともにこころを動かし、肯定的視点を保持した日々のエピソード記録をもとに話し合い、子ども理解と明日の保育を保育者集団で紡いでいくことが重要である。そのためにも、ともに活動しつつも常に子どもの観察者であり、新たな気づきを得て子ども理解を更新し続けられることに喜びを感じられることが重要である。

子どもの痕跡へのまなざし

子ども理解のための観察というと、まなざしはおのずと子ども自身へ注がれる。しかし、子ども理解を深めるには、子どもだけでなく子どもの周辺へも目を向けることが重要である。子どもがそこにいなくとも、子どもが残した痕跡が子ども理解と明日からの保育の手がかりになることがある。

ごみ箱のにんじん、ロッカーにひそませてある金の折り紙、靴箱の木の実や砂と落ち葉で作ったケーキ。子どもは子どもの世界を生きているのであり、残された痕跡はそれを雄弁に物語る。子どもの行動にはすべて意味がある。保育士は子どものこころを理解することへの探究的好奇心をもち、子どもの周辺からも子どもの内面世界を知ろうとする姿勢と共感的なまなざしを向けることが子ども理解を促進するうえで重要である。

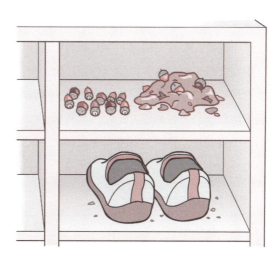

Step 3

1. 個別配慮の必要な子ども理解

　保育とは、子どものもつ力が最大限に発揮される環境をつくることで実現する営みである。その限りにおいて、個別配慮はすべての子どもに必要である。しかし、子ども自身が毎日を健やかに過ごすにあたり、より配慮の必要な子どもがいる。そこで、保育所に求められる配慮と工夫について、それぞれの項目ごとに概観する。

2. 個々のニーズに応じた保育を行うために

体調不良、食物アレルギーについて

　幼稚園に比べ保育時間の長い保育所は、保育中に体調不良を訴える子どもがいることを想定し、症状に応じてどう対応するかを全職員で共有しておく必要がある。そのためにも保護者が提出する個別連絡票に記載された内容の把握だけでなく、日ごろから保護者との関係を密にしておくことが重要である。保育中に発熱等で体調を崩し、緊急を要すると判断されるとき以外は、保護者が迎えに来るまでの間、病児保育室や職員室の一角などに静養できる環境を整えておくことも必要である。

　また、食物アレルギーのある子どもには、厚生労働省が示している「保育所におけるアレルギー対応ガイドライン」を参考に、保護者との面談で対応を決定する必要がある。なお、給食時は、配膳用名札や専用食器、トレーの色分け等で視覚的に区別する工夫を行い、おかわり時や担当保育士不在時の誤配膳を防ぐことが重要である。また、配膳用名札の日常的使用は、食物アレルギーのある子どもについて全職員が留意するべき環境づくりを促進し、声をかけ合うことにもつながる。席の配置を固定したり、他児と少し離れた場所に設定したりして、隣の子の食事を誤って飲食する事故を防ぎ、安全確保に努めている所もある。

　それ以外にも小麦粉粘土や豆まき、調理体験を保育内容に取り入れる際も、最大限の注意が必要である。また、園外保育などの際には、日常の保育にはない配慮や準備に追われ、食物アレルギーに関する配慮が後回しになり、事故が起こる例も多いため、十分な注意が不可欠である。

発達障害、障害について

　まず、障害という語について考えたい。竹田[*1]は、「障害は、その子どもに関わる環境との相互作用で起こる」ものであり、障害と特性（個性・特徴）を区別する

重要性を唱えている。また、里見[*2]は、「私たちは、"障害"という意味を、それにあった援助が必要ということだと考えています。保育所・幼稚園は友だちみんなの中で育つ場ではあるのですが、みんなといっしょだけでは、十分に育ちにくいのです」と述べている。子どもの育ちを保障する保育士としては、一人ひとりの感じる障害と特性を知り、必要な手立てを考えるために子どもをよく観察することからその子への理解を深め、その子に合った援助方法を模索する必要がある。

例えば、ダウン症や麻痺のある子は筋緊張が低い特性がある。その子が力を発揮して活動に取り組むために、保育士は側面や背面からもからだを支持できるいすや、背や脇に入れるクッション、足台の準備などで姿勢の安定を図る工夫をすることができる。また、LD（学習障害）やADHD（注意欠陥・多動性障害）、ASD（自閉症スペクトラム）の子どもは、どのような場面でどんなことに困り、どういう手助けがあると生活しやすいかという視点で、一人ひとりをよく観察することが重要である。そのうえで、その子の困っている気持ちをできるだけ取り除けるように、保育室を目的別に仕切る、1日の予定を絵カード等で提示する、タイムタイマーを使用するといった工夫や、集中できる環境、その子が落ち着ける環境を保育室につくることも有効である。また、やりとりの楽しさを味わえるよう積極的に遊びの援助をし、達成感がもてる体験やできたことをともに喜ぶときを大事にすることも、二次障害を防ぐ重要なかかわりである。

被虐待児について

虐待の早期発見は、子どもの命を守る重要な保育所の使命の1つでもある。虐待発見につながる被虐待児の特徴に、表情のかたさや無気力、家に帰りたがらないといった姿がある。また、身体的接触を必要以上に避けたり、逆に過度に甘えて保育士を独占しようとしたり、季節感のない服装や衣類・頭髪などのにおい、食べ物への強い執着、友達への威圧的で攻撃的な態度、着替えや身体計測時に確認されるみえない所にあるあざや傷なども虐待が疑われるサインである。

保育所は虐待を早期発見しやすい環境にあり、同時に子ども自身が基本的信頼感を育み、自他を好きになる場でもある。守ってくれる大人がいることを子ども自身が感じられるよう、日ごろの保育のなかで保育士が子どもをみつめる必要がある。

[*1] 竹田契一「発達障害のある幼児・児童・生徒への特別支援教育の現状と将来展望――LD・ADHD・自閉スペクトラム症への教育的支援」関西学院125周年記念事業，関西学院子どもセンター発達支援事業うぃんぐ講演会資料，p.2，2015．

[*2] 竹田契一監，竹田契一・里見恵子・西岡有香・秋元壽江『保育における特別支援』日本文化科学社，p.9，2013．

参考文献

- 今井和子『遊びこそ豊かな学び——乳幼児期に育つ感動する心と、考え・表現する力』ひとなる書房，2013.
- 大宮勇雄『学びの物語の保育実践』ひとなる書房，2010.
- 福島大学附属幼稚園・大宮勇雄・白石昌子・原野明子『子どもの心が見えてきた——学びの物語で保育は変わる』ひとなる書房，2011.
- 加藤繁美『対話的保育カリキュラム＜上＞理論と構造』ひとなる書房，2007.
- 加藤繁美『対話的保育カリキュラム＜下＞実践の展開』ひとなる書房，2008.
- 加藤繁美『0歳～6歳 心の育ちと対話する保育の本』学研教育出版，2012.
- 河原紀子監『0歳～6歳 子どもの発達と保育の本』学研教育出版，2011.
- 神田英雄『育ちのきほん——0歳から6歳（はじめての子育て）』ひとなる書房，2008.
- 厚生労働省編『保育所保育指針解説 平成30年3月』フレーベル館，2018.
- 厚生労働省「保育所におけるアレルギー対応ガイドライン」2011.
- 竹田契一監，竹田契一・里見恵子・西岡有香・秋元壽江『保育における特別支援』日本文化科学社，2013.
- 竹田契一「発達障害のある幼児・児童・生徒への特別支援教育の現状と将来展望——LD・ADHD・自閉スペクトラム症への教育的支援」関西学院125周年記念事業，関西学院子どもセンター発達支援事業うぃんぐ講演会資料，2015.
- マーガレット・カー，大宮勇雄・鈴木佐喜子訳『保育の場で子どもの学びをアセスメントする——「学びの物語」アプローチの理論と実践』ひとなる書房，2013.

第8講

保育所実習③
保育所保育士の職務理解

　乳幼児を保育する専門職としての保育士の役割は、単に子どもを預かるだけではない。子どもを保育する以外にも多くの業務がある。また保育士や職員間での連携をはじめ、保護者との連携も大切になってくる。そのため、本講では保育士が通常の業務として何を行っているのか、どのような業務があるのかを学び、保育所保育士の職務を理解していく。最後に保護者とともに子どもの育ちを喜び合えるために必要なことは何かを考えていく。

Step 1

1. 子どもを保育するということ

子どもの命を預かる仕事である認識をもつ

　保護者にとって子どもは自分の命より大切と思えるものであり、どのような命も何物にも替えがたい尊(とうと)いものである。保育中に起こった事故により取り返しがつかないことになってしまったら、保育士はどうなるだろうか。何かが起こったあとに保護者から「健康な状態の子どもを返してほしい」「お金なんかいらないからうちの子を返して」と言われたら、保育士として、人として責任はとれるだろうか。

　事故はいつどこで起こるかわからない。目を離したすきに、あるいは大丈夫だろうと思っていたら事故が起こった、などはよく耳にすることだが、保育は事故やけがと隣り合わせであることを認識しておかなければならない。

　ヒヤリハットの事例などがあれば、それが事故につながらないように保育士自身が何をするべきなのか、どうすると防ぐことができるのかを保育所全体で共有することが大切である。このようにして保育士は子どもの命を守ることを第一に考える必要がある。

保育の環境を整える

　保育士が担う重要な役割として、遊びを通して子どもの人とのかかわり、心身の発達をうながしていくことがあげられる。子どもを保育するという言葉は使うが、保育者主導で教え込むという意味で使うのではなく、子どもがまるで自分でその遊びを発見したかのように環境を整えていくことが保育なのである。そのために保育士は、子どもが今何に興味(きょうみ)をもってどのように遊ぶのか、見通しをもって遊びを提供し、遊びが発展するように声をかけたり、見守ったり一緒に遊んだりすることが保育的かかわりなのである。その遊びの提供については行き当たりばったりではいけない。保育所の方針にしたがい、年間計画から週案、日案まで子どもの発達に応じた計画を立てていく必要がある。

　そのためにまずは子どもの発達の道筋をしっかりと理解しておく必要がある。

　保育の計画を立てていく際にも、行事の企画・進行をしていく際にも、子どもの発達をしっかりと押さえたうえで、保育士がどこまで準備をして、子どもたちに何をさせるのかを考えていかなければならないのである。

保育の計画を立てる

　保育は、小学校以上の教育のように教科書にそって子どもたちを指導するのではない。しかし、子どもの遊びの1つひとつにどのような意味があるのか、または子どもたちが自らその遊びを発見したかのように、保育士がどう環境を整えるのかを考えるのが役割の1つである。保育士が子どもにかける言葉のなか、読み聞かせる絵本、自由遊びをさせる環境構成のなか、子どもたちが歌う歌のなかに、保育者として子どもの育ちに何をねらうのか、どのような発達を願うのかを考えなければならない。

　子どもの遊びは数多くあるが、子どもたちに対してどの遊び、どの歌、どの言葉がけが、どのように保育の内容や展開に影響を与え、それがどのぐらいの期間で達成できるのかを知ることにより、子どもの成長発達に合わせた保育ができる。保育士の存在自体が教科書となるような知識と技術を獲得しておいてほしいものである。

行事の企画

　保育所で行われる行事については、保育士が分担し企画運営していくことになる。すべての子どもの安全を確保し、かつ子どもたちが行事を楽しむことができるようにしなければならない。そのためには、保育所が一体となって行事の1つひとつをていねいに企画し、保育士は入念に準備をし、保育士一人ひとりがその企画と運営にたずさわるという意識がなければならない。

　保育所全体で企画運営すること、クラス担任同士やフリー保育士との連携などが必要になることもある。また、行事には実習生も参画することがある。運動会の競技の手伝いや、節分の鬼役をすることもあり、その際は保育所の行事の一部を担わせてもらうという責任感をもって取り組む必要がある。

壁面構成・子どもの作品の整理と活用

　多くの保育所では、保育室内や玄関ホール等に「壁面」と呼ばれる子どもの作品などを使用して季節を味わうスペースを設けている。

　壁面構成とは、保育士がつくったものと子どもたち自身の作品をどのように活用していくのかを考えていくことである。子どもの作品をどう活用するのか、どの程度活用するのかは、保育所である程度決められている場合もあれば、同じ年齢の子どもを担当する保育士同士で話し合って決めることもある。

子どもの作品については、壁面に飾るもの、つくったものをその日のうちに持ち帰らせるもの、しばらく飾ってから持ち帰らせるもの、年度末に作品綴りに綴って持ち帰らせるものなど、どう仕分けするのかも考えておかなければならない。

2. 子どもを保育すること以外の職務について

記録をとる

　実習生として保育所実習に行くと、実習記録の多さに驚くことも多い。睡眠時間を削って記録を書き、指導案を添削してもらい書き直しをする。実習生のうちはとにかく書くことが多いと感じるだろう。

　保育士として働きはじめても、記録がなくなるわけではない。子どもの成長をしっかりと記録しておくことで、自分の保育を振り返ることができ、記録から子どもの成長を振り返ることもできる。記録をとることで、子どもへの言葉がけが適切であったのか、子どもは何を思って行動していたのか、子どもを保育するうえでみえていなかった部分はなかったか、保育実践は子どもの成長に合ったものだったのか、数か月前の子どもと今の子どもの姿はどう変化しているのか、子どもはどのように成長しているのか、自分が保育士としてどのように成長しているのかなどの保育にかかわるさまざまな側面がみえてくる。

　記録は保育要録を記入するためだけではなく、保育士自身の研鑽のためにも必要であり、子どもの成長をみて次の保育の計画や保育実践に活かしていかなければならない。次年度の担任がその記録を見た際に、その子どもや子ども集団の姿が伝わっていくように、記録は客観的な事実を書くように心がける必要がある。

　自分の保育を客観的に振り返ることができる機会としても、記録は重要な役割を果たす。研究保育などで他者に自分の保育をみてもらう、カンファレンスなどで子どもの育ちを共有する、映像を通して保育を振り返る方法なども可能になる。

職員会議（カンファレンス）

　保育所には、特別な支援を必要とする子どもがいたり、子どもの状態から家庭の様子が垣間見られたりすることもあり、連携を密に図らなければならない状態にある家庭があるということもわかる。ときには専門機関との連携を図らなければならないこともある。保育所には早朝保育や延長保育もあり、1人の子どもに多くの職員がかかわるため、情報を職員間で共有する必要がある。1人の子どもを保育所全

Step 1

体で大切に育てていくという気持ちでなければならない。その子に関係する特定の専門家が、子どもの発達をよりよい方向に導いていくために、知識を出し合うカンファレンスを実施することもある。

また、多くの子どもたちが参加するさまざまな行事についての進行を、職員会議で打ち合わせをすることが多い。

子どもを保育しながらの職員会議になるため、なるべく多くの保育士が参加できる午睡時を活用したり、複数担任の場合、クラス主任が会議に出席して、のちに別の担任へ申し送りをして情報を共有することもある。

保育所内での研修・保育所外での研修会参加について

保育士資格は、一度取得すればそれを定年退職まで活用することができる。いったん退職しても、資格が無効になることはなく、この先、保育所で働くのか、児童養護施設で働くのかなど、その活用の仕方は本人が決めることもできる。

車の運転に例えると、ペーパードライバーになると運転をすること自体怖くなるものである。また、毎日運転しているから事故を起こさなくなる、というものではなく、常に安全運転を心がけておかなければ、いつ事故を引き起こしてしまうかわからない。保育の世界でも、時代によって子どもの姿は変化し続けており、地域によっても子どもの姿に違いがみられるため、保育をするために新しい知識・技術を習得しなくてもよいというものではなく、常に保育士自身も研鑽していかなければならない。

また、保育所内で統一した保育方針で保育を進めていくためには、保育士を含む職員同士の意見のすり合わせが必要になってくる場合もある。例えばトイレトレーニングについて、トイレットペーパーをたたんでから拭かせるのか、丸めて拭かせるのか、担当する保育士によって子どもに伝える内容がバラバラであれば、子どもが混乱してしまう。どのやり方がよいのか判断に迷う場合は、園内研修で意見を出し合って、よりよい方向へ導いていくことができるようにしなければならない。

また、他の保育所の保育の様子を知ったり、新しいわらべ歌、運動会で使える新しい体操、生活発表会で使うことができそうな劇遊び、年齢に応じた保育内容、障害のある子どもに対する支援の仕方など、外部でも多くの研修会が開催されている。多くの保育所では保育士が交代で外部の研修に出かけたりする機会があるが、一度に多くの保育士が研修に出かけることができない場合が多い。そのため研修に出かけることができれば、そこで学んだことについて保育所内で共有を図ることが必要となる。

Step2

1. 職員間の連携について

　保育士養成校で学ぶ学生には、単に「子どもが好き」という動機(どうき)で保育士をめざす人が多い。学びを深めていくにつれて、保育士養成校での多種多様な学びに驚き、実習では保育士の職務の多様さに驚くことも多いだろう。

　保育所では子どもの保育をする際、複数担任の場合はクラス担任同士の連携、同じ年齢を担当する保育士との連携を図りながら保育を進めていく。

　また、保育所は開所時間から閉所時間まですべての保育士が同じ時間帯に勤務するのではなく、早朝保育を担当した保育士は早くに勤務を終え、遅出(おそで)をした保育士は延長保育時間まで勤務するなど、保育所によって勤務時間の組み方や勤務日の設定など、さまざまなやり方で行っている。

　担任保育士が担任している子どもを保護者から預かり保護者の元へ返すことは、通常保育時間帯においては可能である。しかし、早朝保育や延長保育を利用する保護者に対しては、保育士の交代勤務の関係上、担任保育士が直接会って連絡をすることができないときもある。

　保育士の勤務については、正規採用保育士だけでローテーションしているところ、パート保育士・アルバイト保育士が早朝保育・延長保育の補助に入ったり、午前中のみあるいは午後にパート保育士やアルバイト保育士が入るところもあり、1人の子どもに複数の保育士がかかわることになる。そのため、子どもを保護者から預かった保育士がその子どもの保育をするとも限らないし、子どもを保護者に返す保育士が子どもを保育した保育士とも限らない。保育所によっては送迎方法などにより、担任保育士と保護者が送迎時に顔を合わせることがない場合もある。

　送迎時に保護者から聞き取った内容について、子どもを預かった保育士が担任に申し送りをすること、延長保育を利用する子どもについて、日中あった出来事を担任から延長保育担当者に申し送りをして保護者へ伝えていくことは、保育士の大事な仕事の1つである。担任している子どもも他クラスの子どもも含めて、保育所全体で子どもを育てていくという、クラスの垣根を越えた保育士同士の連携がとても大事になってくるのである。

　保育時間中は保育士同士で連携を図り、送迎時には保護者と連携を図る。保育士以外の職員（栄養士、調理師、用務員、看護師）とも連携を図ることもある。例えば栄養士・調理師とは、出席状況によるその日の給食数を知らせたり、アレルギーのある子どもについて、間違いなく除去食を配膳するための確認を行ったり、離乳食の進み具合によって一人ひとり食べることができる食材が違うので連携を図って

いる。

　用務員とは遊具で危険なところがあるときには早急に連絡しあう必要がある。植栽について相談することがあったり、ふだんの掃除のことでも清潔や安全に環境を整えるために必要なことを話したりする。看護師が保育所にいる場合は、子どものけがや病気のことについて相談したり、日ごろの子どもの健康について連携を図ることもある。1つの連絡漏れが重大な問題や事故につながったり、人の命にかかわることもある。そのため、保育士は子どもにかかわるすべての人とコミュニケーションをとって、連携を図ることができる関係性を保つことができるようにしていきたい。

2. 地域との関係・地域における連携について

　保育所は、地域に根ざした施設である。例えば病気になったときはその専門の病院に行くというように、子どものことで尋ねたいことがあれば、保育のプロフェッショナル集団である保育所に行けば何でも解決できる、というような機能を保育所が果たさなければならない。そのために保育所を利用している子どもだけではなく、地域の子どもや保護者にとっても保育所は開かれたところである、という認識をもってもらえるような取り組みをしている。

　また、近隣に子どもの声が響き渡ったり、マイク音を流したり、音楽を流したりすることもある。送迎時には多く送迎の車が停まったりする。これらすべては生活音とはいえ、近隣の協力があり、温かく見守ってくれるからこそ、子どもを園庭で遊ばせることができたり、行事を進行することができるのである。保育所は地域の協力もあって運営できていることを忘れてはいけない。

　子どもが健やかに育つ環境づくりとして、子どもにさまざまな体験をさせるために環境を準備することは保育士の仕事の1つである。保育所外において地元の人が所有する畑で農作物の育て方を教わり、実際に体験させてもらうこともあるだろう。地域の特性を最大限活用することはよいことであり、地域の人々とは保育所の子どものことや保育所のことを知っていただくよい機会になったりすることもある。

　近隣の小学校との連携や幼稚園との連携、福祉施設との連携も図りながら、それらを行事の1つとして組み入れている保育所も多く、地域のなかで子どもを育てている、地域の人々の協力を得ながらともに育てているという認識をもつ必要がある。

Step3

1. 保護者との連携について

保護者が子どもを安心して保育所に預けることができるために必要なこと

　子どもを保育するときには「保育所でのことは安心しておまかせください」という気持ちを保育所や保育士としては心がけなければならない。しかし、これは保育所での様子や保育の内容などを保護者に知らせなくてもよい、ということではなく保護者に安心してまかせてもらえるように保護者と保育士が連携を図りながら保育を進めていくということである。

　保育所ではさまざまな勤務形態の保育士が交代勤務をしているが、保護者や子どもにとっては勤務の仕方で区別はなく、どのような働き方をしていても、保護者や子どもにとっては「保育所の先生」である。すべての保育士は大切な子どもの命を預かる仕事である、という責任感をもって仕事をしなければならない。

連絡帳の記入と送迎時のコミュニケーションについて

　保護者にとって連絡帳は成長記録の一部でもあるので、連絡帳に記入する事項については、保護者が見てほっとなごむようなことを書いていきたいものである。友達と喧嘩をすることが多い子どもでも、連日のように保育士が連絡帳に喧嘩のことだけを記入すると、保護者は「わが子は保育所で喧嘩ばかりしているのではないか」「保育所に問題があるのではないか」などと保育所や保育士に対して不信感を募らせることにつながりかねないので、喧嘩以外の楽しく遊んでいる様子を伝える等、保育士として保護者にも安全だけではなく、安心を提供できるように配慮していきたいものである。

　登園時、降園時などの短い時間を利用して、子どもが日々保育所から家庭へ、家庭から保育所へスムーズに移行できるようにするために、けがなどについては、その日のうちにけがが起こった状況やけがの程度、どのような手当てをしたのかなど、保護者に直接話をしていかなければならない。体調のことや明日の連絡事項など、必要最低限の伝達事項に加えて、トピックスとなるような出来事を一言添えていくことで、保護者は小さな悩みが解消されることもあるため、子どもの少しの変化や保護者の少しの変化を見逃さず、見守ったり声をかけたりしながら寄り添っていくことができるようにしたい。一度不信感をもってしまうと、さまざまなことが不信に思えてしまうということ、関係づくりは積み上げるのに時間がかかるが、崩れるのは一瞬であるということを忘れてはならない。

保護者との連携については、保育所保育指針等にもあるように、さまざまな機会を活用することができる。しかし保育所によってはバス通園であったり、待機児童解消のための対策として、送迎保育ステーション事業（駅中や駅近くに設けた子どもを預かる場所（送迎保育ステーション）へ子どもを登園させ、そこから事業者が各保育所へ子どもたちを送迎するシステムをとっている所もある。どのような送迎方法であっても保護者と連携しながら子どもを育てていくという気持ちは保育所側になければならない。

　特に保護者は通勤前や帰宅前のあわただしい時間のなかで子どもを送迎しているため、送迎時に保護者とゆっくり話をする時間はほとんどない。なかには保育士とコミュニケーションをとりたいと思っている保護者もいるが、送迎場所については、保育士が保護者と十分にコミュニケーションをとる物理的な環境が整えられていない保育所もある。どの子どもの保護者にも、保育所での出来事やトピックスなどを伝えていかなければならないが、送迎時間が重なる場合は、1人の保護者とじっくり話す時間はなかなかとれない。送迎時は保育室内では子どもを保育しているため、1人で担任している場合は保育の手を止め、保護者とコミュニケーションをとらなければならないこともある。保育室内の保育士が手薄になるため、子どもを安全に保育し、かつ保護者とのコミュニケーション時間も適切に確保していくにはどうすべきなのかを保育所としても考えていかなければならない。

保護者と育ちを共有する

　保育士が専門職としての知識と技術をもち合わせているということはいうまでもなく、保育所は子どもを預かる場所ではあるものの、単に預かるだけの場所ではないという自覚をもち、保護者にもそれを理解してもらわなければならない。

　家庭で保護者が子どもを1対1で育てていくということにも大きな意味はあるが、保育所のなかで育つことによって得られることも多くある。だから、保育士自身も保護者が家庭で経験させていることに加えて、集団の場で経験することができる多くのことを提供していかなければならない。それは同時に経験したことを保護者に報告（育ちを共有）することも大事な要素となる。

多様な家庭に対する連携について

　多様なニーズをかかえた家庭の保護者や子どもたちとかかわる保育士は、その子どもや家庭に応じた対応や言葉がけが必要になってくる。

　例えば、子どもに朝ごはんを食べさせてこない家庭があった場合、なぜ食べさせ

てこないのか、金銭的なこと、勤務のこと、保護者の習慣のこと、子どもの体調など、原因はどこにあるのかを知る必要がある。その保護者に対して、例えば、朝ごはんとしてお菓子を持たせるようになればそれをみとめ、お菓子からインスタントラーメンになればそれをみとめ、さらにおにぎりがつくようになればそれをみとめ…というように、最初から保護者に完璧(かんぺき)を求めるのではなく、親が親として育つ支援という観点から、保育士は保護者の成長にも寄り添っていくことも大切である。

　また、祖父母に送迎を頼んでいる保護者もいる。保育士と親の連携が難しい場合、保育士は保護者がなぜ祖父母に送迎を頼んでいるのかという背景をとらえる必要がある。勤務の関係で祖父母に協力を求めて育児をしているのか、子育てを負担に思っているのか、子どものことより自分のことを優先したい時期にあるのか、状況によって支援の方法は違ってくる。保護者の勤務によって送迎できない場合、保護者には連絡帳にメモを貼(は)って連携を図るという方法をとることもできる。週に一度でも送迎にかかわることができるのであれば、そのときに連携を図ることができるように、コミュニケーションを大切にしていきたいものである。

　子育てを負担に思っている保護者の場合は、その負担を取り除くために子どもに対する支援、保護者に対する支援のそれぞれを考え、祖父母にはどのように協力してもらうのかを考え、保護者が自己決定できるように多角的に支援をしていかなければならない。

　日本語が通じない保護者がいることもある。そのような場合には、連絡事項が伝わらないことがないようにしなければならない。保育士はその保護者に通じる言語を単語レベルでも修得しようとする努力をしたり、写真を見せたり、きょうだいや他の保護者で通訳できる人の協力を求めたりなど、コミュニケーションの手段について考える必要がある。

　多くの保育所では連絡帳を使用している。保育士が毎日記入する部分が0・1・2歳児までのところもあれば、5歳児までのところもあり、保育所によってさまざまである。連絡帳には、必要事項に加え、子どもの成長を的確にとらえ、保護者にとって子どもの成長を感じとることができるように、成長の記録として残すことができるような内容を書いていく必要がある。

　これらはすべて大切な子育て支援であり、これからの時代に求められているという認識をもたなければならない。

2. 保育所保育指針、幼保連携型認定こども園教育・保育要領からみる子育て支援について

　子育て支援について、保育所保育指針では、第4章に「子育て支援」として以下のように書かれている。「1　保育所における子育て支援に関する基本的事項」の「(1)　保育所の特性を生かした子育て支援」として、「ア　保護者に対する子育て支援を行う際には、各地域や家庭の実態等を踏まえるとともに、保護者の気持ちを受け止め、相互の信頼関係を基本に、保護者の自己決定を尊重すること」とあり、「イ　保育及び子育てに関する知識や技術など、保育士等の専門性や、子どもが常に存在する環境など、保育所の特性を生かし、保護者が子どもの成長に気付き子育ての喜びを感じられるように努めること」とある。幼保連携型認定こども園教育・保育要領の第4章にも「子育て支援」として留意事項等が書かれている。

　保育士は、子どもや保育にまつわるプロフェッショナルであることを忘れてはいけない。保育所には、保育の専門的な学習を積み、保育士資格をもった人たちが複数名いるということである。

　保育所という施設を病院に例えると、医師が複数名いる総合病院のようなところである。保育士という専門家が保育所のなかに複数名おり、それぞれの得意とする分野を活かしながら子どもを保育している。保育士は子どもや保育にまつわる専門性をもった職業人であるため、子どもの発達をうながすだけではなく、保護者が保護者として育つために必要な知識や技術を獲得できるように多角的にかかわっていく必要がある。

　現代の子育て家庭において、子どもについてどのような悩みがあるのか、各家庭にはどのようなニーズがあるのかなど、今の子どもたちや保護者たちがかかえる子育ての悩みなどを的確にとらえる。また、保護者にどのようにアプローチしていく必要があるのか、子どもへの介入方法や個々の家庭がかかえる問題に対しての対処方法など的確にとらえていく必要がある。保育士が子どもの育ちを1人でかかえてしまうのではなく、保護者とともに子どもの育ちを喜ぶということが求められている。そのためには、保護者との連携を図って保育をしていくという大切な使命があることを忘れてはならないのである。

　子どもが好き、という動機は保育士には必要である。それだけではなく、保育をしていくことが好き、子どもの成長や発達をうながすための保育的かかわりにやりがいを感じる、などの気持ちがなければ保育士は務まらない仕事であることは、保育士養成校で十分学ぶはずである。プロ意識をもって保育士として活躍してほしい。

参考文献

- 小川圭子・矢野正編著『保育実践にいかす障がい児の理解と支援』嵯峨野書院，2014.
- 無藤隆『はじめての幼保連携型認定こども園教育・保育要領ガイドブック』フレーベル館，2014.
- 相浦雅子・那須信樹・原孝成編著『STEP UP！ワークシートで学ぶ保育所実習1・2・3』同文書院，2008.
- 池田隆英・楠本恭之ほか編著『保育所・幼稚園実習——保育者になるための5ステップ』ミネルヴァ書房，2011.
- 保育パワーアップ研究会監，安梅勅江編著『保育パワーアップ講座 応用編——根拠に基づく子育ち子育てエンパワメント』日本小児医事出版社，2014.

COLUMN　遊びのなかから育ちをみる専門職としての保育士

　保育士になろうと思ったきっかけについて「子どもが好きだから」ということを言う学生が多い。

　確かに保育士は子どもが好きという動機がなければ、子どものパワーについていけなくなったり、体力的にしんどいと感じることも出てくるだろう。しかし、先生といわれる職業は「子どもが好き」や「子どもと一緒にいると癒される」という動機だけでは務まらないというのが現実である。

　乳幼児期の子どもたちは、遊びを通してさまざまなことを学んでいるので、保育士は子どもの発達を的確にとらえて、今のこの子たちにはどのような発達を願わなければならないのか、それがどのような遊びでうながすことができるのか、どのような展開にしていくのかなど、子どもたちの興味や関心も把握し、子どもたちがまるで自分でその遊びを発見したかのように環境を整えていくのが役割の1つである。

　小学校以上では教科書を使って学ぶことが多いが、保育は教科書にそって子どもたちに学ばせるのではないので、保育士が子どもたちにとっての「教科書」となりうるだけの知識と技術をもち合わせていなければならないのである。

　他職種では鬼ごっこやサッカーやままごと遊びをしていると「遊んでいる」と思われる。しかし、保育士は子どもたちと鬼ごっこやサッカーやままごと遊びをしている時間も、「仕事をしている」時間なのである。子どもたちと一緒にいる時間は、子どもたちの安全を第一に考えながらも一緒に遊ぶことが仕事なのである。

　ただし、単に子どもを遊ばせているだけ、好きなことをさせているだけではプロフェッショナルとはいえない。保育士は子ども全般に関するプロフェッショナルという自覚をもって、子どもたちの発達を支えるために、学びを深めたり計画を立てたり、技術を向上させながら、子どもと精一杯遊んで保育を楽しんでほしい。

（松尾寛子）

第9講

保育所実習④
保育所における計画と実践

乳幼児が保育所で安定した生活を送り、充実した活動ができるように、本講では保育所における計画について学ぶ。
はじめに保育所における全体的な計画と指導計画の基本を学ぶ。次に、実習生が作成する指導案の意義と書き方について理解するとともに、実例をもとに指導案の書き方のポイントを押さえる。最後に、実習生が計画を立案する際に見逃しがちな点をもとに、子どもが主体的に活動できる指導案について学んでいく。

Step 1

1. 保育の計画（保育を計画すること）

　保育は、子どもの「健全な心身の発達を図ることを目的とする[*1]」意図的な営みである。そこで保育士は園の保育目標等を念頭におきながら、一人ひとりの子どもやクラス集団に対して保育士としての願いをもち、計画的に保育を進めていく。

　計画的に保育を進めるといっても、保育士が作成した計画のとおりに子どもを動かすのではない。保育は、子どもの自発的、主体的な活動を大切にしていく営みである。そこで保育士は、子どもがどのようなことに興味をもっているのか、どのような願いをもっているのかを察し、子どもの自発的で主体的な活動がどんどん展開されていくような環境を構成し、援助を考えていく必要がある。また、子どもが心身ともに健やかに育っていくためには、それぞれの発達の時期に必要な経験が十分にできる環境や時間が保育士によって保障されていく必要がある。そこで保育士は、目の前の子どもの姿をもとに保育を計画するのである。

2. 全体的な計画と指導計画

　保育の計画には、大きく分けると全体的な計画（幼稚園の場合は教育課程）と指導計画がある。

全体的な計画

　全体的な計画とは、子どもの入所から就学に至る在籍期間、その園生活のなかで、子どもがどのような道筋をたどって育っていくかを見通した計画のことである。全体的な計画には、関係法令、保育所保育指針、各保育所の保育方針や保育目標、子どもの発達の実態や園・地域の実態をふまえたうえで、いつごろ、子どもにどのような経験をしてほしいか、どのような配慮が必要かといったことを示す。

指導計画

　指導計画は、全体的な計画と実際の子どもの姿に基づいて、保育のねらいと内容、活動の展開、環境構成、予想される子どもの姿、それに応じた保育士等の援助と配慮、家庭や地域等との連携などを考え、作成したものである。指導計画には、年・期・月などの長期的な見通しを示すものと、週・日などの短期的な予測を示したものが

[*1] 厚生労働省編『保育所保育指針解説　平成30年3月』フレーベル館, p.14, 2018.

ある。

　年間指導計画は、全体的な計画をもとにこの1年間で子どもにどのような経験をしてほしいか、どのように育ってほしいかを検討して作成したものである。期間指導計画は、子どもの発達や生活、大きな行事などを節目にして、1年間を4つや5つの期に分けて立てる計画である。月間指導計画は、年間指導計画や期間指導計画のうちの1か月分を具体化した計画である。前月の子どもの姿や育ちを把握しながら、次の月に子どもに必要な経験は何かを考えて作成する。その際、その月が1年のなかでどのような位置にあるか、その月にしか経験できないことは何かといったことも考慮する。週間指導計画は、月間指導計画を週単位に落とし込んだ計画である。月間指導計画で示したねらいや子どもに経験してほしいことを念頭におき、前週の子どもの姿をもとに具体的に作成する必要がある。そして、その日の実践を終えて反省や評価をし、翌日に向けて作成するのが1日の指導計画（日案）である。子どもの姿やクラス全体の様子をイメージしながら保育士の援助や環境構成を具体的かつ詳細に立案していく。また子どもの生活リズムをもとに、1日の保育の流れを見通して計画したデイリープログラムもある。3歳未満児については、一人ひとりの子どもの状態に合わせた個別の指導計画を作成することが必要である。

3. 自己評価と改善

　1日の保育が終わると保育士は、保育の記録やカンファレンスを通して保育の計画と自らの保育実践を省察・自己評価し、保育実践や指導計画を改善する。省察・自己評価では、指導計画のねらいに照らして「子どもの育ち」と「保育士の援助」という視点から課題を明らかにしていく。計画→実践→省察→評価→改善→計画という循環のなかでよりよい保育が実現され、保育士としての力量も向上していくのである。

図表9-1 全体的な計画・指導計画の過程と循環

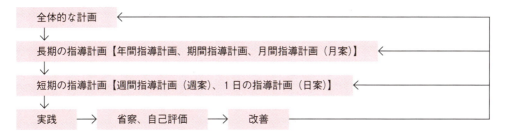

Step2

1. 実習生が作成する指導計画（指導案）の意義

　実習生は実習期間中に、保育士に代わって1日のある時間帯を担当する部分実習や、子どもの登園から降園までの1日すべてを担当する全日実習を行う。その際、実習生はその日の指導計画（指導案）を立案して臨む必要がある。これは指導計画の種類のなかの「1日の指導計画（日案）」にあたるが、実習生が書く指導計画のことを「指導案」と呼ぶことが多いので、本講では指導案という用語を使う。

　実習生はよく「子どもの姿もわからないのに指導案を作成することなどできない」と言う。確かに、実習がはじまってからのわずかの間に子どもの育ちや興味を理解し、それをもとに指導案を立案するのは実習生にとって難しいことだろう。しかし、指導案を作成することで責任実習の前に自分の保育実践を具体的に思い描くことができるため、あわてることなく部分実習や全日実習に臨むことができる。

　また実習では、作成した指導案を担当保育士に見てもらう。そのため指導案は、実習生が考えた子どもに経験してほしいこととその意図、さらに実習生自身がこの実習で経験し学びたいことを担当保育士に理解してもらう資料にもなりうる。そこで自分の意図を明確にし、ていねいに指導案を書く必要がある。

2. 指導案の書き方・考え方

　指導案の形式は各園や養成校によって異なるため、実習生は用意された指導案の形式にそって指導案を作成することになる。しかし、形式が異なっても指導案の項目に対する考え方や書き込む内容はそれほど変わらない。そこで、実習がはじまる前に、指導案の書き方の基本を押さえ、指導案全体の構造を理解しておこう。

　また、指導案を作成する前に、1日の生活の流れや主活動の進め方をラフスケッチするなどして、全日実習や部分実習の全体像を把握しておくとよい。

＜立案前＞
☐クラスの構成：年齢、人数、男女比などを確認する。
☐クラスの月間指導計画や週間指導計画：担当保育士に見せてもらい、ねらいや活動内容、保育士の援助を理解する。その月、その週の保育の流れを壊さないようにすることも大切である。
☐子どもの姿やクラスの様子：どんな遊びをどのようにしているか、何に興味をもっているか、生活面での様子はどうかを把握する。特別な配慮が必要な子どもについても確認して

おく。
- □ 1日の流れ、保育士の援助、環境構成：登園と降園、排泄、昼食、午睡、お集まり、自由遊びや片づけなど「幼児の活動」と「時間」を「保育士の援助」や「環境構成」と結びつけながら把握する。実習中に書く日誌は指導案作成の参考になるので、全日実習を頭に入れながら日誌を書くとよい。活動と活動の間の保育士の動きも確認しておく。

＜指導案作成＞
- □「主な活動」と「ねらい」：子どもに経験してほしいこととそのねらい（目的）を考える。幼児期には、「〜できる」といった到達目標ではなく、「〜を味わう」「〜を楽しむ」など、心情、意欲、態度にかかわるねらいを立てることが大切である。その1日、もしくはその活動を通して、子どもに何を味わってほしいのか、何を楽しんでほしいのか、どんな経験をしてほしいのかを明確にすること。保育所保育指針を参考にするのもよい。
- □「予想される子どもの活動」と「時間」：ねらいを実現していくための活動の内容や進め方、子どもが混乱しない段取り、時間配分を考える。そして、ねらいに向かう子どもの生き生きとした姿を指導案に書いていく。ねらいによって、その活動のどの部分を重視するか、どういう進め方がよいか、どこに時間をかけるかが変わってくるので、常にねらいと照らし合わせながら指導案を作成すること。
- □「実習生の援助と留意点」：ねらいに向かう子どもの姿や年齢に合わせて、実習生の動きや援助、留意点を考える。ねらいによって実習生のはたらきかけは変わってくるので、ねらいを実現するにはどのような援助をすればよいかを考えることが大切である。また、ねらいとは異なる子どもの動きや気になる子どもの姿が思い浮かんだ場合には、その子どもの姿に対するはたらきかけを示しておく。
- □「環境構成」と「準備物」：環境構成や準備物を確認する。手遊びや絵本のタイトルを書いたり、子どもと実習生の位置関係や机やいすの配置などを図で示したりする。また、材料や道具類の数や大きさ、それらを配る順序や場面、置く場所まで詳細に考えておく。汚れを防ぐための下紙や手拭きタオル、またごみをどうするかといったことも忘れずに書く。前日や当日の活動前に準備しておくことも書いておくとよい。
- □ 最後まで書けたら全体をみて、ねらいを実現できる内容になっているかを確認する。
- □ 指導案ができたら担任保育者に見てもらい、助言を受け、改善する。
- □ 指導案に基づいて準備し、練習する。

3. 省察と評価

　部分実習や全日実習終了後は、反省会などで担当保育士等に助言をもらう。さらに自分でも自分自身の援助や子どもの様子を振り返り、自己評価する。その際、指導案に赤ペンなどで改善すべき点を記入していくことが大切である。時間配分や活動の流れは適切だったか、子どもの反応はどうだったか、準備物に足りないものはなかったか、ねらいを実現できたかなどを振り返る。うまくいかなかったことがあ

ればそれはなぜなのか、どうしたらよいかなど改善点を記入していく。このように省察をして改善点を明確にすることが、翌日以降の援助や実践につながるのである。

4. 指導案の実例

では、実際に実習生が書いた指導案をもとに、指導案作成のポイントを確認しよう。

図表9-2 全日実習指導案

Step1 **Step2** Step3

		・赤白帽を被り、遊戯室へ移動する。	・赤白帽を被り、遊戯室へ行くよう伝える。 ・走らないよう声をかける。 ・遊戯室で、三角コーンを5つ並べる。 ・ステージ前に集まるように言う。 ・グループ名と座る場所を伝える（A、B、C、D、E）。 ・ゲームの説明をする。 ① 道具（お玉、トイレットペーパーの芯、うちわ）を使って宝物（ボール）を運ぶ。 ② 三角コーンまで行き、そこを回って戻る。 ③ 赤い線で次の人にバトンタッチ。 ④ 最後の人がゴールしたら、全員で座る。 ・実習生が面白い、もしくは難しいと感じたことを体や動作で表現しながら、やり方を実演する。 ・走ったり歩いたりして慎重に宝物を運び、落としたら手で拾って道具に載せ、そこからスタートするよう伝える。 ・順番を決めて並んだところから、道具と宝物を渡し、全員が持ってみるよう伝える。 ・順番が決まらないグループの様子を見守り、声をかける。 ・第1走者が宝物を入れたお玉を持つこと、順番に並んだまま立つことを伝える。 ・大きな声で「いちについて、よーいドン！」と言う。 ・グループで応援し、協力することを楽しめるように、実況中継をする。 ・落とした子、最後を走っている子のがんばりを伝え、応援する。	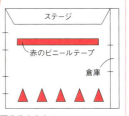 □準備するもの ・三角コーン　5つ ・お玉　5つ ・トイレットペーパーの芯　5本（予備2） ・うちわ　5つ（予備2） ・ボールプール用ボール（アルミホイルで覆う）　5つ（予備2） ・マット　5枚 ・大型積み木（直方体）　5つ ・赤のビニールテープ ・朝のうちに、ビニールテープを床に貼り、道具類をすぐに取り出せるよう、倉庫に用意しておく。 ・子どもたちが簡単にゲームを進めている様子であれば、ビニールテープと三角コーンの間にマットや大型積み木を置き、その上を歩くようにする。
10：30	○主活動「宝物（ボール）を運ぼう」 ・グループごとに座る。 ・説明を聞く。 ・お玉、トイレットペーパーの芯、うちわに興味をもつ子、面白がる子がいる。 ・実習生が宝物を運ぶ姿を面白がる子がいる。 ・「早くやりたい」と言う子がいる。 ・グループで作戦会議する（順番を決める、道具と宝物を持ってみる）。 ・宝物をお玉で運ぶリレーをする。 ・慎重に運び、次の友達へ渡す。 ・グループの仲間を応援する。 ・チームごとに盛り上がる。 ・最後を走っている子を応援する。		

吹き出し注釈：
- 「ねらい」を実現していく子どもの姿を書きましょう。
- 危険なことやねらいとは異なる子どもの姿に対するはたらきかけを書いています。
- 材料や道具について、活動がはじまるまではどこに置いておき、活動中のどのタイミングで、どのように配るか、どこに置くかなどを書いています。
- ゲームや製作物の手順をわかりやすく、簡潔に示しています。
- 子どもへのはたらきかけの意図を書いています。
- 「ねらい」が実現できるような援助を書いています。個々の子どもへの援助について書いています。
- ＊最後まで書いたら、「ねらい」が実現できる内容になっているか確認しましょう。

第9講　保育所実習④　保育所における計画と実践

15:45	○帰りの集まり ・絵本を見る。	・絵本『とんぼのうんどうかい』を読む。 ・物語に入り込めるように、声の大きさ、読むスピード、絵本の開き方に気をつける。 ・みんなで相談したり、応援したりしたことを話題にし、「宝物を運ぼう」を振り返る。	□朝の集いと同じ環境構成 絵本：かこさとし『とんぼのうんどうかい』(偕成社, 1972.)を選んだ理由 ・運動会も近くなり、子どもたちの運動会への意識も高まってきていると思うから。 ・こうもりをやっつけるためにみんなで相談するシーンがあるが、みんなで相談するところが今日の主活動と一致すると思ったから。
	・「宝物を運ぼう」を振り返る。		
	・みんなでお当番にお礼を伝える。	・お当番の名前を呼ぶ。「お当番さん、今日1日ありがとうございました」とお礼を言う。	
	・歌「さよならの歌」を歌う。 ・さようならのあいさつをする。 ○順次降園	・ピアノを弾きながら、子どもたちの様子を見て一緒に歌う。 ・降園する子どもと保護者にあいさつをする。 ・バスに乗る子どもが乗り遅れていないか確認する。	
	○延長保育	・延長保育の部屋まで送り、担当保育士に引き継ぎをする。	

（毎日必ず歌う歌ややることを書いています。）

（重要な言葉や担任保育士が毎日必ず言う言葉を書いています。）

※　指導案作成時に注意すること。

演習　次の「部分実習指導案」を検討し、よりよい指導案を作成してみよう

課題

① ねらいが実現できるような子どもの姿や反応、実習生のはたらきかけになっているかを検討する。
② 子どもが混乱しない活動の流れか、時間配分は適切かを検討する。
③ 教材研究をしながら、画用紙の大きさ、保育者の援助と準備物を検討する。
④ ねらいと全体の計画に一貫性があるかを検討する。

進め方

（1）準備するもの

① 長谷川摂子作、降矢なな絵『きょだいな　きょだいな』（福音館書店，1994．）
② 画用紙。四つ切や八つ切など異なる大きさの画用紙を用意する。
③ クレヨン

（2）方法

① 個人で「部分実習指導案」を検討し、書き換えが必要な箇所には線を引いて修正しよう。そのためには、絵本『きょだいな　きょだいな』を読んだり、実際に絵を描いたりして、その活動の面白さを味わう必要があります。子ども（ここでは4歳児の設定）が画用紙にクレヨンで絵を描く際の画用紙の大きさ、保育者の援助と準備物も検討しよう。
② この活動の面白さや難しいところ、修正箇所などをグループごとに話し合い、意見をまとめてみよう。
③ 本講で学んだことを活かしながら、実習に向けて指導案を作成しよう。

（3）ヒント

「課題」に示したことについて、幼児期の特性をふまえながら検討してみよう。自由に好きな絵を描くというのは意外と難しいものである。画用紙に描く活動に入る前に、子ども一人ひとりが何を描くかイメージでき、さらに「描きたい！」と思えるような援助を考えてみよう。

図表9-3 部分実習指導案

| ○○年9月○日（○） | まつ組 | 4歳児（男児12名　女児12名） | 実習生氏名　○○　○○ |

子どもの姿
- 園庭では遊具や砂場遊び、室内ではおままごとで友達と遊ぶ姿がみられる。
- 砂場では大きな山をつくったり、水を流したりしてダイナミックに遊ぶようになってきている。
- クレヨンで画用紙や紙皿に絵や模様を描く活動を保育士と一緒に楽しんでいる。
- 絵本『きょだいな きょだいな』を担任が読んだとき、「あったとさ」と口ずさんでいる。

活動
- 画用紙に自分が好きなものを大きく描き、まつ組の『きょだいな きょだいな』をつくる。

ねらい
- 画用紙に好きなものをクレヨンで描くことを楽しむ。
- みんなでつくったまつ組の『きょだいな きょだいな』を友達と一緒に見る喜びを味わう。

時間	予想される子どもの活動	実習生の援助と留意点	環境の構成
10：30	○まつ組の『きょだいな きょだいな』をつくる。 ・『きょだいな きょだいな』を聞く。 ・「あったとさ、あったとさ」と口ずさむ。	・『きょだいな きょだいな』を読む。 ・子どもたちがよく知っている絵本なので、子どもたちと一緒に楽しみながら読む。	準備するもの ・絵本：長谷川摂子『きょだいな きょだいな』 ・画用紙　24名分＋予備10枚 ・見本用の画用紙 ・マグネット　4つ ・実習生用のクレヨン
10：40	・説明を聞く。 ・クレヨンを取りに行く。 ・見本を見る。 ・「大きなおうちだ」と言う。 ・「描きたい」とうれしそうに言う。 ・画用紙を取りに行く。 ・自分が好きなものを大きく描く。 ・ブランコなどの遊具、砂場の山を描く子がいる。	・好きなものをクレヨンで「きょだい」に描くことを言う。 ・グループごとにクレヨンを取りに行かせる。 ・「あったとさ…きょだいなおうちがあったとさ」と言いながら、画用紙に大きな家を描いて見本を見せる。 ・グループごとに画用紙を取りに行かせる。 ・クレヨンを出して描こうとする子がいたら「まだだよ」と注意する。 ・好きなものを大きく描くよう伝える。 ・なかなか描きはじめない子どもには、イメージがもてるように何が好きか聞く。 ・小さく描いてしまった子には大きく描くように伝え、新しい画用紙を渡して描き直しができるようにする。	・見本を描くときには、ホワイトボードに画用紙をマグネットで貼って描く。

	・「先生できた」と言ってくる。 ・実習生に何の絵か、どんな遊びをしているかを話す。 ・実習生に描いた作品を渡し、クレヨンを片づけ、絵本コーナーで絵本を読む。 ・自分の席に戻る。 ・「きょだいな新幹線を描いた」などと自分が描いたものを言う子どもがいる。 ・「また描きたい」と言う子どもがいる。	・完成した子に「何の絵かな？ これでどんな遊びをしたい？」と聞いて、「きょだいな きょだいな」のフレーズに合わせた文を空いてるところに書く。 ・クレヨンを片づけ、絵本コーナーで絵本を読むよう指示する。 ・全員が描けたところで席に戻らせる。 ・「どうだった？」と聞く。 ・「壁に貼っておくので明日みんなで見よう」と期待感をもちながら次の活動へ移るように声をかける。	・フレーズ「あったとさ、あったとさ、ひろいのっぱらどまんなか、おおきな○○（子どもが描いた絵）があったとさ。こどもが100人やってきて、○○で△△（遊びを入れる）」 ・作品に名前を書き棚の上に置く。
11：15	・排泄、手洗い	・排泄、手洗いを伝える。	

長谷川摂子＝作・降矢なな＝絵『きょだいな きょだいな』福音館書店，1994．

Step3

1. ねらいには子どもに経験してほしいことを書く

　実習生は作成した指導案を実習先の担当保育士に見てもらうが、そのとき、まず「ねらい」について指導を受けるケースが多いようである。「ねらい」には、その活動を通して子どもにこのような楽しさを経験してほしい、このような気持ちを味わってほしいといった実習生の子どもへの願いをそわせていく。指導案を見ていると、その活動だけでは実現できないような壮大なねらいや、幼児期にはふさわしくないねらいを立てる実習生がいる。幼児期の特性をふまえ、その活動のなかで実現できそうな「ねらい」を立てることが大切である。「保育所保育指針」の保育の内容を参考にしながら「ねらい」を書いてみてもよいだろう。

　また、子どもにとってその活動の面白さは何か、どんな経験ができるのかを考えてから「ねらい」を立てるようにする。そのとき、机の上で考えていても何もわからない。まずは、実際にその活動を実習生自身でやってみることが大切である。

2. 一貫性のある指導案にする

　指導案は一貫性のあるものにしなければならない（図表9－4）。そこで、完成した指導案を読み返すときには「ねらい」が実現できる内容になっているかを確認していく必要がある。例えば「予想される子どもの活動」では、ねらいが実現できる活動になっているか、ねらいに向かう子どもの姿がイメージできているか。「実習生の援助と留意点」では、子どもがねらいに向かって活動を進めていくための援助、環境構成、準備物について書かれているかを確認する。もし不十分であれば修正していく。

　例えばStep2の部分実習指導案で確認してみよう。1つ目のねらい「画用紙に好きなものをクレヨンで描くことを楽しむ」を頭に入れながら、「予想される子どもの活動」や「実習生の援助と留意点」を検討する。さて、クレヨンで絵を描くことを楽しめる活動になっているだろうか。例えば、子どもが「好きなものを大きく描く」前に、実習生（保育士）は子どもに「好きなものを大きく描くよう伝える」だけでなく、子どもが自分で何を描くかイメージして「○○を描きたい！」という気持ちになるような援助や準備が必要だろう。また、本活動のねらいから、たとえ小さくても好きなものを楽しく描いていれば、「描き直し」を実習生が提案する必要はないだろう。

　2つ目のねらいは、「みんなでつくったまつ組の『きょだいな　きょだいな』を友

図表9-4 一貫性のある指導案の構造

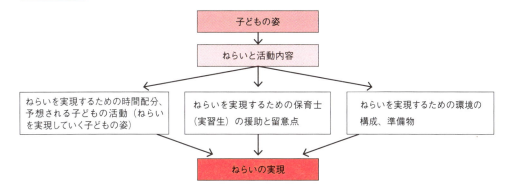

達と一緒に見る喜びを味わう」であるが、この活動を通して、まつ組の『きょだいな きょだいな』を友達と一緒に見る喜びを味わえるだろうか。例えば、実習生があらかじめ「まつ組の絵本の表紙」をつくっておき、絵を描く前にそれを示し、活動の終わりに全員分の絵を絵本のように読むことも考えられるだろう。このように、完成した指導案を読み返しながらシミュレーションするときには、ねらいが実現できる指導案になっているかを確認することが大切である。

また、ねらいとは異なる子どもの姿や不要なトラブル、混乱などが予想される場合、それを避けるための「実習生の援助と留意点」を書いておくことも必要だろう。

3. 子どもが主体的に活動する姿をイメージする

本講では実習生が活動を提案する「活動提案型」の指導案を扱った。実習生が活動を提案したとしても、保育の基本原理にしたがい、子どもの主体的な活動を大切にするという視点が必要である。例えば「クレヨンを取りに行かせる」といったように「〜させる」とすると、保育士の援助も「クレヨンを取りに行きなさい」と言葉がけにしたがわせるイメージになる。また、実習生が説明したり注意したりする場面がたびたびあると、そのつど子どもの活動が中断されることになる。子どもが主体的に活動するにはどのような援助の方法や活動の段取りがあるか、また環境構成をどうしたらよいかと子どもの立場で考えていくことが大切である。そこで「〜を楽しんで描く」という「ねらい」を立てた場合には、その活動を楽しんでいる子どもの表情や言動を思い浮かべながら「予想される子どもの姿」を書いてみよう。すると、その姿に合った援助をイメージしやすくなるだろう。その活動を楽しむ子どもの姿をしっかりとイメージしながら指導案を作成することが大切なのである。

参考文献

- 長谷川摂子=作・降矢なな=絵『きょだいな きょだいな』福音館書店，1994.
- 池田隆英・楠本恭之・中原朋生・上田敏丈編著『保育所・幼稚園実習――保育者になるための5ステップ』ミネルヴァ書房，2011.
- かこさとし『とんぼのうんどうかい』偕成社，1972.
- 河邉貴子・鈴木隆編著『保育・教育実習――フィールドで学ぼう』同文書院，2006.
- 厚生労働省編『保育所保育指針解説 平成30年3月』フレーベル館，2018.
- 文部科学省『幼稚園教育指導資料第1集 指導計画の作成と保育の展開 平成25年7月改訂』フレーベル館，2013.
- 太田光洋編著『幼稚園・保育所・施設実習完全ガイド――準備から記録・計画・実践まで 第2版』ミネルヴァ書房，2015.

COLUMN　自由な発想で楽しく考える保育の内容と計画

　全体的な計画と指導計画の作成は、難しくて面倒なことのように思えます。けれど、子どもの生き生きと遊ぶ姿をイメージしながらの立案は、とても楽しいものです。

　保育の内容と計画について学ぶために、「保育所を創ろう」と題して、保育方針・目標・特色・生活の流れ・環境図・園名・全体的な計画を創る授業をしました。学生のアイデアを大切にしたかったので、日常の制約から離れ、『実現不可能』だと思われることも取り入れることにしました。

　まず学生は、子どもとやってみたい遊びや活動をあげていきました。それを実現するための保育方針と環境を考え、子どもの育ちを想像しました。園舎と園庭の環境図は、実に多様でした。さまざまな実のなる木をあちこちに植えた園庭、巨大粘土で遊べる保育室、馬・牛・羊と小屋と広い牧草地。園舎はなく、季節によって海、山、花畑と活動場所が変わるグループもありました。そして、園名を付けました。

　保育所創りは、大変な盛り上がりをみせました。この授業で、学生は子どもに経験してほしいことについて真剣に考えていました。また、子ども主体の保育の重要性にあらためて気づいた一方で、子ども主体の保育とはどういうことかと、仲間とともに考える機会になったようです。子どもの豊かな経験を保証するための保育の内容と計画について、ぜひ、みなさんも研究してみてください。

（酒井真由子）

第10講

保育所実習⑤
保育環境と安全

保育の現場では、安全が第一である。

本講では、子どもたちをどのような環境で迎えるのか、また、安全を確保するためにどのような知識が必要かを学ぶ。

はじめに、保育現場の環境について学び、その後、感染症予防や避難訓練について知る。最後に子どもの命をどのように守っていくかについて考える。

Step 1

1. 子どもの生活と保育環境

　保育の環境について、保育所保育指針には以下のように記されている。
　「保育の環境には、保育士等や子どもなどの人的環境、施設や遊具などの物的環境、更には自然や社会の事象などがある。保育所は、こうした人、物、場などの環境が相互に関連し合い、子どもの生活が豊かなものとなるよう、次の事項に留意しつつ、計画的に環境を構成し、工夫して保育しなければならない」
　そして、「次の事項」として以下の項目をあげている。

> ア　子ども自らが環境に関わり、自発的に活動し、様々な経験を積んでいくことができるよう配慮すること。
> イ　子どもの活動が豊かに展開されるよう、保育所の設備や環境を整え、保育所の保健的環境や安全の確保などに努めること。
> ウ　保育室は、温かな親しみとくつろぎの場となるとともに、生き生きと活動できる場となるように配慮すること。
> エ　子どもが人と関わる力を育てていくため、子ども自らが周囲の子どもや大人と関わっていくことができる環境を整えること。

　保育の現場では、「環境を通して保育する」という考え方がある。環境によって子どもの興味関心を刺激し、自らかかわる自主性を育てるとともに、生活に必要な知識や、からだの使い方などを身につけていく。保育士は子どもたちの発達過程や興味関心にそった保育環境を整えていかなければならない。

2. 保育環境づくりのポイント

　保育環境づくりを考える際、子どもが自ら「遊んでみたい」と意欲的にかかわることができる環境を設定することが重要である。そして、その環境へ子どもたちをうながす保育士の援助も大切な人的環境である。
　子どもが安心して過ごすことができ、五感（視覚・聴覚・嗅覚・味覚・触覚）を刺激する物的環境や自然環境が整っていることが大切であり、人的環境である「人」がどのような役割を果たすかも考えておかなければならない。
　また、保育が進むなかで、「環境設定をした際の保育士の思い」と「実際の子どもの活動」が違うということも多々起こる。その際、保育士は子どもの活動に柔軟に対応し、環境を「再構成」していくことが求められる。このように、準備していた環境から子どもたちの遊びの方向性に合わせた環境に変化させることも重要で

Step1

ある。保育士は、このような事態に臨機応変に対応するためにも、日ごろからさまざまな材料を準備しておく必要がある。子どもたちの興味からはじまった遊びを大切にする気持ちをもち、環境を再構成していくことが、保育士の大きな仕事である。

保育環境を整える際、以下の点に気をつけたい。

① 一人ひとりが集中して遊ぶことができる場所が確保されていること。
② 動的な活動スペースと静的な活動スペースが分かれていること。
③ 自分たちで遊びを展開させることができること。
④ 友達とかかわることができること。
⑤ 遊びが見つけやすくなっていること。
⑥ 安心して遊ぶことができる場所が確保されていること（動線も含む）。
⑦ 年齢に合った玩具が準備されていること。
⑧ 身体を思い切り動かして遊ぶ場所が確保されていること。
⑨ くつろげる場所が確保されていること。

年齢別に考えてみると、0〜1歳児クラスで大切なことは、子どもたちのこころのよりどころをつくることである。仕切りを低めにし、子どもが保育士を後追いできるような配慮も必要である。また、寝返りをはじめるころの子どもから、歩く子どもまでいるクラスになるため、安全に移動できる環境を考えたい。

2〜3歳児クラスでは、自我が芽生えはじめ、好奇心や探究心が旺盛になる時期なので、その気持ちを深められるような準備が必要である。また手先の細かい動きを習得する時期でもあるので、手先を使って操作するような玩具も取り入れるとよい。

4〜5歳児クラスでは、仲間とじっくり遊べる環境が求められる。また、いろいろなことに挑戦する気持ちも大きくなるため、子どもたちが挑戦したくなるような仕掛けづくりも必要である。

このように、各年齢の発達に合った保育環境を整えていくことが必要である。

3. 子どもが安心して過ごすことができる環境

各年齢にそった保育環境を考えたら、次の課題は、子どもが安心して遊びに没頭できるような安全管理の見直しである。使用する場所や玩具、物に危険な箇所はないか、消毒などの衛生管理はできているかなどの確認を怠ってはならない。

Step2

1. 感染症予防

　乳幼児期は、人間形成の基盤の時期である。その時期にどのような習慣を獲得するかによって、子どもの一生を左右するといっても過言ではない。保育の現場では基本的生活習慣を身につけることや、社会性を育成することなどが大切である。感染症にかかりにくい生活習慣（自己防衛力）を身につけることが、子どもの健やかな育ちを助けることになる。

清潔の保持（手洗い）

　感染症を防ぐ手段として有効とされていることは、手洗い・うがいである。簡単なことであるが、手洗い・うがいをすることによって、感染症の約7割が予防できるといわれている。菌は粘膜を通して体内に入ってくるため、汚れた手を口に入れたり、目を触ったりすることは避けなければならない。

　手洗いをするタイミングとしては、①外から帰ってきたとき、②排泄後、③食事の前、④手が汚れたとき、などいくつかある。また、保育士として、適切な手洗いの方法を身につけておく必要がある。

手洗いの手順
① そでをまくりあげる。
② 水道水で両手をぬらす。
③ 石けんを使用し、両手であわ立てる。
④ 両手の手のひらを合わせてこする。
⑤ 手の甲を洗う。
⑥ 手を組み合わせて、指の間を洗う。
⑦ 指先・爪の汚れを落とす。
⑧ 親指の間と小指の側面を洗う。
⑨ 手首も両方とも洗う。
⑩ 水道水で石けんを洗い流す。
⑪ 清潔な乾燥したタオルで手を拭く。
⑫ そでを元に戻す。

　子どもたちが手洗いの習慣を身につけることによって、子どもから保護者に伝わり、保護者にも手洗いの大切さを伝えることができる。保護者とともに感染症から身を守るための生活習慣を獲得していくためにも、そういった日々の取り組みを大切にしていかなければならない。

清潔の保持（排泄の処理）

　手洗いと同様に、感染症予防のために身につけておかなければならない習慣として、排泄の処理方法の獲得があげられる。特に排便に関しては、子どもが自分で拭けるようになるまでは、周りの大人たちが対応する。排便の正しい処理方法は、前から後ろに拭き、排泄物がほかの部位に付着しないよう配慮をしながら行うが、そういった少しの配慮で、感染症を予防することができることを伝えなければならない。子どもに適切な言葉がけをしながら排便処理をすることで、自然と感染

症を予防する習慣を身につけることができる。

　感染症を予防し、自分で自分のからだを守るための基本的生活習慣を獲得させることが重要である。

2. 遊具や遊び場の点検

遊具や遊び場の点検

　近年、公園の遊具の撤去や、遊具が使用禁止になっているという現状をよく目にする。これは、遊具の安全管理が行き届かず、大きな事故が起こるケースが多くなっているからであろう。保育現場において、遊具や遊び場は、安全な場所でなければならない。そのためには、定期的な安全点検を行う必要がある。事故は起こるべくして起こるのだと認識しておかなければならない。

固定遊具の安全点検のポイント
① 回転したり、振動したりする場所が摩耗したり変形していないか。
② 金属が腐食していないか。
③ プラスチックなどがひび割れや、穴が開いていないか。
④ 木の部分にささくれはできていないか。
⑤ 土に埋まっている部分は安全か。

　上記のようなポイントで週・月・年ごとに点検項目を設け、点検を実施する。点検の際は、保育士自身が実際に遊具を動かし、子どもたちが触ると考えられる箇所を触り、乗ったりすべったりしながら確認することが大切である。また、子どもの目線に立ち、危険部位がないかどうかも考えなければならない。

　遊具の不具合を早期発見することが、大きな事故の予防になる。事故を未然に防ぐために、点検をこまめに行い、対処をしなければならない。子どもたちにとっての危険箇所を見つけるためのヒントとなるのが、ヒヤリハット体験だ。保育のなかで、事故が起こりそうな状況に出会うことがある。そのヒヤリハット体験を保育士全員で共有し、大きな事故になる前に、危険部位の対応をしなければならない。

　ヒヤリハット体験の具体例としては、以下のようなものがある。
① 公園の柵に水筒の紐が引っかかり、首がしまった状態になった。
② ままごとの玩具（レモン）を口に入れ、窒息状態になった。
③ 落ちていた絵本のビニールの端を口の中に入れ、取り出せなくなった。

④ アレルギー児が、自分の給食を食べ終わり、他児の食べ物を食べようとした。

このように、ヒヤリハット体験は、「遊具・玩具」「誤飲(ごいん)・誤嚥(ごえん)」「食物アレルギー」といった項目の事例が多く報告されている。

独立行政法人日本スポーツ振興センターの調査によると、保育室内でかなりのけがが起こっている（**図表10-1**）。園庭では、すべり台や総合遊具・アスレチック、鉄棒や砂場などでのけがが多く報告されている（**図表10-2**）。

けがが起こりやすくなっている場所は、子どもたちが多く集まる場所であるとともに、危険がひそんでいる場所と考えられる。保育士がこのことを把握(はあく)し、保育中の立ち位置を考えることや、子どもたちへの言葉がけを工夫することで、負傷者を少なくすることは可能である。

また、けがの種類も知っておく必要がある。**図表10-3**に記されているように、

図表10-1 負傷・疾病の場所別件数表（保育所等）

区分		発生件数	割合
園内・園舎内	教室（保育室）	17,815	72.5%
	実習実験室	2	0.0%
	体育館・屋内運動場	378	1.5%
	講堂	257	1.0%
	遊戯室	2,491	10.1%
	廊下	1,359	5.5%
	昇降口・玄関	413	1.7%
	階段	342	1.4%
	ベランダ	565	2.3%
	屋上	116	0.5%
	便所	654	2.7%
	その他	182	0.7%
	計	24,574	100.0%
園内・園舎外	運動場・校庭（園庭）	11,983	94.6%
	プール	321	2.5%
	排水溝	25	0.2%
	手足洗場	109	0.9%
	水飲み場	25	0.2%
	農場	19	0.1%
	その他	185	1.5%
	計	12,667	100.0%
園外	道路	1,000	33.7%
	公園・遊園地	1,438	48.4%
	運動場・競技場	95	3.2%
	体育館	41	1.4%
	山林野（含スキー場）	75	2.5%
	海・湖・沼・池	6	0.2%
	河川	38	1.3%
	その他	277	9.3%
	計	2,970	100.0%
合計		40,211	

出典：独立行政法人日本スポーツ振興センター『学校の管理下の災害［平成30年版］』p.155, 2018. をもとに作成。

図表10-2 負傷・疾病の体育用具・遊具別件数表（保育所等）

区分	発生件数	割合
鉄棒	686	10.3%
ぶらんこ	222	3.3%
シーソー	34	0.5%
回旋塔	6	0.1%
すべり台	997	15.0%
ジャングルジム	381	5.7%
雲てい	469	7.1%
登り棒	119	1.8%
遊動円木	13	0.2%
固定タイヤ	65	1.0%
砂場	773	11.6%
総合遊具・アスレチック	766	11.5%
その他	2,112	31.8%
合計	6,643	100.0%

出典：図表10-1と同じ。

疾病のなかに異物の嚥下が含まれている。保育中に起こる事故で多いとされているのは、誤飲による窒息である。何でも口に入れて確認する乳児期の保育室にある玩具は大丈夫か、給食の食材でのどにつまりやすいものはないかなど、日ごろから配慮しておく必要がある。

3. 避難訓練および防犯対策

保育所では、「児童福祉施設の設備及び運営に関する基準」によって、「避難及び消火に対する訓練は、少なくとも毎月1回は、これを行わなければならない」とされており、避難訓練が義務づけられている。しかし、実際に避難するのは火災の際だけではなく、地震・洪水・津波といった自然災害や、不審者の侵入による避難も考えられる。よって、保育現場では、さまざまな場合を想定した避難訓練や防犯対策が必要である。

保育士は、子どもの命を預かり、健康な状態で保護者にお返しする責任がある。日々の保育のなかで、安全管理を怠らないということだけではなく、自然災害から身を守る方法や、不審者から身を守る方法を習得しておかなければならない。

図表10-3 負傷・疾病の種類別件数表（保育所等）

区分			合計 発生件数	割合
負傷	骨折		4,200	11.5%
	捻挫		1,696	4.6%
	脱臼		7,055	19.3%
	挫傷・打撲		11,344	31.1%
	靭帯損傷・断裂		144	0.4%
	挫創		5,945	16.3%
	切創		1,324	3.6%
	刺創		354	1.0%
	割創		141	0.4%
	裂創		2,080	5.7%
	擦過傷		1,687	4.6%
	熱傷・火傷		135	0.4%
	歯牙破折		387	1.1%
	その他		12	0.0%
	負傷の計		36,504	100.0%
疾病	食中毒		54	1.5%
	食中毒以外の中毒		40	1.1%
	熱中症		13	0.4%
	溺水		0	0.0%
	異物の嚥下・迷入		1,440	38.8%
	接触性の皮膚炎		212	5.7%
	外部衝撃、相当の運動量、心身に対する負担の累積に起因する疾病	脳・脊髄系の疾患	48	1.3%
		心臓系の疾患	1	0.0%
		肺その他の内臓系疾患	9	0.2%
		骨疾患	92	2.5%
		関節疾患	69	1.9%
		筋腱疾患	43	1.2%
		皮膚疾患	209	5.6%
		精神疾患	1	0.0%
		その他	541	14.6%
		（再掲）計	1,013	27.3%
	負傷に起因する疾病	脳・脊髄系の疾患	13	0.4%
		心臓系の疾患	0	0.0%
		肺その他の内臓系疾患	2	0.1%
		骨疾患	28	0.8%
		関節疾患	60	1.6%
		筋腱疾患	30	0.8%
		皮膚疾患	206	5.6%
		精神疾患	0	0.0%
		その他	596	16.1%
		（再掲）計	935	25.2%
	疾病の計		3,707	100.0%
負傷・疾病の合計			40,211	

出典：独立行政法人日本スポーツ振興センター『学校の管理下の災害［平成30年版］』p.162, 2018. をもとに作成。

自然災害に対する避難訓練

　実際に自然災害が起こった際、その場にいる保育士が責任をもって子どもたちの安全を確保しなければならない。そのために、日ごろから子どもたちに安全に避難する方法を伝えておく必要がある。指導の方法は、ビデオやスライド、絵本や紙芝居といった視覚的教材があげられる。また、「おかしも」といったような標語を伝え、避難する必要がある場合の約束事を提示しておくことも有効である。

　「おかしも」とは、「おさない」、「かけない」、「しゃべらない」、「もどらない」の頭文字をとった標語である。この標語は、さまざまなイラストや紙芝居などでも紹介されている。こういった標語などは、子どもたちにもわかりやすく、いざというときに保育士と子どもたちとの合言葉として、使用することができるであろう。

不審者に対する避難訓練

　日本では、学校や幼稚園、保育所は安全な場所であるとされていた。しかし、社会環境の変化により、その神話は崩れ去り、凶悪な犯罪が教育現場や保育現場でも起こるようになった。保育者は自分の身を守りつつ、子どもたちの命を守る役割がある。不審者が侵入した場合、警察への連絡方法や、近隣住民との連携をどのようにとっていくのか、といった事前の詳細な打ち合わせが必要である。また、避難ルートの確認もしておかなければならない。

不審者に対する防犯対策

　日ごろからできる防犯対策として、来園証の発行があげられる。現在では保護者が保護者証を首からかけることが普通になっている。保護者だけではなく、来客者や見学者、ボランティアなどさまざまな人が出入りすることを考え、事務所などで来園証を発行・使用することが防犯につながる。

　その他にも、園自体のセキュリティを強化することである。門の施錠、防犯カメラの設置、緊急通報装置の設置、防犯ベルの設置など、不審者侵入の際に、すぐ対応できるツールを用意しておくことも重要である。

　その例として、「さすまた」などの不審者を押さえ込むことができる器具を常備する園もある。また、保育士が常に笛を持ち歩き、とっさの出来事にも対応できるようにしておくといったことも考えられる。こういった器具の使用方法や、笛が吹かれたときの対処の方法を避難訓練などで日々訓練するとともに、確認をしておかなければならない。

4. 保育士の役割

　感染予防や安全環境、避難訓練や防犯について説明してきたが、大切なことは、保育士がその知識を深め、実践力を身につけることだけではなく、子どもたちとともに学びながら、子ども自身が考えて動くことができる力を身につけることである。つまり、子ども自身がさまざまな環境のなかで強く生き抜くための「生きる力」や、「健康を保持するための生活習慣」を獲得することが大切だということである。そのような生活習慣を獲得するためには、保護者の協力が必要不可欠である。

保護者との連携

　安全指導（教育）において、保護者との連携はとても大切なポイントである。保育のなかで安全指導や、避難訓練などを行うだけではなく、乳幼児期の生活の基盤である家庭でどのような指導がなされているかによって、子どもの意識はまったく異なる。家庭と保育の生活のなかで、繰り返し伝えることによって、習慣化していく。そのためにも、保育士は、子どもたちだけに安全指導をするのではなく、保護者に対しても説明する必要がある。保育のなかで行っている安全指導について、ていねいに説明し、大人の役割について、保護者に理解をうながし、家庭生活のなかで子どもたちに伝えていくことが習慣化につながる。

　子どもたちにとって、言葉だけでなく行動で示してくれる、よきモデルが近くにたくさんいることで、安全な生活習慣を自然と身につけていくことにつながる。

　そういった連携がうまくいくように、保育士は日ごろから保護者とよいコミュニケーションをとり、信頼関係を構築し、保護者とともに子育てをするという意識を高めておかなければならない。

自分自身を守る力の育成

　安全な保育環境を考えるとき、保育士が安全な保育環境を整えることが大前提であるが、それだけでは不十分である。さらに考えなければならないことは、子どもが自分自身で身を守ることができる力「自己防衛力」を身につけることである。保育活動や日々の生活を通して、子どもが自立し、自分を守ることができる生活習慣を身につけることが最終目標である。そう考えると、周りの大人たちがすべてを整えることが子どもにとってよいことなのかどうかも考える必要があるだろう。

　感染症から身を守る方法、不慮（ふりょ）の事故に遭わないようにするための注意点、危険を察知する力を身につけることが必要である。

Step 3

1. 危機管理

　保育をする際、すべての子どもたちの動きを把握し、安全管理をしなければならないが、なかなかすべてを把握することは難しい。幼児期の後半になると、さらに好奇心が強くなり、さまざまなことにチャレンジをしたくなる。保育士が想像できないような動きをすることも多々ある。チャレンジをすることによって、子どもたちのこころとからだが成長していくのだということを考えると、危険をすべて排除する保育環境を準備することは必ずしも適当ではない。

　保育士は、準備した保育環境のなかで、どのような危険があるかを最大限予測し、大きな事故にならないように目を配らなければならない。そのためには、子どもの興味関心を知り、個々の特性をつかんでおく必要がある。また、大きな事故につながらないように、事前に子どもたちに注意点を伝えておくことも有効であろう。ただし、その伝え方が重要である。こちらからの禁止事項ばかりにならないよう、子どもたちが自ら気づくことができるような言葉がけが必要である。

　事故が起こりやすい場所や時間帯などを把握し、保育士の立ち位置を見直すことや、事故を未然に防ぐための保育環境づくりを考えることなどが求められる。

2. 保育現場での死亡事故

　実際、どのような死亡事故が多いのか、ここでみていきたい。厚生労働省が出している平成29年1月1日から12月31日までの1年間で起こった事故報告集計によると、保育所内で起こった死亡事故は8件報告されている（**図表10-4**）。

　内訳としては、認可保育所2名、幼保連携型認定こども園1名、病児保育事業1名、その他の認可外保育施設4名である。また、8件のうち、睡眠中に起こっている死亡事故は5件であった（**図表10-5**）。

保育のなかで気をつけるべきこと

　保育の現場だけではなく、子どもの死亡原因を全体でみると、不慮の事故が上位にあがっている。年齢が上がるとともに、不慮の事故の順位も上がる。これは、発達過程と密に関係している。1日中寝て過ごす乳児から、自分の足で歩くことができるようになった幼児とでは、行動範囲も違い、興味も違う。このような結果をみても、子どもの発達段階をよく知り、保育環境を見直していかなければならないことがわかる。子どもの目線に立ち、どのような配慮が必要であるかを保育士同士が

Step 3

図表10-4 死亡事故における主な死因

	認可保育所	幼保連携型認定こども園	病児保育事業	その他の認可外保育施設	合計
SIDS	0	0	0	0	0
窒息	0	0	0	0	0
病死	0	1	0	1	2
溺死	0	0	0	0	0
その他	2	0	1	3	6
合計	2	1	1	4	8

※「その他」は、原因が不明なもの等を分類
資料：内閣府子ども・子育て本部「「平成29年教育・保育施設等における事故報告集計」の公表及び事故防止対策について」2018.

図表10-5 死亡事故発生時の状況

	認可保育所	幼保連携型認定こども園	病児保育事業	その他の認可外保育施設	合計
睡眠中	1	0	0	4	5
プール活動・水遊び	1	0	0	0	1
食事中	0	0	0	0	0
その他	0	1	1	0	2
合計	2	1	1	4	8

資料：図表10-4と同じ

よく話し合っておくことも重要である。

　死亡事故発生時の状況の多くが睡眠中であることを考えると、午睡中の寝具の確認や、子どもの様子をこまめに観察することを怠ってはならない。重大事故が発生しやすい睡眠中の窒息リスクを除去するため、顔が見えるあお向けに寝かせることや、定期的に子どもの呼吸、体位、睡眠状態を点検することがあげられている。また、乳児期の子どもは、何でも口に入れて確認するという特性をもっている。乳児クラスの保育室に置く玩具の大きさなども考慮しなければならない。

　幼児期になると、行動範囲が広がることから、交通事故に遭う可能性も高まる。また、子どもの視野は大人より狭いといわれている。さらに、集中するとその部分しか見えなくなるといった傾向がある。そういった子どもの特性をよく知り、環境を整えるとともに、安全に関する配慮も必要である。

3. けがや病気への対応

　保育士はいざというときのために、応急手当の方法を習得しておく必要がある。発生頻度の高いすり傷の手当てから、熱中症、食物アレルギーへの対応、またAEDの使用方法やCRP（心肺蘇生法）といった最低限の応急手当は繰り返し訓練し、習得しておかなければならない。保育士には救急状態にある子どもを医療機関へ運ぶまでの大切な役割がある。医療機関へとつなぐ間に適切な応急手当を行うことは、その後の回復状態にも影響する。保育士は危機管理能力を常に高める努力をすることが大切である。応急手当の方法を身につけることや、危険認知力を高めていかなければならない。

参考文献

- 厚生労働省編『保育所保育指針解説　平成30年3月』フレーベル館，2018.
- 髙内正子監，上中修編著『保育実践に生かす保育内容「環境」——学び＆自分で考える text』保育出版社，2014.
- 岸井勇雄・無藤隆・柴崎正行監，河鍋鶑編著『保育・教育ネオシリーズ16 保育内容・健康 第2版』同文書院，2010.
- 岸井勇雄・無藤隆・柴崎正行監，巷野悟郎・岩田力・前澤眞理子編著『保育・教育ネオシリーズ21 子どもの保健——理論と実際』同文書院，2011.
- 民秋言・穐丸武臣編著『新保育ライブラリ 保育内容 健康（新版）』北大路書房，2014.
- 河邉貴子編著『演習 保育内容 健康』建帛社，2008.
- 榎沢良彦・入江礼子編著『シードブック保育内容 健康 第2版』建帛社，2009.
- 菊池秀範・石井美晴編『新保育内容シリーズ 新訂 子どもと健康』萌文書林，2008.
- 高杉自子・森上史朗監，森上史朗・岩崎婉子編著『演習保育講座第6巻 保育内容 健康』光生館，1996.
- 髙内正子編著『子どもの保健演習ガイド』建帛社，2011.
- 白野幸子『子どもの保健Ⅱ 演習』医歯薬出版，2011.
- 日本子ども家庭総合研究所編『日本子ども資料年鑑2015』KTC中央出版，2015.
- 高木信良「幼稚園・保育所（園）における負傷発生について」『関西女子短期大学紀要』第16号，2007.
- 小澤文雄「幼稚園・保育所における保育中の死亡・障害事故の分析・検討（1）——独立行政法人日本スポーツ振興センターのデータを利用して」『東海学園大学研究紀要』第19号，2014.
- 厚生労働省「教育・保育事故再発防止のためのこれまでの取組について」2014.
- 柴崎正行編著『子どもが育つ保育環境づくり——園内研修で保育を見直そう』学研教育みらい，2013.
- 掛札逸美監『保育所におけるリスク・マネジメント ヒヤリハット／傷害／発症事例 報告書』兵庫県・公益社団法人兵庫県保育協会，2014.

第11講

施設実習①
施設養護の目的や意義

保育士をめざす人のなかには、保育所での保育士に憧れをもち、学びはじめた人も多いかと思われる。しかし、保育士の職務は、保育所だけではなく、児童福祉施設などの社会福祉施設にも及ぶ。したがって、保育士は、これらの施設での職務に従事することができる幅広い専門職であるといえよう。本講では、社会的な養護を必要とする子どもたちが生活する児童福祉施設について理解する。

Step 1

1. 施設実習と保育士

保育所実習と施設実習の違い

　保育士は、社会福祉の専門職である。また、保育所は社会福祉施設の1つである。したがって、保育士という専門職になるには、保育所以外の社会福祉施設での実習経験が必要となる。保育士は、主に保育所に配置されるが、社会福祉施設のうち児童福祉施設においても、保育士の配置が義務づけられている。そして、実際に多くの保育士が施設で働いている。一方、現在の保育現場では特別な支援を必要とする子どもが増加しており、そのような子どもや保護者への支援が求められている。そのため保育士には、保育の専門性に加え、さまざまな問題をかかえた子どもや保護者を理解し、適切な援助を行うといった専門性が求められている。

　保育所実習では、保育所保育の特徴である養護と教育の一体性、地域における子育て支援などの保育所の役割や機能を体験的に学ぶこと、授業で学んだ知識や技能をもとに保育実践力を向上させること、保育士としての使命感を自覚し、保育士像を確立することが目的になるであろう。

　一方、施設で働く施設保育士は、家庭や保護者の何らかの問題や影響を受けた子ども、または障害のある子どもや成人への支援を行っている。児童福祉施設での実習の目的は、施設利用者との生活をともにしながら、日常生活の援助を中心とした養護を学ぶこと、そして、利用者の自立に向けた支援と保育士以外の専門職や職員間の連携について理解することである。

　施設実習は、家庭での養護の機会と環境に恵まれない子どもに対する代替の施設、障害のある子どもの施設、情緒・行動面に問題のある子どもを養育する施設で行われる。しかし、施設の種別によって、子どもたちの入所前後の生活背景、年齢や発達特性には違いがある。したがって、施設実習では、子どもたちそれぞれの生活背景、年齢や発達特性について理解を深め、それに応じたかかわりについて学ぶことが重要である。また、子どもの理解に基づく保育士のかかわりを学ぶことで、施設の機能や役割、施設のおかれた地域の状況と連携についても理解することが重要である。さらに、子どもたちとその家族がおかれている状況や環境について知り、学びを深めることで、現在の子どもたちを取り巻く社会状況や課題についても考察を深めることが必要である。

児童福祉施設と保育士の役割

　すべての子どもは、子どもにとってふさわしい家庭的な養育環境と安心で応答的な養育者によって養育されることが望まれる。したがって、さまざまな事情があろうともまずは家庭において保護者が行う養育が優先される。しかし、保護者による虐待（ぎゃくたい）や死亡、行方不明、精神疾患（せいしんしっかん）、長期間の入院等の問題により、家庭での適切な養育条件が整わないときには居住型の児童福祉施設で生活することになる。児童福祉施設にはさまざまな種別があるが、どの施設も子どもの生活を保障するための養育と保護の代替機能を果たしている。したがって、保育士やその他の専門職は、家庭の親に代わって、子どもの欲求を個々に充足させ、その健全な成長と発達を保障する役割がある。

　例えば、居住型の児童福祉施設のなかで最も数が多い「児童養護施設」の場合、保育士の仕事は、朝、子どもの起床や食事の援助、保育所や学校への送り出しからはじまる。子どもがいない間には、掃除や洗濯（せんたく）、子どもに関する職員との情報共有などがある。子どもの帰宅後は、宿題や夕食の援助、子どもとの会話など、子どもに応じて個別にかかわりをもちながら就寝を迎える。このように、居住型の施設では、子どもの健全な発達をうながすために、毎日の生活を支えることが主な役割となる。そのために、施設を利用する子どもの最善の利益と個々のニーズを充足するための援助を行うことを基本としながら、子どもの権利を代弁する養育者としての役割を担うこととなる。

　また、児童福祉施設においては、社会福祉士、理学療法士、作業療法士、言語聴覚士、看護師、心理士など、保育士以外の職種の職員も働いており、ともに連携を図りながら利用者の援助を行っている。そのため、他職種の専門性や役割を理解したなかで、施設保育士としての専門性や役割を理解する必要がある。

2. 児童福祉の体系と施設運営

施設実習と子どもの養護

　子どもの養護とは、すべての子どもが健やかに育つことを保障するために、法や制度、養育環境を整え、子どもを保護し養育することである。子どもの養育は、家庭での養育と社会的養護に大別される。そして社会的養護は、社会養護、家庭養護、

図表11-1 子どもの養育の体系

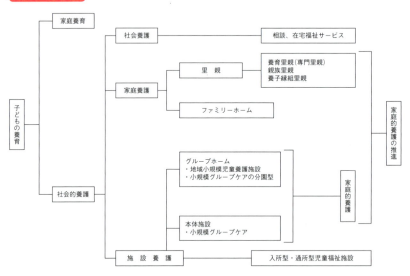

出典：福田公教・山懸文治編著『新・プリマーズ／保育／福祉 児童家庭福祉 第5版』ミネルヴァ書房, p.104, 2017.

施設養護の3つに分けることができる[*1]。

　社会養護とは、各種相談機関による子育ての相談や通所型の児童福祉施設における支援、子育て短期支援事業（ショートステイ・トワイライトステイ）の利用などのことである。家庭養護とは、子どもを家庭的な環境のなかで養育することである。里親や小規模住居型児童養育事業（ファミリーホーム）等により、個別的に養護されることが基本である。施設養護とは、家庭以外の社会的な機関や施設等によって行われる養護であり、乳児院、母子生活支援施設、児童養護施設、児童心理治療施設、児童自立支援施設、障害児入所施設（福祉型・医療型）がある。施設での実習は、主に上記の施設養護を提供する場で行われる。

児童福祉施設の設備及び運営に関する基準

　子どもの健全な発達をうながすためには、保育士の直接的なかかわりだけでなく、利用する施設環境にも配慮が必要となる。子どもたちの育ちの環境を一定に保つため、児童福祉施設の機能や設備・運営の基準が定められている。

　児童福祉法第45条第1項において、「都道府県は、児童福祉施設の設備及び運営について、条例で基準を定めなければならない」とされ、この条例で定める基準（以下、最低基準）は、「児童福祉施設に入所している者が、明るくて、衛生的な環境

---

*1　福田公教・山懸文治編著『新・プリマーズ／保育／福祉　児童家庭福祉　第5版』ミネルヴァ書房, p.103, 2017.

において、素養があり、かつ、適切な訓練を受けた職員の指導により、心身ともに健やかにして、社会に適応するように育成されることを保障する」ことを目的としている（児童福祉施設の設備及び運営に関する基準第2条）。また、最低基準では配置する従業者とその員数、居室等の床面積などは国が定める「児童福祉施設の設備及び運営に関する基準」の規定にしたがって定めることになっている。さらに、都道府県知事は、最低基準を常に向上させるよう努めるものとして、監督・検査を行うことが定められている。その他、最低基準には、施設の構造だけでなく、施設職員の要件や定数、知識や技能の修得や向上に至るまで詳細に明記されている。

社会状況の問題や子どもの育ちの変化に対応するためにも、各施設では常に現在の生活条件が子どもに適切であるかについて考え、工夫をしていくことが求められている。

3. 児童福祉施設の種類と類型

児童福祉施設は、子どもやその保護者等に適切な環境を提供し、養育、保護、訓練、育成、自立支援などによって子どもの福祉を図る施設である。児童福祉法第7条において、助産施設、乳児院、母子生活支援施設、保育所、幼保連携型認定こども園、児童厚生施設、児童養護施設、障害児入所施設、児童発達支援センター、児童心理治療施設、児童自立支援施設、児童家庭支援センターの12種類が規定されている。これらの児童福祉施設は、通所型、入所型、利用型に分けることができ、さらにその機能により、養護系施設、障害児療育系施設、治療系施設、育成系施設、保健系施設に分類することができる（図表11-2）。

図表11-2　児童福祉施設の類型

	入所施設	通所施設・通所機能	利用施設
養護系施設	乳児院 母子生活支援施設 児童養護施設		
障害児療育系施設	障害児入所施設 （医療型・福祉型）	児童発達支援センター （医療型・福祉型）	
治療系施設	児童心理治療施設 児童自立支援施設	児童心理治療施設 児童自立支援施設	
育成系施設		保育所 幼保連携型認定こども園	児童厚生施設 児童家庭支援センター
保健系施設	助産施設		

出典：松原康雄・山縣文治編著『新・社会福祉士養成テキストブック⑧ 児童福祉論』ミネルヴァ書房, p.81, 2008. を一部改変。

Step 2

1. 児童福祉施設の目的、概要

　Step 2 では、児童福祉施設を Step 1 で示した機能別に分け、各施設の目的や対象、概要について説明する。

養護系施設

（1）乳児院

　乳児院は、「乳児を入院させて、これを養育し、あわせて退院した者について相談その他の援助を行うことを目的とする施設」（児童福祉法第37条）である。入所理由は、母親の病気や保護者の虐待あるいは怠惰による保護である。乳児の健全な発育の促進と人格形成をめざし、専門職が連携をとり、医療的ケアと身辺ケアがきめ細かく行われている。

（2）母子生活支援施設

　母子生活支援施設は、「配偶者のない女子又はこれに準ずる事情にある女子及びその者の監護すべき児童を入所させて、これらの者を保護するとともに、これらの者の自立の促進のためにその生活を支援し、あわせて退所した者について相談その他の援助を行うことを目的とする施設」（児童福祉法第38条）である。18歳未満の子どもを養育する母子家庭などの女性が利用できる施設であり、母子の自立の実現のために設置されている。施設内では、子育て相談をはじめ、母子への心理面へのアプローチ、子どもへの生活指導など多様な支援が実施されている。

（3）児童養護施設

　児童養護施設は、「保護者のない児童、虐待されている児童その他環境上養護を要する児童を入所させて、これを養護し、あわせて退所した者に対する相談その他の自立のための援助を行うことを目的とする施設」（児童福祉法第41条）である。家族による養育が困難な子ども（保護者の死亡や離婚、行方不明、健康上の問題等）が入所の対象となる。

　児童養護施設は、大舎制での大きな集団での生活から、小舎制や地域小規模児童養護施設（グループホーム）による小規模でのケアが進められている。施設では、子どもが安定した生活を送るための環境設定と日常生活面のケアを中心に自立をめざした支援が行われている。また、家族支援や地域の子育て支援の拠点としての役割も担っている。

障害児療育系施設

(1) 障害児入所施設

　障害児入所施設は、障害児を入所させて、支援を行うことを目的とする施設(児童福祉法第42条)である。提供するサービスによって、福祉型障害児入所施設と医療型障害児入所施設に分けられる。「福祉型」は、対象となる児童の保護、日常生活の指導および独立自活に必要な知識技能の付与を目的とした施設である。「医療型」は、保護、日常生活の指導、独立自活に必要な知識技能の付与および治療を目的とした施設である。施設では、知的障害児、自閉症児、盲ろうあ児、肢体不自由児等の障害特性に応じた専門的な支援が行われている。具体的には、生活指導、学習指導、職業指導が行われ、基本的生活習慣の確立やコミュニケーションを含めた社会性の向上をめざした支援が行われている。

(2) 児童発達支援センター

　児童発達支援センターは、障害児を日々保護者のもとから通わせて、支援を行うことを目的とする施設(児童福祉法第43条)であり、医療サービス提供の有無により、福祉型児童発達支援センターと医療型児童発達支援センターに分けられる。「福祉型」は、対象となる児童の日常生活における基本的動作の指導、独立自活に必要な知識技能の付与、集団生活への適応のための訓練を目的とした施設である。「医療型」は、福祉型と同様のサービスに加え、体幹の機能の障害のある児童に対する児童発達支援、障害特性に応じた医療サービスの提供を目的とした施設である。

治療系施設

(1) 児童心理治療施設

　児童心理治療施設は、「家庭環境、学校における交友関係その他の環境上の理由により社会生活への適応が困難となった児童を、短期間、入所させ、又は保護者の下から通わせて、社会生活に適応するために必要な心理に関する治療及び生活指導を主として行い、あわせて退所した者について相談その他の援助を行うことを目的とする施設」(児童福祉法第43条の2)である。対象となる児童は、おおむね児童から18歳に至るまでの心理的困難や苦しみをかかえ、日常生活に生きづらさを感じている子どもたちで、心理治療が必要とされる児童である。必要がある場合、20歳に達するまでの措置延長が認められる。施設では「総合環境療法」といった治療が行われる。①医学・心理治療、②生活指導、③学校教育、④家族との治療協力、⑤地域の関係機関との連携による総合的に治療と支援が行われる。医師、心理療法士、

児童指導員や保育士、教員などが協働し、子どもの成長・発達と自立を援助する。

（2）児童自立支援施設

児童自立支援施設は、「不良行為をなし、又はなすおそれのある児童及び家庭環境その他の環境上の理由により生活指導等を要する児童を入所させ、又は保護者の下から通わせて、個々の児童の状況に応じて必要な指導を行い、その自立を支援し、あわせて退所した者について相談その他の援助を行うことを目的とする施設」（児童福祉法第44条）である。児童自立支援施設への入所には、児童相談所からの措置と家庭裁判所の審判による送致（保護処分）がある。対象となる児童は、従来の不良行為をなす、またはなすおそれのある児童のほか、生活環境、特に家庭の養育能力の低下や機能不全の影響を受けているものも多い。支援・指導は、生活指導、学習指導、作業（職業）指導が展開されている。

育成系施設

（1）保育所

保育所は、「保育を必要とする乳児・幼児を日々保護者の下から通わせて保育を行うことを目的とする施設」（児童福祉法第39条）である。「保育を必要とする」とは、保護者の就労、疾病、妊娠出産、家族の介護、求職活動、就学、虐待やドメスティック・バイオレンス（DV）のおそれ等、乳幼児が家庭での養育を受けられない事由があることである。実際の入所基準は、市町村ごとに定められている。

（2）幼保連携型認定こども園

幼保連携型認定こども園は、「義務教育及びその後の教育の基礎を培うものとしての満3歳以上の幼児に対する教育及び保育を必要とする乳児・幼児に対する保育を一体的に行い、これらの乳児又は幼児の健やかな成長が図られるよう適当な環境を与えて、その心身の発達を助長することを目的とする施設」（児童福祉法第39条の2）であり、子ども・子育て支援法の施行により、平成27年度から設置されている。保護者の就労の有無を問わずに、就学前のすべての子どもを受け入れ、保育と教育を行っている。

（3）児童厚生施設

児童厚生施設は、「児童遊園、児童館等児童に健全な遊びを与えて、その健康を増進し、又は情操をゆたかにすることを目的とする施設」（児童福祉法第40条）である。児童厚生施設には屋内型の児童館と屋外型の児童遊園がある。子どもが育つ環境の変化により、他者との交流が希薄な現代においては、児童厚生施設が果たす役割に期待が寄せられている。

（4）児童家庭支援センター

　児童家庭支援センターは、地域の児童の福祉に関する各般の問題につき、児童、母子家庭その他の家庭、地域住民その他からの相談に応じ、必要な助言を行うとともに、児童相談所長や都道府県のとるべき措置への指導を行い、あわせて児童相談所、児童福祉施設などとの連絡調整その他厚生労働省令の定める援助を総合的に行うことを目的とする施設（児童福祉法第44条の2）である。地域の子ども福祉に関する相談や助言、児童相談所からの受託による指導、訪問等による要保護児童の現況の把握、関連機関との連携・連絡調整、緊急一時保護などの事業が行われている。

保健系施設

助産施設

　助産施設は、「保健上必要があるにもかかわらず、経済的理由により、入院助産を受けることができない妊産婦を入所させて、助産を受けさせることを目的とする施設」（児童福祉法第36条）である。経済的な理由等で生活困窮に陥った妊産婦が出産を行い、出産後も安心して社会復帰できるよう支援するための施設である。

2. 障害者支援施設・障害福祉サービス事業所

　児童福祉施設に加え、障害者支援施設および障害福祉サービスを提供する事業所（障害福祉サービス事業所）も施設実習の対象施設となっている。

　障害者支援施設は、障害者の日常生活及び社会生活を総合的に支援するための法律（障害者総合支援法）第5条第11項において、「障害者につき、施設入所支援を行うとともに、施設入所支援以外の施設障害福祉サービスを行う施設」と規定されている。具体的には、夜間から早朝にかけて「施設入所支援」として生活面の介護の提供、日中には、「生活介護」「自立訓練」「就労移行支援」「就労継続支援B型」といった日中活動サービスが提供される。なお、日中活動サービスは、入所している施設でのサービスを利用する者もいれば、他施設のサービスを利用する者もいる。

　施設実習では、利用者と一緒に作業をしながら、利用者個々の発達や障害特性に応じた必要な援助を行う。利用者には、個別支援計画が作成されており、それぞれの計画に基づき、目標達成のための支援方法や内容、環境的な配慮が行われている。障害特性や発達に合わせた支援を展開するためには、利用者一人ひとりの行動を観察し、行動の意味を理解していく必要がある。また、障害をともなう個人だけに視点をあてるのではなく、個人を取り巻く環境や社会的な視点からの理解も必要である。

Step 3

1. これからの社会的養護の課題

　2016（平成28）年に改正された児童福祉法では、子どもの育ちを虐待から守るための制度のみならず、家庭での養護優先の原則が条文化され、自立支援の強化などが法制度化された。施行後には、社会的養護の施策方針である「新しい社会的養育ビジョン[*2]」がまとめられた。2017（平成29）年の「新しい社会的養育ビジョン」では、家庭への養育支援をするため、身近な市町村におけるソーシャルワーク体制の構築と支援メニューの充実を図ることや子どもの状態に合わせた多様なケアの充実を図ることとしている。

　また、虐待の危険性が高いなど集中的な在宅支援が必要な家庭には児童相談所の指導のもと、市町村が委託を受けて支援を行うなど在宅での養育支援を構築することや、わが国では社会的養護が必要な子どもの約9割が施設に入所している現状から、里親への委託を推進することとしている。

　さらに、親子分離が必要な場合においても、代替の養育は家庭での養育を原則とすることとしている。そのために、児童相談所は、里親の質を高めるための里親支援事業や職員研修の強化、民間団体も担えるような「フォスタリング機関」事業の創設が求められている。また、代替養育に関しては、児童相談所は特別養子縁組も視野に入れ、永続的解決（パーマネンシー保障）をめざしたソーシャルワークを行うこととしている。このように社会的養護のあり方をめぐっては、今日の社会状況のなかで、家庭養育優先であることの理念が規定され、子どもが健やかに育つ環境をいかに整えるかが問われている。

2. 今後の施設養護の役割

　「新しい社会的養育ビジョン」では、乳幼児の家庭養育原則の徹底と、その取組目標に対する年限を明確にしている。特に、「就学前の子どもは、家庭養育原則を実現するため、原則として施設への新規措置入所を停止する」と記述されている。これは、子どもの発達ニーズを考慮し、愛着形成が最優先課題であることを考慮したものである。

　さらに、愛着形成に最も重要な時期である3歳未満についてはおおむね5年以内に、それ以外の就学前の子どもについてはおおむね7年以内に里親委託75％以上を

[*2] 厚生労働省新たな社会的養育の在り方に関する検討会「新しい社会的養育ビジョン」2017.

実現し、学童期以降はおおむね10年以内を目途に里親委託率50％以上を実現するといった具体的な数値が明記されている。2020（平成32）年度までに全国で里親を支援する「フォスタリング機関」が提示され、乳児院や児童養護施設がその担い手になっていく可能性もある。

日本では親元で暮らせない子どもたちの多くが施設で暮らすという状況であることから、施設養護が主流である日本の社会的養護は大きな転換を図っていくこととなる。「新しい社会的養育ビジョン」で示された「家庭養育原則」は、一番が「家庭」であり、次に、別の家庭における養育である「養子縁組」や「里親」が望ましく、その次に小規模な施設という順番である。このことからも、社会的養護の専門性をもちあわせる施設では、里親や養子縁組家庭の悩みに対する相談等、高度な専門性を要する地域支援が求められるであろう。

一方、子どもへの虐待やネグレクトなど不適切な養育に起因する行動上の問題や心理的問題が深刻な状態であったり、重い障害があったりした場合には、医療的かつ福祉専門的なケアを複層的に提供していかなければならない。そういった際には、チームで包括的に支援を実施できる施設における豊かな専門性が必要である。

特に、乳児院においては、①一時保護された乳幼児とその親子関係に関するアセスメント、②障害等の特別なケアを必要とする子どものケアの在り方のアセスメント、③里親委託準備、④親子関係改善への通所指導、⑤産前産後を中心とした母子の入所支援、⑥家庭復帰に向けた親子関係再構築支援、⑦里親・養親支援が新たな重要な役割となることが明記されている。

児童養護施設、児童心理治療施設、児童自立支援施設においても、上記のような支援事業や「フォスタリング機関」事業等、地域での新たな役割を担う地域の養育機関となると考えられる。

参考文献
- 福田公教・山縣文治編著『新・プリマーズ/保育/福祉 児童家庭福祉 第5版』ミネルヴァ書房，2017.
- 松原康雄・山縣文治編著『新・社会福祉士養成テキストブック⑧ 児童福祉論』ミネルヴァ書房，2007.
- 山縣文治編著『よくわかる子ども家庭福祉 第9版』ミネルヴァ書房，2014.

COLUMN　被虐待児へのケア

　被虐待児へのケアには、「安心して生活できる場の確保」「愛着の形成とその援助」「子どもの生活・学習支援」「心理療法」が必要であるとされている[*3]。子どもの回復の基盤としては、養育者やそれに準ずる人に不安感情を受け止められてやわらげられた生活を確保しながら、安心を得たうえで、安定した愛着関係の形成と個々に応じたかかわりが必要となる。したがって、保育士は、子どもの感情や行動と向き合いながら、どのような支援が、子どもにとって安心であり、自尊感情を高め、自身を肯定的にとらえられるようになるか、常に省察を行いながら支援を検討する必要がある。

（齊藤勇紀）

---

*3　杉山登志朗『子ども虐待という第四の発達障害』学研，pp.134〜137,2007.

第12講

施設実習②
施設で暮らす子どもや利用者の理解

施設で暮らす子どもや利用者を理解する際には、子どもや利用者の育ちの背景や障害を通して、一人ひとりの個性や特性を知る必要がある。そのため、本講では、実例やエピソードを通して、施設で暮らす子どもや利用者の生活と、入所に至る理由や家族との関係について理解する。また子ども・利用者と職員の関係、専門職同士の連携とは何かについて学び、自立支援のあり方、保育所で働く保育士との役割の違いや援助についても考えていく。

Step 1

1. 社会的養護の現状について

　日本における社会的養護の状況をみると、厚生労働省の2017（平成29）年3月の報告（**図表12-1**）では、対象児童が約4万5000人となっている。施設数では、乳児院は138か所、児童養護施設は615か所、児童心理治療施設は46か所、児童自立支援施設は58か所である。その他、母子生活支援施設は232か所あり、4779世帯が利用している。また、自立援助ホームは143か所ある。保護者のいない児童、被虐待児など家庭環境上養護を必要とする児童に対して社会的養護は機能しているが、対象児童数（総数）は、4万人を超えており、児童養護施設・乳児院の設置数は近年増加の傾向となっている（**図表12-2**）。また、里親・ファミリーホームの委託児童数（いたくじどうすう）は6546人であり、委託数が大幅に増えていることがわかる（平成29年3月末　厚生労働省「福祉行政報告例」）。

図表12-1　社会的養護の現状

里親	家庭における養育を里親に委託			登録里親数	委託里親数	委託児童数	ファミリーホーム	養育者の住居において家庭養護を行う（定員5～6名）	
				11,405世帯	4,038世帯	5,190人			
	区分（里親は重複登録有り）	養育里親		9,073世帯	3,180世帯	3,943人		ホーム数	313か所
		専門里親		689世帯	167世帯	202人			
		養子縁組里親		3,798世帯	309世帯	301人		委託児童数	1,356人
		親族里親		526世帯	513世帯	744人			

施設	乳児院	児童養護施設	児童心理治療施設	児童自立支援施設	母子生活支援施設	自立援助ホーム
対象児童	乳児（特に必要な場合は、幼児を含む）	保護者のいない児童、虐待されている児童その他環境上養護を要する児童（特に必要な場合は、乳児を含む）	家庭環境、学校における交友関係その他の環境上の理由により社会生活への適応が困難となった児童	不良行為をなし、又はなすおそれのある児童及び家庭環境その他の環境上の理由により生活指導等を要する児童	配偶者のない女子又はこれに準ずる事情にある女子及びその者の監護すべき児童	義務教育を終了した児童であって、児童養護施設等を退所した児童等
施設数	138か所	615か所	46か所	58か所	232か所	143か所
定員	3,895人	32,605人	2,049人	3,686人	4,779世帯	934人
現員	2,801人	26,449人	1,399人	1,395人	3,330世帯 児童5,479人	516人
職員総数	4,793人	17,137人	1,165人	1,743人	2,080人	604人

小規模グループケア	1,341か所
地域小規模児童養護施設	354か所

※里親数、FHホーム数、委託児童数、乳児院・児童養護施設の施設数・定員・現員は福祉行政報告例（平成29年3月末現在）
※施設数*、ホーム数（FH除く）、定員*、現員*、小規模グループケア、地域小規模児童養護施設のか所数は家庭福祉課調べ（平成28年10月1日現在）（*乳児院・児童養護施設除く）
※職員数（自立援助ホームを除く）は、社会福祉施設等調査報告（平成28年10月1日現在）
※自立援助ホームの職員数は家庭福祉課調べ（平成28年3月1日現在）
※児童自立支援施設は、国立2施設を含む

資料：厚生労働省子ども家庭局家庭福祉課「社会的養育の推進に向けて」2017.

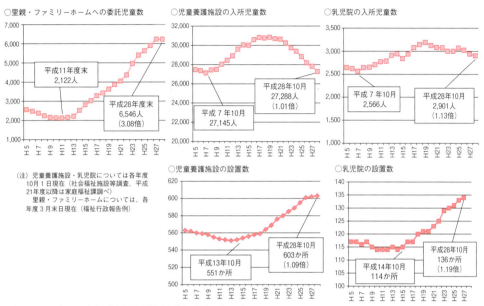

図表12-2 要保護児童数の推移

資料：厚生労働省子ども家庭局家庭福祉課「社会的養育の推進に向けて」2017.

2. 子どもや利用者の育ちの背景や障害を通した理解

　施設実習では、児童福祉施設、障害者支援施設等で暮らす子どもたちや利用者の理解を通して、施設における保育士の役割を学ぶことが大切になる。施設で暮らす子どもたちの育ちの背景はどのようなものであるのか。施設入所に至る場合、子ども自身のかかえる問題や家族の問題など、その背景は一人ひとり違いがある。

　2013（平成25）年の厚生労働省「児童養護施設入所児童等調査結果」によると、児童養護施設の主な入所理由は、「虐待」、保護者の「精神疾患等」「就労」「破産等の経済的理由」「行方不明」「入院」「拘禁」「養育拒否」「離婚」「児童問題による監護困難」「死亡」等になる。児童養護施設に入所している子どもの59.5％に被虐待体験があり、入所理由においても育児放棄等を含めた「虐待」が37.9％を占めていた。また、障害のある子どもの比率が増加傾向にあり、28.5％を占めている。

　乳児院の入所理由では、「父母の精神障害」「父母の虐待」「父母の入院」「父母の放任怠惰」「養育拒否」等が主な理由であった。母子生活支援施設の入所理由は、「夫等の暴力」「住宅事情」「経済的理由」「入所前の家庭環境の不適切」等が主な理由である。

　障害児入所施設での入所理由は、家庭の状況面では「親の養育能力や疾病・入院、

障害、経済的理由」「虐待・養育放棄」「親の離婚・死別」が主な理由である。本人の状況面では「ADL・生活習慣が未自立なため訓練等支援が必要」「行動上の問題から家庭で対応が困難となりその改善が必要」なためとなっている（日本知的障害者福祉協会「障害児施設のあり方に関する調査報告書」平成22年度）。

　障害者支援施設では、知的障害者・身体障害者・精神障害者の支援をしている。主な入所理由は、居宅において介護を行う者の疾病等、介護を行う側の問題や、本人の障害の重複、重度である等、居宅での支援が困難な場合である。障害者支援施設・障害福祉サービス事業所の利用者は、近年、高齢化が進んでいるが、生活介護・就労支援を実施し、障害者の自立に向けてのサポートを行っている。

3. 事例を通して理解する施設で暮らす子どもたち

事例1　乳児院

　Ａちゃん（1歳7か月）は、母親の精神疾患の状態が悪化したという理由で、乳児院に入所した子どもであった。乳児院での生活は生後6か月よりはじまった。母親は、父親となる男性と連絡をとらず、Ａちゃんの祖母にあたる実母とともに生活をしていた。父親となる男性も10代であり婚姻関係を結んでいなかったため、Ａちゃんを育てる気持ちがない。母親自体、母子家庭で育っており、Ａちゃんの祖母も病弱で経済的に困窮していたため、孫を育てる余裕がなかった。Ａちゃんは、言葉の遅れと情緒面の発達に遅れがみられ、保育士があやしても、あまり表情を変えず極端におとなしかった。児童相談所の児童福祉司と乳児院の担当保育士との協議の結果、Ａちゃんを家庭に戻すことは難しく、担当保育士と愛着形成をすることにより発達のうながしを行い、Ａちゃんの成長を見守るとの処遇が決定した。

事例の解説：学生に知ってもらいたいこと、気づいてもらいたいこと

　若年出産、母親の疾患、養育に実家からの支援が得られないという養育上の問題が重なるケースの場合は、社会的養護（施設入所）につながる場合が多く、不適切な養育環境において、子どもの発達の遅れが確認できる場合は、早期に専門職のかかわりによる子育て支援が必要になることを理解する。多問題をかかえた家族への支援の重要性を考える必要がある。

事例2　児童養護施設

　Ｂ君（11歳）は、保育園に通っていたときに保育士がＢ君のからだのあざに気づき（父親からの身体的虐待）、児童相談所につながり、児童養護施設で暮らして6年になる。現在も情緒面が不安定で、感情の起伏が激しい。気に入らないことがあると物にあたる、ほかの子

Step1

どもたちに暴力を振るう等問題行動が目立っていた。学校での学習面では遅れがみられ、クラスメートとのやりとりにおいてもコミュニケーションが上手にとれないことが小学校高学年に入り顕著(けんちょ)になる。小学校の担任教諭より児童養護施設の職員（保育士）に、B君の発達と授業への取り組みについての相談があり、施設の心理職員、保育士、児童指導員、児童相談所が話し合い、検査をした結果、ADHD（注意欠陥・多動性障害）ということがわかった。母親に現在の状況を報告し、B君の教育環境について、特別支援学級で学ぶ方向がよいのではないかと相談をすると、「小さいころから育てづらく、しつけのために父親がBに暴力を振るうようになり、家族のなかでそれを止められなかった。もうすぐ中学生になるが、家族がBを引き取ることを今は考えていない。児童養護施設の先生方が特別支援学級がいいと言えば、それでいい。生活に追われ、Bに対して考える余裕がない。経済的にも精神的にも大変でほかにも兄弟がたくさんいるので、その子らのことで頭がいっぱい」という反応であった。

事例の解説：学生に知ってもらいたいこと、気づいてもらいたいこと

　子どもの障害に対して、保護者の理解や対応が十分ではない場合に、家庭で不適切なかかわりが増え、さらに子どもの発達が遅れるケースがある。その場合は施設入所等の対応を行い、児童相談所・施設のさまざまな専門職、学校の教員がチームワークを組み、その子どもの発達支援を行うということを理解する。

事例3　母子生活支援施設

　Cさん（16歳）は、両親が行方不明という理由で、生後1か月から乳児院に入所し、児童養護施設で育ってきた。2年前に夫の暴力から逃げるように母親が実家に戻り、現在は母親とともに母子生活支援施設で生活をしている。高校卒業後に短大に進学して保育士をめざしたいという希望があるが、学校生活を送るための金銭面の心配をしていた。祖父母はいるが、祖父は認知症であり、祖母も祖父の介護疲れからからだの調子が悪く病院に通院している。母親は就労をめざし努力しているが、社会性がとぼしく、就労してもすぐ仕事を辞めてしまうことが続いていた。母親とCさんの関係は良好であるが、Cさんは何かあると児童養護施設の職員に連絡をとり、また母子生活支援施設の職員にも、学校生活や進学のこと、家族、将来について相談していた。高校卒業が近づくにつれ、生計をどのように立てていくか、就職するしかないと最近は保育士になるという夢への前向きな発言が少なくなってきている。

事例の解説：学生に知ってもらいたいこと、気づいてもらいたいこと

　母子生活支援施設では、母親と子どもの自立支援の両方を考えなくてはいけない。母親の精神的な支え、生活支援・就労支援・子どもへの学習支援・発達支援等を行うことについて理解する。緊急一時保護（緊急に保護が必要な場合に実施）や保育機能強化事業（施設内の保育室で保育）を提供する施設の増加にも着目する必要がある。また、近年の利用者は外国人、障害のある母親も増えている。

第12講　施設実習②　施設で暮らす子どもや利用者の理解

Step 2

> **演習 1** 施設保育士は施設で暮らす子どもたち、利用者を援助するためにどのようなことを理解しておく必要があるか考えてみよう

課題

① 社会的養護とは何かを考え、施設という場所で集団で生活をする子どもたち、利用者の生活上における必要な援助は何かを考える。
② 施設の生活を通して、子どもや利用者の自立支援についての援助目標とは何かについて考える。
③ 施設保育士と保育所保育士の役割の違いについて考える。

進め方

（1）準備するもの

　図表12-3は「施設における1日の生活の流れ」を表したものであり、左半分には児童養護施設の生活の流れが、右半分には障害児入所施設の活動の流れがあり、それぞれ援助目標が書かれている。「児童養護施設の1日の生活」、「障害児入所施設の1日の生活」、「保育士の援助目標」の項目の下には実習生が行う具体的な援助の内容を記入できるようになっている。

（2）方法

① 個人で空欄を考えて埋めてみる。例えば、①「起床」であれば、具体的な援助活動は「子どもへの声かけ」「トイレへのうながし」「洗面所へのうながし」等になる。②「朝食」であれば、具体的な援助活動は「朝食の準備」「朝食の声かけ」「配膳」「お弁当の確認」「食器の片づけ」等になる。⑤「下校・おやつ・外遊び」では、具体的な援助活動は「その日の学校での活動や友達との関係などの確認・おやつ作り・外遊びでの安全確認」等になる。保育者の援助目標に合わせて、具体的な援助活動について「児童養護施設の1日の生活」では①から⑫まで、「障害児入所施設の1日の生活」では①から⑧までの空欄の行に記入しよう。
② 個人で考えた内容を小グループで話し合ったり、クラスのなかで話し合う。小グループで話し合い、クラスで発表することにより、施設での保育者の援助について、具体的に理解ができ、また援助の詳細についてもイメージができるようになる。

図表12-3 施設における1日の生活の流れ（例）

児童養護施設の1日の生活	保育士の援助目標	障害児入所施設の1日の生活	保育士の援助目標
① 7：00　起床	起床のうながし	① 6：30　起床	起床のうながし
具体的な援助を記入する。			
② 7：30　朝食	朝食の準備	② 7：20　朝食	朝食の準備
③ 8：00　登校	登校の準備	③ 8：30　登校	登校の準備
④ 12：00　昼食	昼食の準備	④ 12：00　昼食	昼食の準備
⑤ 15：00　下校　おやつ・外遊び	下校の確認　おやつの作成　外遊びでの安全管理	⑤ 15：00　下校　おやつ　入浴	下校の確認　おやつの支援　入浴の支援
⑥ 17：00　掃除	掃除の支援		
⑦ 18：00　夕食	夕食の準備	⑥ 18：00　夕食	夕食の支援
⑧ 19：00　学習　入浴	学習支援　入浴の支援	⑦ 19：00　入浴　学習　お茶会	入浴の支援　学習支援
⑨ 20：00　幼児・低学年　就寝	就寝のうながし	⑧ 21：00　就寝	就寝のうながし
⑩ 21：00　小学生　高学年　就寝	就寝のうながし		
⑪ 22：00　中学生　就寝	就寝のうながし		
⑫ 23：00　高校生　就寝	就寝のうながし		

演習2　施設における観察や実践から子どもや利用者の理解を深めよう

課題

① 事例を通して、施設で暮らす子ども・利用者の特徴を理解し、実習時の観察

や実践につなげる。
② 事例を通して、記録の重要性を理解する。

進め方

（1）準備するもの

事例を読み、施設で暮らす子ども・利用者の特徴を考え、**図表12-4**の項目に合わせて書くようになっている（記録）。

（2）方法

① 個人で事例を読み、**図表12-4**の空欄を埋めてみる。例えば、具体的な子どもの状況・行動・それに対する職員等の対応について記入する。

② 個人で考えた内容（**図表12-4**に記入した内容。記入例は**図表12-5**）を小グループで話し合ったり、クラスのなかで発表し合う。それらを通して、施設で暮らす子ども・利用者の特徴を理解し、実習時の観察や実践につなげる。

事例

D君（5歳）は、ネグレクトを受けて育った子どもであった。3歳半のときに、コンビニエンスストアで無銭飲食をしたことで、児童相談所に連絡が入り一時保護され、4歳のときに児童養護施設に入所した。施設の職員の気を引くために、何かにつけてダダをこね、気に入らないことがあると暴言を吐き、暴れる日々を送っていた。職員は、よい行動をしたときは、たくさんほめて、暴れるなどの悪い行動をしたときには、過敏に反応しないように対応した。同年齢の子どもたちとも上手にコミュニケーションをとることができずに、会話がうまくできないとすぐに手が出てしまう状況であった。そのときは、職員は子どもたちのなかに入り、D君が表現したかった気持ちを代弁して、ほかの子どもたちにわかるように伝えた。入所して3か月ほどすると、担当保育士に甘えたかと思うと、今度は無視をするなど、試し行動を繰り返し、職員も根気強く対応していたが、精神的にも肉体的にも疲弊していった。施設の近くの保育園に通園しているが、通園の支度ができない、朝食をとるときにとても時間がかかる等の理由から、同じ施設のほかの園児よりも朝の支度に時間がかかり、慣れるまで1人の職員が付きっきりで対応していた。児童相談所の検査では、知的発達の遅れや情緒的な発達の遅れはないものの、乳児期に愛着形成ができていなかったことからくる愛着障害が表れており、大人へ試し行動をしたり、新しい環境への適応ができていないということであった。小学校入学を控えて、施設では心理職と担当保育士による「自立支援計画」の検討時には、どのようにかかわり、小学校入学の準備をするか、長期・短期の援助目標をつくり、長期目標としては「人との信頼関係を築く」、短期目標としては「人に気持ちを伝えられるようになる」という方針が立てられた。

図表12-4　記入用の表　子ども・利用者の特徴や状況を考える

子どもの状況	子どもの問題行動	保育士・施設・児童相談所の対応
①		
②		
③		
④		
⑤		
⑥		

図表12-5　記入例　子ども・利用者の特徴や状況を考える

子どもの状況	子どもの問題行動	保育士・施設・児童相談所の対応
①保護者からネグレクトを受けていた。	コンビニエンスストアで無銭飲食。	（児童相談所）一時保護→児童養護施設入所
②施設職員に対して気を引く行動をとる。	ダダをこねる。暴言を吐く。暴れる。	（保育士）よい行動のときはたくさんほめ、悪い行動のときは過敏に反応しない。
③同年代の子どもとコミュニケーションがうまくとれない。	言葉でうまく表現できないと手が出てしまう。	（保育士）D君の気持ちを代弁して、ほかの子どもへ伝える。
④担当の保育士に慣れてきた。	試し行動（担当保育士に甘える・無視するの繰り返し）。	（担当保育士）根気強く対応する。
⑤保育園への通園。	朝食を食べるときに時間がかかり、通園支度ができない。	（保育士）慣れるまで保育士がつき対応する。
⑥愛着形成ができていない。小学校への入学準備。	愛着障害（知的遅れ・情緒的な発達の遅れはない）。	（施設）「自立支援計画」長期・短期の目標設定。

Step 3

1. 自立支援

　家庭事情や生育環境から、基礎的な生活技術や、人とのコミュニケーション能力、学習や仕事に対する意欲や情報をうまく収集できない子どもたちのために、自立に向けての支援を行う必要がある。例えば、児童養護施設は、要保護児童に対し、安定した生活環境を整え、生活指導、学習指導、家庭環境の調整等を行い、子どもの心身の健やかな成長とその自立を支援する機能をもっている。

　個々の子どもの自立支援では、児童相談所、児童福祉施設の職員、学校、保護者等さまざまな機関・専門職が連携をとりながら、子どもの自立をサポートすることが求められる。厚生労働省は、2005（平成17）年4月より、「児童養護施設等の各施設長は、入所者に対して計画的な自立支援を行うため、個々の入所者に対する支援計画を策定しなければならない」として、「子ども自立支援計画ガイドライン」を発表した。

　自立支援については、児童福祉施設のそれぞれの機能によって少しずつとらえ方の違いがあるが、施設から退所をして生活をしていく前の期間に子どもたちが社会に出ていくための準備をすることを指すケース（中高生対象）と、日々の生活を通して支援する内容自体が自立に向けたものであり、それ自体を自立支援とするケース（全入所児童対象）の2つにおおむね分かれる。

　自立支援の目的は、子どもの個々の状況や特性をふまえ、子ども自身のニーズと将来の目標に合わせて支援することである。自立支援の目標は、個々の子どもにより違いがあり、子ども一人ひとりについて、自立支援計画書を作成し、長期目標・短期目標を立て、計画に対して定期的に振り返りを行いながら、支援を実施する。

　自立支援計画書には「措置理由」「本人の意向」「保護者の意向」「学校・職場の意見」「児童相談所担当者の意見」「支援方針」が記入される。そして、「長期目標」が立てられ、「短期目標（優先的重要課題を含める）」の記載箇所には「支援上の課題」「支援目標」「支援内容」「評価（内容・期日）」を記述する（**図表12-6**）。

図表12-6　自立支援計画書の一部例

子ども本人				
長期目標　自分の将来について、人と話ができるようになる				
	支援上の課題	支援目標	支援内容	評価（内容・期日）
短期目標　優先的重点的課題	周りの人の言動に影響される。	自信をもち素直に人へ自分の気持ちを伝える。	信頼関係を築き、認める・ほめる。	年　月　日

2. 自立支援における保育所保育士と施設保育士の役割の違い

　社会的養護のもとで生活をする子どもたちの自立支援は、彼らが、将来社会に出て周りの人とコミュニケーションをとり、仕事・学習に集中し継続できるようにうながすことである。さまざまな理由により保護者のもとで暮らせない子どもたちがかかえる家族の問題、本人自身がかかえる問題は複雑であり、子ども一人でかかえきれる内容ではない。周りの大人たち、専門機関、専門職が彼らの育ちを保障し、生活のなかで治療的な援助を行うことにより解決していくものである。施設保育士の役割は、子どもたちの生活環境の安定をめざし、個々の子どもの特徴・発達に合わせて援助を行うことである。

　自立支援に関しては、施設保育士は子どもたちの未来の大人像としてのモデルの役割もある。身近にいる大人である保育士が何を考え、どのように子どもに接しているかを子どもたち自身がよくみて、大人とはどのような存在なのかを確認している。職員は子どもと生活をともにすることで、子どもたちの日々の変化に気づき、さまざまな角度から人権擁護を行い、子どもたちの生活を援助する。保育所保育士の役割は、保育所が通園型であるために日中活動における子どもの育ちの保障を中心としているが、施設保育士の場合は365日24時間体制で子どもの育ちを見守っていく役割があり、入所している子どもによっては、乳児から高校卒業までの長い期間の育ちを保障する。

　家庭との調整も自立に向けては非常に大切な部分になり、子どもたちが保護者の存在をみとめ、自分の居場所を見つけ、さまざまな人に対して安心・信頼できると認識できたときに、社会への一歩を踏み出すことができるのである。

参考文献

- 厚生労働省「社会的養護の現状について」2017.
- 厚生労働省「第14回 新たな社会的養育の在り方に関する検討会」参考資料1（平成29年5月26日）
- 厚生労働省通知「児童養護施設等における入所者の自立支援計画について」（平成17年8月10日雇児福発第0810001号）
- 財団法人日本知的障害者福祉協会「障害児施設のあり方に関する調査報告書」（厚生労働省平成22年度障害者総合福祉推進事業）

COLUMN　リービングケアの実際、留意点について

　自立支援の1つとして、退所に向けての準備が中学・高校生を対象に実施されている。リービングケア（巣立ちのためのケア・自分の力で生活するためのケア）と呼ばれ、社会に出ていくための就労支援、進学相談等が実施される。児童養護施設等では、退所後の生活がスムーズに送れるように、金銭管理（銀行等の通帳作成・キャッシュカードの使い方、生活費、余暇のためのお金の管理指導）、生活環境の整備（料理の作り方、洗濯、清掃等）についても指導が行われ、退所が近くなると、住居の借り方等の相談にも応じる。

　就労支援や進学相談では、退所した先輩たちから経験談を話してもらい、自分の将来の生活の組み立てについて、よりイメージがふくらむような支援が実施される。また、就労支援のなかでは、ボランティア（企業で働いている人）による履歴書の作成や面接の受け方の指導等も行われる。

　留意すべき点は、退所する児童の希望や将来の夢を尊重し、相談に応じながら、短期・長期の計画を立てて支援を行うことである。リービングケアは巣立ちのためのケアということで、年齢の高い児童が対象になるが、家庭復帰をめざして、年齢を問わず、施設では自立支援が行われており、自分で身の回りのことができるようになるための指導もしている。

（加藤洋子）

第13講

施設実習③
施設保育士の役割

施設実習は、児童福祉施設や障害児入所施設、児童発達支援センターなどで実施することになる。入所している子どもたちは、保護者と離れて生活している。入所理由はさまざまであるが、子どもたちの人格形成や基本的生活習慣を身につけさせることが必要となる。

このために施設保育士がかかわっている業務や、家庭支援、自立支援のための取り組みについて学ぶ。さらに関係機関や関係者、地域との連携についても考えていく。

Step 1

1. 施設保育士の業務

　実習施設は、社会的養護を目的とする施設と障害児・者を支援する施設とでは、子どもたちに対する支援の方法が異なっていることから、それぞれの施設の設置目的や役割を十分に理解したうえで実習に臨むことが必要である。

　本講では、児童養護施設など社会的養護を行う施設における保育士業務を中心に述べることとするが、ほかの施設であっても、保育士として業務を遂行するうえでの基本的な視点はあまり変わらないので、施設ごとの留意点を把握したうえで実習に臨んでほしい。

生活支援・日常生活のケア

　入所型施設は家庭に代わって生活する場であり、保育士は保護者としての役割を果たすことが求められている。子どもたちにとって施設は、安全・安心に日々の生活を快適に送ることができる場所でなければならない。単に子どもたちに衣食住を保障するだけではなく、子どもたちが育ってきた複雑な環境を理解し、一人ひとりの子どもに合った生活支援をしていくことが必要である。

　特に被虐待児の場合は、本来なら一番安全で安心できる家庭のなかで、自分を愛してくれるはずの保護者から虐待を受け、甘えることも自由に遊ぶことも許されず、親の顔色をうかがいながら日々の生活を送ってきている。このような環境のなかで育ったため、子どもたちは人との関係性のとり方がわからず、自分の将来の生活に見通しがもてないまま、自分自身の存在までも否定し、あらゆることに劣等感を抱いている場合が多い。

　このため施設保育士は、子どもたちに「生まれてきてよかった」「生きていることは楽しい」「人は信頼できる」ということを伝えていくとともに、一人ひとりの人格形成に積極的に関与し、基本的生活習慣が身につくように支援をしている。

　具体的には、起床時間、食事、身辺整理、登下校時の指導、学習指導、就寝時間、健康管理など、本来であれば家庭生活のなかで身につけておくべきことを、保育士が保護者に代わって行っている。さらに子どもたちに安全・安心・快適に過ごしてもらうために、掃除、洗濯などの日常生活のケアが保育士によって行われている。

　実習生は、子どもたちが育ってきた環境を理解するとともに、こころのありようを学ばせていただくという謙虚な姿勢で実習に臨み、職員がどのように取り組んでいるかをしっかり学んでほしい。

遊びや行事・スポーツ・娯楽支援

　子どもたちは遊びを通して自主性や創造性、社会性を身につけていく。遊びは子どもにとって主体的な活動であり、遊びには楽しさや喜びがある。遊びによって身体的能力が向上するとともに健康面も維持できる。また、遊びのルールを守ることによって、仲間に加えてもらうことができ、コミュニケーション能力も身につき、順番を待つこと、がまんすることなどを学んでいく。さらに遊びに夢中になることで、日常のストレスが発散され、情緒も安定してくる。

　しかし、施設に入所している子どもたちは、複雑な家庭環境のなかで育ってきたため、自由に遊んだ、思い切り遊んだという体験がとぼしかったり、また、障害があるため遊ぶこともままならなかったという子どもたちも数多くいる。

　このため施設では、日常生活での遊びをはじめ、余暇時間を活用した球技大会やスポーツ大会、スキーやキャンプなどの野外活動、ほかの施設との交流大会などの行事を積極的に取り入れている。さらに節分、ひな祭り、端午の節句、七夕祭り、クリスマス会、餅つき大会などの季節行事、お誕生会、映画、演劇鑑賞、サーカスなどの招待行事への参加など、これまでの家庭生活では体験できなかったことを提供することで、子どもたち一人ひとりが大切にされていることを実感できるように、保育士をはじめ職員全員の合意のもとで積極的な取り組みが行われている。

　実習生は、施設でどのような遊びや行事がどのような目的で取り組まれているのか、そのために保育士はどのようなかかわりをしているのかを学ぶとともに、子どもたちを楽しく遊ばせる技術やキャッチボールなど手軽にできる運動をふだんから練習しておくことが望まれる。

話し相手

　施設に入所している子どもたちは、保護者にゆっくり話を聴いてもらった経験があまりない場合が多い。施設に入所する前も保護者が生活に追われて夜遅くまで働いていて、学校であったことや友達のことを話そうと思ってもその機会がなかったり、児童虐待の環境にいる子どもは、保護者に少し話しかけても「うるさい、静かにしろ」と怒鳴られ、一方的にののしられ、自分の存在を否定するような暴言を浴びせられたり、がまんを強いられて育ってきている。

　自分が話をしたいときはいつでも話をしてよい、どんなささいな話であっても自分の話を受け止めて聴いてくれる、安心できる存在としての大人がいるという環境を施設では用意している。職員に自分の思いを伝えることで、たとえたわいもない

ような話であったとしても、しっかり受け止めて聴いてもらえることを経験することによって、子どもたちは人間不信から脱却し、自分はここにいてよいのだ、自分は人から大切にされているのだという実感が得られることになる。

　このため実習生は、子どもたちに積極的に声をかけ、いろいろな話を聴かせてもらえるように、コミュニケーション能力を身につけることが必要である。たとえどのような話であったとしても、傾聴、受容、共感の基本姿勢で臨むことで、信頼関係が築かれていくことを体験してほしい。また子どもたちから話しかけられたときに、どうしても手が離せず「あとでね」と言わざるをえなかった場合は、必ず時間を見つけて「さっきはごめんね、今は大丈夫だから」という声かけを忘れないようにしてほしい。

学習指導、発達支援

　施設においては、多くの子どもが適切な学習環境のなかで育ってきていない。これまでの家庭生活のなかで予習・復習などをした経験がほとんどないため、学習能力の低い子どもたちも多いことから、施設では学力向上のために学習時間を設定し、学校から帰ってきたあと、家庭学習を実施し、宿題や学習課題に取り組ませている。さらに遅れている教科については、職員が個別指導を実施し学力向上のための支援を行っている。

　また、高校入試や大学入試に向けて、現役大学生などにボランティアとして参加してもらい、子どもたちの夢が実現できるように学習指導を行っているところも数多くある。このように子どもたちが、貧困の再生産に陥らないようにするために職員は学習指導に力を入れている。

　子どもの発達にとって乳幼児期は、人間形成の基礎を培うきわめて重要な時期であり、子ども期は、発達の著しい時期である。乳児期、幼児前期、幼児後期、児童期、青年期のそれぞれの時期に達成しなければならない課題がクリアできるように、職員は必要な段階で子どもたちを支援している。また、発達に課題のある子どもたちには、一人ひとりの子どもに合った個別支援を行っている。

　このため実習生は、宿題の手伝いや予習、復習の支援ができるようにしておくとともに、保育所保育指針解説第2章に記載されている「1　乳児保育に関わるねらい及び内容」「2　1歳以上3歳未満児の保育に関わるねらい及び内容」「3　3歳以上児の保育に関わるねらい及び内容」およびエリクソン（Erikson, E. H.）などが唱えている発達段階をしっかり学習したうえで実習に臨むことが必要である。

金銭感覚指導

　施設には、これまでに小遣いをもらったことがない子どももいる。また、なかには金銭感覚がない子どももいる。金銭感覚指導はそれぞれの年齢や発達段階に応じて適切に取り組むことが必要である。職員は、お金を稼ぐことの大変さやお金の大切さを教えるとともに、この金額で何が買えるのか、1か月の間でどのように使い分けるのか、高額な商品を購入するためや将来の進学費用とするための貯蓄など、小遣いの使用方法の指導や小遣い帳への記入、銀行口座の開設、キャッシュカードの取得および使用方法の指導、物品購入の体験などを子どもたちにさせている。

　特にお金の貸し借りは人間関係の悪化のもとになること、カードローンの基礎知識や返済ができない場合は社会的信用がなくなってしまうことなど、お金にまつわることを子どもたち一人ひとりに理解させている。さらに大学への進学など将来の夢が実現できるように高校生になるとアルバイト体験なども含めて貯蓄を推奨している。

　このため実習生は、物の価値をしっかりふまえて子どもたちと接することが必要となる。高価なものを見せびらかしたり、自分の小遣いの使い方を自慢げに言ったりすることは絶対にしてはならない。つつましやかな生活や計画的な貯蓄が将来の生活にとってどれほど大切であるかをきちんと伝えていくことが求められている。

衣服・寝具等の管理

　子どもたちの快適な生活を保障していくためには、それぞれの子どもの好みやセンスに合った衣服を提供することが必要である。しかし好みだからといってどのような衣服でも許されるわけではないので、子どもたちがTPO（Time：時間、Place：場所、Occasion：機会）に合わせた衣服が選択できるように、職員は指導・支援を行っている。衣服を選ぶにあたって気をつける点として、素材の質、丈夫さ、洗濯が可能であるかどうかなどの見分け方も教えている。また金銭感覚を身につけさせるために自ら購入する機会を設けている。さらにふだん着ている衣服が破れてしまった場合は、その箇所を繕うなど職員はきめ細かな配慮を行っている。

　衣服や寝具は、常に清潔なものを提供するために定期的に洗濯するとともに、汚れた場合はすぐに洗濯するなど清潔保持に努めている。さらに天気のよい日は布団を干すなど、子どもたちが就寝時に清潔感と太陽のぬくもりのある布団の感触が味わえるように配慮している。

交替制勤務

入所施設は、子どもたちが24時間生活する家庭に代わる場である。このため職員は**図表13-1**のような体制で勤務している。

職員は、年少の子どもに対して、添い寝や夜中のおしっこ起こしなどの業務を実施している。また、入所している子どもたち全般に対しては、朝食の準備、起床、寝具の片づけ、歯みがき指導、登校の準備など、普通の家庭で行われていることを施設でも行っている。また、子どもたちに手伝いをさせることで、日常生活をしていくうえでの必要な知識を身につけさせている。

なお、施設によっては夜勤体制をとっているところもある。実習生は職員としての業務や子どもへの対応・かかわり方を学ぶために土・日はもちろん、夜間も実習が行われる場合がある。

また、日常生活のケアが大切な業務であることから、簡単な食事をつくることができるようにしておくとともに、掃除、洗濯、繕い、アイロンがけなど必要な家事関連の技術を事前に身につけたうえで実習に臨んでほしい。

図表13-1 勤務体制（例）

区分	勤務時間
日勤	9時〜18時
早出	7時〜18時
遅出	12時〜22時
宿直	10時〜22時 翌日7時〜18時

資料：R学園勤務表

2. 問題行動への対処

子どもたちはそれぞれ育った環境も違うし、思いも一人ひとり違っている。保護者との分離体験や虐待を受けてきたことによるトラウマ、集団生活による息苦しさなどから、子ども同士のトラブル、職員に対する試し行動、赤ちゃん返りなどの退行現象がよく見受けられる。問題行動が生じたらその場でまず注意をし、パニックなどで自傷や他害の危険度が高い場合は、職員は子どもが落ち着くまで抱きしめ、別室へ連れていく（タイムアウト）などの方法を駆使し、周囲の子どもや職員に危害が生じないように配慮している。

その後、職員会議等でなぜそのようなことが生じたのか、今後どのような対応をしていくのかなど職員が共通理解をしたうえで、チームとして子どもたち一人ひとりを支援している。

なかには喫煙や飲酒、万引きや窃盗などをする子どももいるので、なぜそのような行為をしてはいけないのかをその子どもが理解できるように説明し、今後、同じようなことが生じないようにするために生活全般の改善にも取り組んでいる。

Step1

　実習生は、子どもたちが喫煙や飲酒をしている場面に出会ったときは、その場で注意し、子どもたちから職員に話をするように指導すること。また、危険な行為や他者に危害が生じるようなことが行われている場合は、必ず制止すること。なお、実習生だけでは対応不可能と判断した場合は、職員に連絡して一緒に対応してもらうようにすること。いずれにしても気になる行為や行動を目撃した場合は、職員に事実をきちんと伝えることが大切である。

3. 子どもの権利擁護

　2012（平成24）年3月の厚生労働省雇用均等・児童家庭局長通知「児童養護施設運営指針」に、「(1)社会的養護の基本理念」の「①子どもの最善の利益のために」で、「社会的養護は、子どもの権利擁護を図るための仕組みであり、『子どもの最善の利益のために』をその基本理念とする」と示されている。このことからもわかるように「子どもの権利擁護」を図ることが社会的養護の最大の目的である。入所している子どもにとって施設は家庭に代わる生活の場であり、安全・安心に過ごすことのできるように最大の配慮をすることが求められている。

　このため保育士をはじめとする職員は、子どもが自由に意見を述べることができるように環境を整えるとともに、その機会を積極的に提供している。また述べられた意見は最大限尊重し、その実現に向けて努力している。さらに子どもからの欲求・要求に対しても真摯に受け止め、その欲求・要求が満たされるように最大限の努力を払っている。仮にも子どもの意見や欲求を無視したり放置したりすることのないように、子どもが主人公であることを常に頭に描き支援している。

　子どもたちのなかには、先述の試し行動や職員に嫌がらせをしてくる場合もあるが、たとえどのような理由があっても、体罰は一切してはならず、子どもの権利擁護のために、施設内外を問わず差別や偏見、暴力や排斥、孤立などの被害から子どもを守り、子どもが安全・安心に過ごすことのできる環境を整えるために職員は昼夜尽力している。

　実習生は、ともすれば親代わりにならなければという思いを強くもってしまいがちだが、そのようなことを考えずに、子どもが安全・安心に生活することのできる場をつくっていくのだという気持ちで接すれば、子どもたちからの信頼も自然と得られるようになるので、職員がどのような対応をしているかしっかり学んでほしい。

第13講　施設実習③　施設保育士の役割

Step2

1. 家庭支援

家庭復帰に向けた保護者支援

　乳児院や児童養護施設に入所している子どもたちは、孤児である場合はほとんどなく、必ず保護者がいると思って差し支えない。保護者が精神疾患に罹っていたり入院したりしている場合は、治療が終了すれば家庭復帰が可能となる。しかし、虐待などを要因として入所している場合は、児童相談所と連携をとりながらきめ細かな保護者支援を行っている。

　虐待に至った要因が解消されない限り、子どもを家庭復帰させるわけにはいかない。保護者は、しつけのつもりで子どもを叱ったり、たたいたりしただけなのに、児童相談所が一方的に子どもを取り上げたと思っており、児童相談所に対して強い敵対心を抱いている場合もある。

　しかし、児童養護施設などに対しては、子どもをしっかりと受け止めてくれて、育ててくれていると感謝の気持ちをもっていることが多いので、職員は保護者を支援しやすい立場にあるといえる。このため、児童相談所が保護者に子どもとの面会を許可している場合は、子どもとの面会の機会を数多く設けるとともに、買い物や遊園地などへの外出機会を設けて親子関係の修復に向けた支援を行っている。

　保護者は、職員から悪い親だと思われているのではないか、非難されるのではないかなど不安な気持ちをもって施設を訪れてくる。この気持ちを取り除くために、笑顔で迎え入れ、保護者の気持ちに寄り添って、保護者が語る言葉をしっかり受け止め、非難することなく、「たたきたくなるほど腹が立ってしまったのですね。お母さんもつらかったでしょう」と受容、共感の姿勢で職員は保護者に対応している。

　保護者との信頼関係が徐々に築かれてきたら、今までの生活を振り返ってもらい、何が問題で、なぜそのようなことが生じてしまったのか、その場合はどのような対応をすればよかったのかを一緒に考え、今後、同じようなことが生じた場合の保護者がとるべき対処方法が身につくように支援を行っている。また関係機関に対しては、虐待の原因となった根本的な課題が解決できるように、社会資源の活用や積極的な支援をしてもらえるようにはたらきかけを行っている。

モデリングの実施

　育児不安や子どもがかわいいと思えないなど、子育てに自信がない保護者に対しては、面会や相談に来てもらったときに、保育士が子どもとどのようにかかわり、

どのような場面でどのような声かけをし、どのような遊びをしているのかなどのモデリングを実施している。そののち実際に保護者に子どもを抱いてもらうことや一緒に遊んでもらうなど子どもと接する体験をしてもらい、保護者の子育て不安が少しでも解消されるように保育士ははたらきかけを行っている。

愛着形成

子どもは年齢に応じて発達していくが、人生の基礎となる乳幼児期に保護者との愛着関係が築かれないと、子どもの健全な成長、発達に大きな課題を残すことになる。特定の大人との愛着関係や信頼関係を基盤にして子どもは自立していくので、保護者に代わって保育士が特定の子どもとの愛着形成に尽力している。

2. 自立支援

進路支援

保護者のもとで暮らす家庭復帰の条件が整わない場合は、子どもたちに高校進学を勧め、高校を卒業するまでの間、施設での生活を保障することになる。中学卒業後に就職し一人暮らしをすることは不可能に近いので、高校に通う経費も公費負担となっている。一人ひとりが貧困の再生産に陥らないようにするためにも、施設では学力向上のための支援をボランティアなどの協力を得て行っている。高校進学にあたっては就職しやすいように商業高校、工業高校への進学を勧めているところもある。また子どもたちに将来就きたいと思う職業について話し合う機会を何度ももち、大学への進学を積極的に支援している施設もある。

身辺自立

入所時点から、それぞれの子どもの成長に応じて身辺自立ができるように取り組んでいる。食事前の手洗い、トイレ後の手洗い、外出から戻ったときの手洗いやうがい、歯みがき、爪切り、衣服の着脱、身だしなみ、靴や上靴の整理整頓、トイレに行き排尿・排便をする、自分で起床する、電話のかけ方、交通機関の利用、買い物、掃除、洗濯、近隣住民へのあいさつ、ごみ出しなど、家庭復帰する場合でも、就職または進学する場合でも、その年齢に合った身辺自立や基本的生活習慣が確立できるようにきめ細かく子どもの成長に合わせた支援を行っている。

Step3

他職種、他機関、家庭や地域社会との連携

保育施設・学校との連携

　子どもたちは、施設から保育所、小学校、中学校、高等学校へ通っている。子どもたちの健全育成を推進していくためには、施設での生活と保育所や学校での生活が一貫したものとなるように連携を図ることが大切である。このため子どもたちの学校での様子や施設での様子、課題について絶えず情報交換するとともに、保護者に代わって参観日や行事などに職員が参加するなど保護者の役割を果たしている。

地域社会との連携

　施設は地域社会のなかに存在しており、子どもも地域社会の一員である。このため地域の人と一緒になって子どもを育てていく視点が必要である。施設は子育ての専門機関でもあることから、職員はこれまで培ってきたノウハウを活かして、地域の人からの子育て相談に応じるとともに、子育て支援を積極的に行っている。また、地域で行われている行事や祭りなどへの参加や手伝い、地域住民を園行事へ招待するなど地域交流も積極的に推進している。

要保護児童対策地域協議会

　要保護児童対策地域協議会は、市町村ごとに設置されている。虐待を受けた子どもやその疑いのある子どもなどの要保護児童を対象として、関係機関が集まり具体的な支援方策や役割分担等を決めている。具体的には施設から退所する子どもの見守り体制や今後の支援方法、地域で生活している子どもや保護者への支援などの方策を検討している。施設職員も積極的に参加し、施設での子どもの生活状況や保護者の思い、子どもへのかかわり方などについて施設を代表して意見を述べている。

児童相談所、児童家庭支援センター

　子どもたちは、児童相談所の措置によって施設に入所してくる。子どもたちの入所理由は、児童相談所が作成した入所措置書のなかに詳しく記載されている。さらに児童相談所は、入所措置を決定した一人ひとりの子どもに対して、その子どもの自立を支援するための援助計画を策定している。援助計画には、①施設入所が必要な理由、②長期的な見通し・目標、③当面の課題・問題点、④援助計画（児童に対

する援助、保護者等に対する援助）、⑤その他特記事項、⑥援助計画点検時期などが記載されており、子どもや保護者がもつ問題点や改善すべき課題について、短期的および中・長期的な期間を想定して具体的に記載されている。

　子どもたちが施設に入所した時点で、施設が策定する自立支援計画に援助計画は引き継がれることになる。自立支援計画はケース検討会議など職員の合議に基づき策定することになるが、策定にあたっては児童相談所と十分協議をする必要がある。自立支援計画には、①生活（健康、生活態度、経済観念、道徳観、個性の伸長）、②対人関係、③学習、④保護者（現状、対応）、⑤子どもの意見、⑥心理療法、⑦支援方針、⑧児童相談所との連携などを具体的に記載することになる。

　この計画に基づき、子どもと保護者を支援していくことになるが、特に被虐待児については、保護者との面談や家庭復帰に向けての支援をどのようにしていくのかなど、きめ細かな対応が求められるので、職員は子どもや保護者の様子を的確に把握し、正確な情報を児童相談所に伝えていくことが必要となる。

　また、児童家庭支援センターは児童養護施設などに併設されている児童福祉施設で、児童相談所から委託を受けて子どもの退所後の保護者指導や、保護を要する子どもと保護者に対する指導、地域住民や子どもからの相談に応じ必要な援助を行っているので、職員は常日頃から密接な連携がとれるように心がけている。

民生委員・児童委員

　民生委員は、地域でさまざまな問題をかかえた住民の相談に応じるとともに、問題解決に向けて地域活動を行う民間の奉仕者で、非常勤特別職の公務員である。民生委員は児童委員を兼ねていることから民生委員・児童委員と呼ばれている。

　児童委員の職務は、児童および妊産婦に対する支援が主な内容となっているが、施設とのかかわりでは、退所する子どもとその保護者が、地域で安心して生活ができるようにするための受け入れ環境の整備を行っている。また、子どもが被虐待児である場合は、家庭復帰のための環境調整を行うとともに、家庭引き取り後の見守り役として、さらに保護者の話し相手としての役割を担うことになるので、職員は担当の児童委員や主任児童委員と情報交換を常に行うなど、子どもたちが地域で安全、安心に生活していくことができるように支援を行っている。

参考文献

- 厚生労働省編『保育所保育指針解説 平成30年3月』フレーベル館，2018.
- 児童健全育成推進財団編『健全育成論』児童健全育成推進財団，2014.
- 無藤隆監，鈴木佐喜子・中山正雄・師岡章編著『よくわかる New 保育・教育実習テキスト 改訂第3版』診断と治療社，2017.
- 神戸賢次・喜多一憲編『三訂 新選・児童養護の原理と内容』みらい，2010.
- 小池由佳・山縣文治編著『社会的養護 第4版』ミネルヴァ書房，2016.
- 望月彰編著『改訂 子どもの社会的養護――出会いと希望のかけはし 第2版』建帛社，2013.
- 松本峰雄編著『子どもの養護――社会的養護の原理と内容 第3版』建帛社，2016.
- 厚生労働省雇用均等・児童家庭局長通知「児童養護施設運営指針」2012.
- 相澤譲治・井村圭壯・安田誠人編著『児童家庭福祉の相談援助』建帛社，2014.
- 藤京子・増南太志・中島健一朗『より深く理解できる施設実習――施設種別の計画と記録の書き方』萌文書林，2015.

COLUMN　児童養護施設は家庭そのもの

　児童養護施設に実習に行く学生が多いと思う。子どもたちは、何らかの理由でこれまで生活してきた家庭を離れて、施設での生活を余儀なくされているが、児童養護施設は入所している子どもたちにとって、家庭そのものとして存在している。

　つまり子どもたちにとって、安心・安全に暮らすことのできる場所であり、気がねすることなく自分の思いを自由に言える場所でもある。したがって、子どもたちの居室は、子どもたちにとって、落ち着いて生活することのできる場所であり、当然のこととしてプライバシーが守られなければならない場所である。

　実習生は、ともすると子どもたちと早く仲よくならなければならないと思ってしまい、子どもたちの居室に入り、一方的に声をかけてしまいがちである。しかし、よく考えてみてほしい。家にあまり顔も知らない親戚のおじさんやおばさんが来たとしよう。その人が「○○ちゃん元気だった、毎日、何して遊んでいるの、友達はたくさんいるの、何が好き?」と、次から次に質問されても、この人は一体だれ? 何しに来ているの? 私にかまわず放っておいてほしい、という気持ちになるのではないだろうか。

　このように自分の思いだけで行動するのではなく、入所している子どもたちの思いをしっかり受け止めて実習に臨んでほしい。施設の職員は、家庭のお父さん、お母さん、お兄さん、お姉さんの役割を担っているのである。子どもたちの人格形成や基本的な生活習慣を身につけさせるためにどのような支援をしているのか、しっかり学んでほしい。

（寅屋壽廣）

第14講

施設実習④
施設における養護内容

施設における養護内容とは、保護者のいない子どもや虐待(ぎゃくたい)を受けた子ども、その他保護者の適切な養育を受けられない子どもたちを社会全体で公的責任をもって保護し、生活指導、学習指導、家庭環境の調整等を行いながら養育を行い、健やかに育んでいく支援・援助やその工夫を指す。本講では、生活支援・学習支援・職業支援の実際や個別支援・生活の質を高めるための支援の工夫、さまざまな養護形態、退所後の支援等について学ぶ。

Step 1

1. 施設における養護内容

　乳児院や児童養護施設などの児童福祉施設は、「入所している者が、明るくて、衛生的な環境において、素養があり、かつ、適切な訓練を受けた職員の指導により、心身ともに健やかにして、社会に適応するように育成されることを保障するもの」とされている（「児童福祉施設の設備及び運営に関する基準」第2条）。

　そして、そこでの養護の内容は、保護者のいない子どもや保護者がいても事情により適切な養育が受けられない子ども、いわゆる環境上養護を要する子どもたちを公的責任で保護し、生活指導や学習指導だけでなく、家庭環境の調整等も試みながら養育を行い、将来の自立に向けて健やかに育んでいく支援や援助を指している。

　例えば今日、児童養護施設には、さまざまな家庭環境から生じる問題や虐待など不適切な養育環境を強いられた子どもたちが入所している。その子どもたちを、日々の生活を通じて、どう養護して、どのように自立を支援していくかということが、児童養護施設における養護内容ともいえる。しかし、従来、児童養護施設に求められてきたものは、「子どもの養護」がその中心であったが、今日では養護のあとの「自立の困難さ」が注目されるようになり、入所中の「養護」とともに「退所した者に対する相談その他の自立のための援助」も求められている。児童養護施設における養護内容は、そこで暮らし、そこから巣立っていく子どもたちにとって、よりよく生きることを保障するものでなければならない。

　以下、おおむね児童養護施設を例にして解説する。

2. 生活支援・学習支援・職業支援等の実際

支援計画の理解、計画に基づく活動、援助

　子どもたちが施設入所に至るまでの経緯・事情はさまざまである（**第12講137ページ参照**）。その一人ひとりの自立と自己実現に向けて、例えば乳児院や児童養護施設においても、入所中の個々の乳幼児や児童について、本人やその家庭の状況等を勘案して、その自立を支援するための計画を策定することが法的に求められている（「児童福祉施設の設備及び運営に関する基準」第24条の2・第45条の2）。したがって、施設での養護内容はこの策定された支援計画に基づいて進められているものであることをまず理解しなければならない。

　自立支援計画は、周囲の大人がその子に関する理解を共有し、連携して計画的に

支援を行っていくためにつくられるもので、児童相談所の援助方針をふまえながら、担当職員、家庭支援専門相談員（ファミリーソーシャルワーカー）、心理療法を担当する職員（心理療法担当職員）、主任や副園長などの基幹的職員、施設長等がいろいろな角度からその子どもの支援内容・方法を総合的に判断する必要がある。特に、保護者や子どもの意向や希望を十分反映して立案されることが重要となる。そして、策定された自立支援計画は職員会議等で周知され、共通認識のもと施設全体で子どもの支援を行っていくことになる。

自立支援計画で明示されなければならない支援内容・方法には大きく2つある。1つは、施設内での支援である。子どもの伸ばしたいところや改善したいところを明らかにして、どのような支援を行っていくのかを具体的に記す必要がある。施設内での支援は、事前に子どもと話し合って努力目標を設定するなどその子の実情に合ったものであり、子ども自身が納得できるものであることが大切である。

もう1つは、家庭環境調整に関する支援である。親子関係の再構築のために、あるいは家庭復帰のために、だれが（どの機関が）どのような支援を行っていくのかを具体的に記す必要がある。支援内容・方法の決定に際して重要な視点が時間軸で、将来的な見通し（家庭復帰、里親委託、施設からの自立など）や子どもの成長発達に応じた支援のポイント（就学時には特別支援学級の検討など）も、しっかり明示する必要がある。さらに子どもや保護者の状況に思いがけない変化があれば、必要に応じて緊急の見直しも当然のこととして行うことになる。

基本的生活習慣の自立と生活技能の習得

「児童養護施設における生活指導は、児童の自主性を尊重しつつ、基本的生活習慣を確立するとともに豊かな人間性及び社会性を養い、かつ、将来自立した生活を営むために必要な知識及び経験を得ることができるように行わなければならない」（「児童福祉施設の設備及び運営に関する基準」第45条第1項）。

施設は子どもたちにとって"もう1つの家"であり、そこで寝起きし、学校へ行き、放課後には友達と遊び、夕方になれば施設へ帰ってきて食事をする。基本的生活習慣の確立、社会常識・規範の習得、さまざまな生活技術の習得は欠くことのできないものであるものの、それらは特別な時間を設けて支援するのではなくて、おだやかで秩序ある生活を通して自然な形で身につくように支援していくことが大切である。それらを子どもに押しつけるのではなく、ふだんから職員がそのふるまいや態度で模範を示すこと、また、日ごろより基本的生活習慣や社会常識・規範などについて子どもと話し合う機会をもつことも重要である。

学習習慣の自立

　「児童養護施設における学習指導は、児童がその適性、能力等に応じた学習を行うことができるよう、適切な相談、助言、情報の提供等の支援により行わなければならない」（「児童福祉施設の設備及び運営に関する基準」第45条第2項）。

　子どもたちは、それぞれの希望や能力に応じて中学校卒業時に高校進学や就職などの道を選択し、さらには大学へ進学する子どももいる。しかし、15歳で就職し自活することは大変厳しいので、将来の生活を安定させるためにも、施設において公立・私立、全日制・定時制にかかわらず高校進学を保障するとともに、学習習慣の自立をうながすことは重要な支援である。

　しかし、これまで不適切な学習環境にいた子どもが多いことをふまえると、その学力に応じて学習の機会を確保し、学校の予習・復習・宿題の支援にとどまらない、よりよき自己実現に向けて学習意欲を十分に引き出すことが肝心となる。また、障害を有する子どもについては特別支援学校高等部への進学を支援するなど、子どもの学習権を保障すること、さらに本来もっている能力を発揮できないまま低学力に甘んじている子も少なくないため、児童養護施設では子どもの潜在的可能性を引き出していけるように学習環境を整備していくことが求められている。

　児童養護施設で学習支援を考えるとき、物理的な学習環境ばかりに注目するのではなく、過度の期待ではなく、次のような子どもも少なからずいることを念頭に、その子がその子らしく力が発揮できることを願いながらのかかわりが大切となることを忘れてはならない。

・自己肯定感が著しく低い。
・忍耐力や集中力に欠け、学習意欲も低い。
・消極的で自分を守るのが精一杯で、何事にも意欲が感じられない。

職業訓練

　「児童養護施設における職業指導は、勤労の基礎的な能力及び態度を育てるとともに、児童がその適性、能力等に応じた職業選択を行うことができるよう、適切な相談、助言、情報の提供等及び必要に応じ行う実習、講習等の支援により行わなければならない」（「児童福祉施設の設備及び運営に関する基準」第45条第3項）。

　まずは、「最善の利益」にかなった進路の自己決定ができるよう支援することが重要となる。

・進路選択に必要な資料を収集し、子どもに判断材料を提供し、十分に話し合う。

- 高校卒業後の進学についてもできうる限り支援する。
- 中卒や高校中退の児童に対して、就労させながら施設入所を継続することで十分な社会経験を積めるよう支援する。

また、職場実習や職場体験等の機会を通して、社会経験の拡大に取り組むことも必要である。

- 事業主等と密接に連携するなど、職場実習の効果を高めるよう支援する。
- 子どもの希望に応じてアルバイト等就労体験を積めるよう支援する。

職場体験や実習は、子どもが社会や仕事の内容を知る意味でも、また自分の適性を知る意味でも大切な機会となる。また、自らの姿勢や態度が問われることになる。遅刻、早退、無断欠勤などをすれば、当然アルバイトの継続は難しく、アルバイトはそうした社会の仕組みやルールを実感する意味でも大切な機会といえる。

チームワーク

児童養護施設では、個々の自立目標に合わせた支援計画をもとに、主として児童指導員と保育士が子どもたちの養育、生活全般をサポートするが、このほか調理員、栄養士、心理療法担当職員、被虐待児個別対応職員、家庭支援専門相談員、職業指導員、事務職員などの職員、運営管理者として施設全体に責任をもつ施設長がチームとなって子どもたちを支える。

施設でのチームワークは、さまざまな専門職が共通の目標、つまり子どもたち一人ひとりが尊重される統一のとれた養育・支援に向かって協働することを意味し、それぞれが自らの仕事の責任を果たすだけでなく、職員全員が意思疎通、情報共有に努め、相互援助を積極的に行い、チームに貢献する意欲をもつことが大切であり重要な事項である。

例えば、養育相談支援（親支援）の際に、養育の技術だけでなく福祉全般の知識（就労支援や各種手当支給に関する情報、社会資源の活用）などが必要な場合もあり、施設職員は、他機関や他職種と連携する機会も多く、日ごろからの協力的な連携関係を構築しておくことが求められる。複数の養育者あるいは複数の機関が連携して子どもにかかわることは、社会的養護の特徴であり最大の強み

図表14-1 児童養護施設の人員配置の最低基準

	子ども：児童指導員及び保育士
2歳未満児	1.6：1
2歳以上3歳未満児	2：1
3歳以上の幼児	4：1
小学生以上	5.5：1

となっている。

ケース検討会議

　厚生労働省雇用均等・児童家庭局家庭福祉課長通知「児童養護施設等における入所者の自立支援計画について」（平成17年8月10日雇児福発第0810001号）では、児童福祉施設に入所中の子どもに対する指導については、担当職員のみならず施設長をはじめとする職員が共同して、生活指導、職業指導、家庭環境調整等を行い、入所中はもとより退所後についても継続した対応が求められている。その際には、関係機関との連携を図りつつ、個々の子どもの状況を十分に把握するとともに、職員間で情報を共有化するためのケース概要をもとにケース検討会議等で十分に検討し、これに基づいた支援を行うことが求められている。

　実際のケース検討会議では、入所当初に作成される自立支援計画等に基づいてこれまで行われてきた支援に対する客観的な評価を行い、諸々の情報の共有化を図り、必要に応じて自立支援計画等の見直しを行うことになる。

　通常、子ども本人、保護者、児童相談所および関係機関の意見や協議などをふまえながら、ケースにかかわる職員が集まり、子どもや親・家庭の様子・状況の把握（子どもや保護者の意向を含む）、現状の課題の整理とその解決に向けた支援方針、役割分担等について、それぞれがもつ情報を出し合い、アセスメント（子ども理解）や計画（課題設定・目標設定・援助の方法等）の妥当性などを検証する。緊急性がある事例、多問題の事例、その他気になる事例に該当するようなケースでは、さらに個別ケース検討会議が必要に応じて開かれ、支援における短期目標と長期目標、優先課題等が協議される。

　なお、家族関係の理解や支援形成のために、家族関係を記号で図示する「ジェノグラム」（**図表14-2**）や本人と家族やさまざまな社会資源（社会福祉・教育機関等）との関係を図示する「エコマップ」等が、ケース検討会議に限らず支援の現場では広く使用されている。図の読み方は、覚えておくとよい。

アドミッションケア・インケア・リービングケア

　アドミッションケア、インケア、リービングケアは、施設養護のプロセスのなかで、1人の子どもが施設に入所し、そこで生活し、そこを退所するまでの一連の養護内容、支援や援助のことである。

　施設には、保護者から虐待を受けたため保護された子どもや、何らかの事情で親の養育を受けられない子どもなどが多く入所している。これをふまえ、子どもの心

情や背景を十分に把握したうえで、その不安に対する必要なこころのケアも含めて養育を行っていくとともに、家庭環境の調整もていねいに行う必要がある。それゆえ、入所時、生活援助のはじまりは基本的欲求の充足にあり、とりわけ食事、睡眠、排泄といった乳幼児期における生理的欲求は、「ここちよさ」や「安心感」をともなうように充足され、これ以降も子どもが「不快」や「不安」な状態のときに発するサインを見逃すことなく、すみやかに、そしてていねいに、「不快」や「不安」を取り除くことが大切となる。

また、児童養護施設は、退所した者に対する相談その他の自立のための援助も目的としていることから、その施設を退所した者は支援（アフターケア）の対象となる。家庭復帰にしても進学・就職にしても、退所後の生活環境は施設と比べて安定したものではなく、自立のための援助を適切に行うためにも、退所した者の生活状況について把握しておく必要がある。

図表14-2 ジェノグラムの例

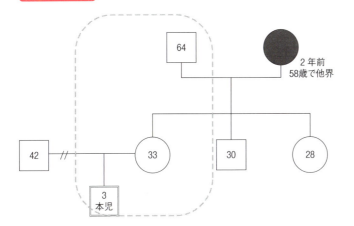

図表14-3 アドミッションケア・インケア・リービングケア・アフターケア

ケア	ケアのタイミング	具体的内容
アドミッションケア	入所前後の援助	入所前の対応や準備、入所後の受け入れや援助（自立支援）計画の策定
インケア	入所中の日常生活での援助	衣食住などの生活の支援、生活指導、学習指導、こころのケア、保護者・家族への支援、自立への支援
リービングケア	退所に向けての援助	生活能力の向上、生活経験の拡大への援助、家庭環境の調整
アフターケア	退所後の支援	退所後の状況把握と問題状況への対応

Step2

個別支援、生活の質を高めるための支援の工夫

配慮を必要とする子どもの支援

　子どもの入所理由の背景は単純ではなく、複雑・重層化している。近年の施設入所理由で最も多い虐待を考えても、1つの虐待の背景には、経済的困難、両親の不仲、精神疾患、養育能力の欠如など多くの要因がからみ合っている。そのため、入所に至った直接の要因が改善されても、別の課題が明らかになることも多い。

　こうしたことをふまえ、子どもの背景を十分に把握したうえで、必要なこころのケアも含めて養育を行っていくとともに、家庭環境の調整もていねいに行う必要がある。

① 子どもが暴力、不適応行動などを行った場合に、行動上の問題および問題状況に適切に対応する。

- 子どもの特性等あらかじめ職員間で情報を共有し、連携して対応する。
- 問題行動をとる子どもへの対応だけでなく、施設の日々の生活の持続的安定の維持が子どもの問題行動の軽減に寄与することから、損なわれた秩序の回復、一緒に暮らす成員間の関係修復、生活環境の立て直しなど子どもの問題行動によって引き起こされる問題状況への対応を行う。
- 子どもの行動上の問題に対しては、子どもが訴えたいことを受け止めるとともに、多角的に検証して原因を分析したうえで、適切に対応する。また、記録して、以後の対応に役立てる。
- パニックなどで自傷や互いの危険度の高い場合に、タイムアウトを行うなどして子どもの心身を傷つけずに対応するとともに、周囲の子どもの安全を守る。

② 施設内の子ども間の暴力、いじめ、差別などが生じないよう施設全体で取り組む。

- 日ごろから他人に対する配慮の気持ちや接し方を職員が模範となって示す。
- 子ども間の暴力、いじめ、差別などが施設内で生じないようにするための予防策や、発生してしまった場合に、問題解決に向けた取り組みを施設全体で行う。
- 施設内での重要なルールとして「暴力防止」を掲げ、日ごろから他者の権利を守ることの大切さを子どもと話し合う機会をもつ。
- 子どもの遊びにも職員が積極的に関与するなどして子ども同士の関係性の把握に努め、いじめなどの不適切な関係に対しては適時介入する。
- 生活グループの構成には、子ども同士の関係性に配慮する。

・暴力やいじめについての対応マニュアルを作成するなど、問題が発覚した場合は、全職員が適切な対応ができる体制を整える。

被虐待児への対応

厚生労働省「児童養護施設入所児童等調査結果」(2013(平成25)年2月1日現在)では、入所前の被虐待経験の有無について、「虐待経験あり」が児童養護施設児では59.5%、乳児院児でも35.5%と被虐待の経験率は高い。

この虐待の環境のなかで育った子どもには、次のような特徴がみられるとされている。1つは「無差別的な愛着傾向とデタッチメント(無関心)」、もう1つは「虐待関係の反復傾向」である。大人に対して感情を逆撫でするような挑発的・反抗的態度をとることも珍しくない。

近年の虐待を受け社会的養護を必要とする子どもの多くは、保護者との愛着関係はもとより、他者との関係が適切に築けない、学校等への集団にうまく適応できない、自尊心をもてないなどのさまざまな課題をかかえている。こうした子どもたちに対して、癒しや回復をめざした専門的ケアや心理的ケアなどの治療的な支援も必要になるが、何より、安心して暮らすことのできる環境のなかで大人との愛着関係を形成できるように、粘り強く話を聴く、親身になって助言する、将来のことを一緒に真剣に考えるなど、共感性をもった支援が必要となる。また、子どもたちの親についても、子どもを施設にゆだねざるをえなくなった背景を共感的に理解し、やむをえず親子を分離したことを考慮し、親子関係の再構築のための支援も必要である。

障害児理解

同じく「児童養護施設入所児童等調査結果」では、施設入所時の心身の状況について、「障害等あり」が28.5%と、3割近くの子どもが発達障害や知的障害など何らかの障害をかかえている。彼らには、それぞれの"生きづらさ"を理解し日常的な生活援助に加え、障害の受容を促進させるとともに障害に応じた支援を行っていかなければならない。そして特別支援学級や特別支援学校との調整も行いつつ、身体的・情緒的な発達の保障も考え、障害児理解、専門的な知識に基づいた支援が必要とされることになる。特に児童養護施設からの出口の部分でいきなり次のステップへつなげることが難しいため、できるだけ早いうちから障害関係機関や必要な福祉サービス、医療関係機関との連携を図りながら、子どもの状況に合った支援を考えていかなければならない。

家族との連携

　同じく「児童養護施設入所児童等調査結果」では、施設への委託（入所）時の保護者の状況は、「両親又は一人親あり」が、里親委託児で52.2％、養護施設児で81.7％であった。また、家族との交流関係について「交流なし」の割合は、里親委託児で72.4％、養護施設児で18.0％、乳児院児で19.4％という結果がみられた。つまり、児童養護施設の子どもたちの8割には家族があるものの、そのうち家族と交流がある子どもは2割に満たない現状がある。

　被措置児童の家庭は、地域や親族からも孤立していることが多く、行政サービスとしての子育て支援が届きにくい。こうした家庭に対して施設は、その養育機能を代替することはもちろんのこと、養育機能を補完するとともに子育てのパートナーとしての役割を果たしていくことも求められている。その意味では、児童養護施設は、子どもの最善の利益を念頭に、その家庭も支援の対象としなければならない。その場合、地域の社会資源の利用や関係者との協働が不可欠である。

里親との連携

　平成24年度に、児童養護施設および乳児院に里親支援専門相談員（里親支援ソーシャルワーカー）が配置され、地区里親会や行政との連携を図り、相互交流や支援などを行っている。今後、家庭養護が強く推進されるなかで、児童養護施設の機能に里親支援を整備し、施設と協働して社会的養護を支えるための高度化を図らなければならないが、「児童養護施設入所児童等調査結果」で、里親申込みの動機別をみると、「児童福祉への理解から」が43.5％、「子どもを育てたいから」が30.7％、「養子を得たいため」が12.5％となっている。こうした里親たちの心情を十分に汲んだ相互交流や支援などを行うことが重要となる。

　なお、里親に子どもを委託する場合は、子どもや保護者のアセスメントを行い、里親の特性や力量を考慮し、里親への打診と説明、子どもと里親との面会交流を行い、子どもに最も適合した里親の選定を進める。しかし、さまざまな課題をかかえた子どもが多くなっている一方、このような子どもに対応できる里親が少ないことや、里親制度への社会の理解不足から、里親委託が進まない現実がある。そのため、例えば、乳幼児、中・高校等高年齢児、障害のある子どもや非行児童など多様な子どもに対応できるさまざまな里親の開拓が望まれている。

人権を守るための工夫、人権保障と自己実現（特別な配慮の必要性について）

　子どもの権利である「生きる権利」「育つ権利」「守られる権利」「参加する権利」等を保障するために、児童養護施設長および職員は、権利擁護に関する知識および意識を高め、子どもの人権、最善の利益を考慮した養育・支援の実践をしていかなければならない。その際、子ども自身を権利主体として尊重し、子どもの意向を汲み取りながらも、成長過程にある子どもが適切な進路をたどれるように支援する必要がある。そのために、職員は施設内外の研修に参加するなどして人権感覚をみがき、養育者としての倫理観や責任感をもつこと、そのうえで子ども一人ひとりが安心して安全に生活できるような生活環境の整備や養育に努めていくことが求められる。そして、子どもが社会的活動を展開させ、自己形成していく過程を支えるために、年齢や発達状況に合わせて、生い立ち・親等や家族について適切に情報を与え、思想・良心・宗教の自由を保障すること、あらゆる種類の差別や虐待から守るためにプライバシー保護への工夫を行い、権利侵害によって子どもの心身の健康的な発達が妨げられないよう施設全体で考えていくことが重要不可欠である。

特別活動、娯楽

　児童養護施設は子どもたちの生活の場であり、子どもたちは余暇や趣味を楽しんだり、四季折々の行事や子ども会など地域のさまざまな活動に参加する。それらの活動を通して子どもたちが健全に成長し、社会的に自立するための支援がなされている。家庭環境などから、これまで余暇活動や趣味の機会にあまり恵まれていなかった子どもには、特にこの余暇や特別活動の時間をどのように過ごさせるかによって、施設での生活ばかりでなく、退所後の生活にも大きく影響を与える。

　そこで、子どもの興味や趣味に合わせて自発的活動ができるよう支援することを考えることが大切となる。地域のサークル活動、レクリエーション、地域の文化・スポーツ活動等への参加を促進したり、子どもの興味に応じて習い事（水泳やピアノなど）をさせたり、インターネットが使用できたり、雑誌・新聞等、子どもの要望に応じた出版物を備えて自由に閲覧できたりするようなことが行われている。

　特に、特別活動では、望ましい集団活動を通して、心身の調和のとれた発達と個性の伸長を図り、集団の一員としてよりよい生活や人間関係を築こうとする自主的、実践的な態度を育てるとともに、自己の生き方についての考えを深め、自己を生かす能力を養うため、「創作活動」「自然体験」「ボランティア活動」「レクリエーション活動」などを展開している事例が多い。

Step 3

さまざまな養護形態、退所後の支援

社会的養護（家庭養護・施設養護）

　社会的養護とは、保護者のいない児童や、保護者に監護させることが適当でない児童を公的責任で社会的に養育し、保護するとともに、養育に大きな困難をかかえる家庭への支援を「子どもの最善の利益のために」と「社会全体で子どもを育む」を理念として行われているもので、具体的には家庭での養育を社会的に支援・補完・代替するものとして行われる児童福祉施設などでの養護のことを指す。この社会的養護には、乳児院や児童養護施設、母子生活支援施設などの施設養護、里親制度、ファミリーホームなどの家庭養護がある。

小舎制・大舎制・グループホーム、自立援助ホームにおける養護

　例えば、同じ児童養護施設であっても、小舎制、大舎制、小規模グループケアなどいくつかの形態があり、それによって生活環境も異なる。しかし、施設の形態に関係なく、同じ養育、子どもの最善の利益を保障することが求められることに変わりはなく、今日の児童養護施設の小規模化は、「より家庭的」な養育環境を保障し、子ども一人ひとりに固有のスペース、固有の持ち物をできる限り保障していくという「個別化」をめざしたものである。

　なお、自立援助ホーム（児童自立生活援助事業）は、義務教育を終了した20歳未満の児童であって、児童養護施設等を退所したものまたはその他の都道府県知事が必要とみとめたものに対し、これらの者が共同生活を営む住居（自立援助ホーム）において、相談その他の日常生活上の援助、生活指導、就業の支援等を行う事業で、児童養護施設等を退所した子どものアフターケアの役割を担う施設として発展してきたものである。近年では、義務教育終了後に新たに発生した要保護児童の受け皿として役割が期待されている。今後、義務教育終了後の子どもの養護ニーズが増えてくることが予想されるなか、児童養護施設にあっても、こうした子どもへの支援メニューを充実させるなどして受け入れに対応していくことが求められている。

地域の子育て支援センターとしての役割

　児童養護施設や乳児院などは、地域の子育て支援センターとしての役割を果たしている。現状でひとり親家庭の保護者がやむをえない理由（病気・負傷など）で児童を養育できなくなったときの「ショートステイ」、ひとり親家庭の保護者が残業

などで帰宅が恒常的に夜間にわたるとき、放課後に児童を通所させ、生活指導・夕食の提供などを行う「トワイライトステイ」などを行っている施設も増加傾向にあり、養育力の脆弱な家庭、貧困家庭やひとり親家庭、ステップファミリーなど、リスク度が高い家庭を対象として、この分野で専門的に支援できる機関としての存在価値は高く、以下のような取り組みが今後求められる。

① 地域の具体的な福祉のニーズを把握するための取り組みを積極的に行う。
・地域住民に対する相談事業を実施すること等を通じて、具体的な福祉ニーズの把握を行う。

② 地域の福祉のニーズに基づき、施設の機能を活かして地域の子育てを支援する事業や活動を行う。
・施設が有する専門性を活用し、地域の子育ての相談・助言や市町村の子育て事業の協力をする。
・地域の里親支援、子育て支援等の取り組みなど、施設のソーシャルワーク機能を活用し、地域の拠点となる取り組みを行う。

アフターケア

2004（平成16）年の児童福祉法改正により、入所中の支援だけでなく、退所後の相談等の支援（アフターケア）も施設の役割であることが規定されている。実際、前出の「児童養護施設入所児童等調査結果」では、児童の今後の見通しについては、里親委託児では「自立まで現在の里親家庭で養育」が68.5％、養護施設児では「自立まで現在の児童養護施設で養育」が55.1％で、「保護者のもとへ復帰」見通しの児童は里親委託児が約1割、養護施設児が約3割に過ぎない。

施設を退所し家庭復帰した子どもや施設から里親へ措置変更となった子どもへの継続的な支援、また、社会に出て自立していく子どもへの支援が十分でない場合、解決できる課題も放置され、結果として苦境に陥ってしまうこともあり、施設におけるアフターケアの取り組みが重要であることはいうまでもない。

アフターケアには、「家庭復帰」と「施設から社会に巣立つ」の2つのパターンがあるが、いずれも施設と地域とで支える環境を整えることが有効な方法となる。家庭復帰であっても、施設は入所中から養育者と信頼関係形成を行い、地域を含んだ家庭復帰後のサポートネットワークを構築する必要があるし、施設から社会に巣立つ場合は就職と進学があり、生活費の工面や学費の納入など、不安定要素やハードルも多く、原則20歳までの措置延長と、自立援助ホームの整備など、サポート体制の充実が急務といえる。

参考文献

- 厚生労働省雇用均等・児童家庭局長通知「児童養護施設運営指針」2012.
- 厚生労働省「児童養護施設入所児童等調査結果（平成25年2月1日現在）」2015.
- 厚生労働省雇用均等・児童家庭局家庭福祉課長通知「児童養護施設等における入所者の自立支援計画について」（平成17年8月10日雇児福発第0810001号）
- 社会的養護第三者評価等推進研究会監，児童養護施設運営ハンドブック編集委員会編「児童養護施設運営ハンドブック」2014.
- 辰己隆・岡本眞幸編『改訂 保育士をめざす人の社会的養護内容』みらい，2013.

COLUMN 「児童養護施設運営ハンドブック」

　本書は、児童養護施設における養育・支援の内容と運営に関する指針を定めた「児童養護施設運営指針」に関する厚生労働省雇用均等・児童家庭局家庭福祉課による解説書である。エピソードやコラム、写真を交えながら、社会的養護の基本理念と原理、児童養護施設の役割と支援・援助のあり方について詳解されている。保育でいえば、「保育所保育指針」と「保育所保育指針解説」に相当するもので、その重要さも同等である。本講もその内容の多くを依拠している同書を一読することは児童養護施設の現場職員のみならず、実習生にとっても大いに資するものとなるに違いない。なお、本書は厚生労働省ホームページでも閲覧可能である。

（橋本淳一）

第15講

施設実習⑤
施設内の生活環境、衛生、安全管理

児童福祉施設は、子どもにとっての生活の場である。そこでは、生活の習慣を身につけ、人間関係の再構築を行い、社会へと巣立っていく準備を行っている。本講では、児童福祉施設での生活で注意しなければならない事柄について、児童養護施設運営指針などをもとに学んでいく。

Step 1

1. 施設内の生活環境

　福祉施設では、「児童は、よい環境の中で育てられる」や、「すべての児童は、適当な栄養と住居と被服が与えられ、また、疾病と災害からまもられる」など、児童憲章に記されている基本的な考えをもとに、衣食住の環境を工夫しながら子どもたちとの生活を行っている。

　ここでは、施設で生活する利用者や子どもたちが、どのように生活しているのかを、児童養護施設を例に施設での衣食住環境の工夫について考えていく。

2. 基本的生活習慣の確立

　施設での養育・支援の主たるものは生活援助であり、その原点は基本的欲求の充足にある[*1]。食事、睡眠、排泄といった乳幼児期における生理的欲求は、「心地よさ」や「安心感」をともなうように充足されることが大切であり、このことが基本的信頼感を獲得するうえでの重要な役割をもっている。子どもが信頼を寄せる職員との生活のなかで基本的欲求の充足が、自然な形でなされることが大切なのである[*2]。

　また、子どもの自立支援を行っていくうえで、基本的生活習慣の確立や、社会常識・規範の習得、さまざまな生活技術の習得は欠かすことのできない重要なものである。これらのことを自然な形で身につけられるよう、おだやかで安全性や快適性に配慮された生活空間となるよう工夫していかなければならない。

3. 衣食住環境の工夫

食生活

　児童養護施設運営指針（以下、運営指針）では、「①食事は、団らんの場でもあり、おいしく楽しみながら食事ができるよう工夫する」「②子どもの嗜好や健康状態に配慮した食事を提供する」「③子どもの発達段階に応じて食習慣を身につけることができるよう食育を推進する」となっている。

[*1]　社会的養護第三者評価等推進研究会監，児童養護施設運営ハンドブック編集委員会編「児童養護施設運営ハンドブック」p.48, 2014.
[*2]　同上，p.48

Step 1

　食事の時間は、親からの厳しいしつけや1人での食事などを経験してきた子どもたちにとって、職員と子どもや子ども同士のコミュニケーションの場として重要な役割をもっており、なごやかな雰囲気でコミュニケーションが図れる工夫が必要である。

　以下、食生活において配慮すべき主なポイントをあげる。

① 一緒にメニューを考え、買い物に行き、調理をする。そして、一緒に食べ、一緒にあと片づけをする。このときの会話などコミュニケーションが大切。

② クラブ活動などで帰宅の遅い子どもの帰宅時間に合わせて、温かい物は温かくなどの配慮を心がける。また、子どもの年齢や個人差に応じた食事時間の配慮をする。

③ 外食の機会や、来客を迎えての食事の機会をつくる。

④ 郷土料理や、季節の料理、伝承行事の料理など、食文化を学べる機会となるようにする。また、買い出しや調理を行うことで、食材の季節感を身につけたり、経済観念を身につけたりできるようにする。

⑤ アレルギー対応や残食の状況をチェックし、子どもの嗜好を把握して献立に活かしていく。

⑥ 職員と一緒に食べることにより、箸の使い方やマナーなどを身につけられるようにする。

事例1

大皿に盛りつけられたおかず

　「実習2日目、朝の食事の準備を手伝っていたとき、施設の子どもたちがいっせいに大皿に盛りつけられた大量のミートボールの周りに集まり、各自の小皿や茶碗に好きなだけのせていく光景に驚いてしまった。一緒に食事をとることになっていたが、おかずを取り合う子どもたちを落ち着かせることに精一杯になり、自分の食事どころではなかった」

　実習生が振り返りの面接で、話した内容である。施設職員は、別の業務を行っており、その場を任された実習生はとまどい、どうすることもできなかったと涙を流していた。食事前に、もっと声かけをきちんと行い、準備することで避けられたことだと反省していたが、突然の出来事に対応できなかった事例である。

衣生活

　運営指針では、「①衣服は清潔で、体に合い、季節にあったものを提供する」「②

子どもが衣習慣を習得し、衣服を通じて適切に自己表現できるように支援する」となっている。

　服装が汚れて清潔感を欠いていたり、同じ服を何日も着ていたりすることなどが、児童虐待の判断の1つになっている。このような状況におかれてきた子どももいるため、清潔で、からだに合い、季節に適した服装にさせることが大切である。

　また衣服は、子どもにとって自己表現の重要な手段の1つである。子どもの好みや個性を大切にすることはもちろんのこと、TPOに合わせた衣服の選択ができるよう支援が必要である。

　以下、衣生活において配慮すべき主なポイントをあげる。

① 常に清潔で、季節感のある、からだに合ったものを着用する。
② タンスや衣装ケースに季節ごとにきちんと整理する。
③ 気候の変化に対応できるよう、暑い日用、寒い日用の服を準備する。
④ 一括購入や一律支給はやめて、子どもの個性・好みにあったものを購入できるようにする。
⑤ 高年齢児童には、衣服を一緒に購入するなど、自分で選べる機会をつくる。

事例2
リサイクルショップ

　児童養護施設に就職した卒業生が大学に遊びに来たときのことである。子どもたちとの写真を見せながら、「先生、かわいい洋服でしょう。子どもたちと一緒に買い物に出かけて、子どもが選んだ洋服だよ。結構センスいいでしょう。でも、リサイクルショップだけどね」と笑いながら話していた。

　施設で準備できる費用には限界がある。限られた費用を上手に活用していることと、子どもが自分で選んで購入する楽しさや金銭感覚を身につけることのできるよう、子どもと話をしながら購入したことを卒業生はうれしそうに話していた。

住生活

　運営指針では、「①居室等施設全体がきれいに整美されているようにする」「②子ども一人一人の居場所が確保され、安全、安心を感じる場所となるようにする」となっている。

　住環境は、常に安全で安心できる環境になっていることが求められる。施設建物の内外装や設備はもちろんのこと、庭木や草花が整備されていること、食堂やリビ

ングルームが清潔で整頓されていることなど、職員が注意を払わなければならないことが数多くある。

以下、住環境の整備において配慮すべき主なポイントをあげる。

① 落ち着ける雰囲気をつくるために、花を飾る、子どもが描いた絵を飾るなどの工夫をする。
② 個人の物が安心して飾れるよう、壊される、紛失するなどがないように注意を払う。
③ 2人部屋などは、プライバシーが確保されるよう、室内の収納家具の配置や衝立などを活用する、ノックして入室するなどの配慮をする。また、同室者の組み合わせにも注意をはらう。
④ 修繕が必要な箇所は、すみやかに対応する。
⑤ 整理整頓や清掃の習慣を身につけるために、職員と一緒に環境整備を行う。

事例3
小規模児童養護施設での生活

児童養護施設の幼児部に所属して2年目になるAさん。ユニットケアを実施している施設ではあるが、子どもとの時間づくりに苦労していました。

そんなとき、新たな試みでスタートする「小規模児童養護施設」への配属が決まりました。Aさん自身、はじめての体験で不安と緊張の連続でした。

児童5人と職員の生活がスタートして1か月、施設での生活環境や日課の違いにとまどいながらも、「仕事は大変だけど、子どもとの時間がたくさんつくれることで、子どもの気持ちや生活の楽しさに気づくことができる"こころの余裕"ができた」と話してくれました。

少人数での対応の難しさも痛感しているようですが、じっくりと時間をかけてかかわれることの重要性に気づいたようです。

Step2

1. 健康管理と医療

　生活環境を整えることは基本事項となっており、なかでも子どもが安全で安心して生活できる環境づくりはとても重要である。

　ここでは、施設内で生活していくうえでの「健康と衛生管理」について考えていく。

2. 健康管理

　子どもたちの健康管理について、児童養護施設運営指針では、「①発達段階に応じ、身体の健康（清潔、病気、事故等）について自己管理ができるよう支援する」「②医療機関と連携して一人一人の子どもに対する心身の健康を管理するとともに、異常がある場合は適切に対応する」となっている。

　施設は家庭のように特定の大人が継続してかかわり続けるわけではなく、勤務のローテーションによって対応する職員が交替していく。そのなかで、子どもの状況を適切に記録に残し、伝達していく必要がある。

　例えば、幼児であれば自身の体調の不調を言葉で訴えることが困難であり、大人である職員が適切に対応する必要がある。食事の摂取量や体温・排泄等の状況、生活の状況などをしっかりと記録し、次の勤務者に引き継いでいくことが大切なのである。

　以下、健康管理において配慮すべき主なポイントをあげる。

① 幼児だけでなく、自身の体調を適切に表現できない子どもも多い。子どもの異常に気づいたら、体温・食事の状況・排泄等の状況・過ごし方を記録する。
② 幼児については、常に良好な健康状態を保持できるよう、睡眠、食事摂取、排泄等の状況を職員がきちんと把握する。
③ 発達段階に応じて、排泄後の始末や手洗い、うがい、洗面、洗髪、歯みがきなどの身だしなみ等について、自ら行えるように支援する。
④ 寝具や衣類等を清潔に保つなど、自ら健康・衛生管理ができるよう支援する。
⑤ 夜尿のある子どもについて、常に寝具や衣類が清潔に保てるよう支援する。

　上記のポイント項目に注意して、必要な記録を残していくことが大切である。その記録方法については、日誌とは違いさまざまなものがある。実習中に閲覧できるものはできるだけ説明を受けるようにし、記録の方法を積極的に学ぶ機会にするとよい。

また、記録には目的に応じてふさわしい文体があるので、記録用紙の形態や種類によって適切なものを選んで記録することが大切である。

＜記録の文体＞

① 叙述体

時間経過にそって、起こった出来事（事実）だけを記録する文体。記録者の説明や解釈を加えない。

叙述体はさらに、過程叙述体、圧縮叙述体、逐語体に分けられる。

1）過程叙述体……状況の詳しい記述と子どもや職員等双方の発言がそのまま記述される。

●文例

○月○日　15時30分ごろ、学校から帰宅したAちゃん。リビングで宿題を広げはじめたものの、先に帰宅していたBくんがゲームをはじめたことがきっかけで喧嘩がはじまる。職員Sが仲裁に入るとAちゃんが「Bくんが、音を下げてくれないから喧嘩になった。」と話し、Bくんは「Aちゃんが、叩いたから喧嘩になった」と訴えている。5分ほど二人と話し合い、Bくんに音量を下げるよう話し、Aちゃんには、叩いたことを謝るよう話す。仲直りをしたあとは、特に問題なく過ごしている。17時になったので夕飯の準備をはじめるよう声をかけると、二人とも仲よく手伝いをはじめる。

2）圧縮叙述体……事実のなかから必要な情報を選択して記述する。

●文例

○月○日　15時30分ごろ、学校から帰宅したAちゃんはリビングで宿題をはじめたが、先に帰宅していたBくんのゲームの音量のことで喧嘩になる。職員Sが仲裁に入り、そのあとは問題なく過ごしている。

3）逐語体…………子どもと職員等の双方の発言を録音するかのようにそのまま記述する。

② 説明体

客観的事実や子どもの発言に対する職員等の解釈や見解を説明するための文体。主観的情報と客観的情報が項目分けされていることや、その解釈などについての根拠を示しておくことで、読み手によるチェックが可能となる。

③ 要約体

事実やその解釈・見解の要点を整理して記録する文体。文章を単に短くするのではなく、ポイントを整理して明記することが大切である。

出典：副田あけみ・小嶋章吾編著『ソーシャルワーク記録——理論と技法』誠信書房，2006. をもとに作成。

3. 医療機関との連携

児童福祉施設の入所児童の状況として、アレルギーや病弱、発達障害など医療機関と連携が必要な子どもが増えている[*3]。また、厚生労働省の資料によると、被

---

*3　前出*1，p.58

虐待児の増加や何らかの障害のある子どもの増加が報告されている[*4]。

このように、健康上特別な配慮が必要な子どもに対して、医療機関と連携するなど、子どもの心身の状態に応じて、定期的、継続的、または随時、把握しておく必要がある[*5]。

そして、異常がある場合は適切に対応するために、医療機関と連携して一人ひとりの子どもに対する心身の健康を管理しておく必要がある[*6]。

以下、医療面において配慮すべき主なポイントをあげる。

① 子どもの不調の訴えに対応できるよう、常備薬の配置、消毒液の常備など配慮する。
② 施設を退所した後、自ら健康および衛生管理ができるよう清潔に関する学習（手洗い・うがいなどの方法）や感染症に関する学習会を開催するなど、必要な支援を行う。
③ 中学生以上の子どもなどは、1人で医療機関を受診できるよう支援する。
④ 子どもの状況を把握するために、健康に関する記録をきちんと残す。

4. 衛生管理

子どもの健全な発達の基本であり第一に保障されるものは、身体の健康である[*7]。病気などにかからないことが一番よいのであり、そのためにも感染症や食中毒などに関する対応マニュアルの作成や、発達段階に応じて子ども自ら健康および衛生管理ができるよう支援をしていくことが重要である。

これらについて、実習生は、オリエンテーションなどで確認を行うとともに、万一に備えてのワクチン接種や対処方法のレクチャーを受けておくことも必要である。

以下、衛生管理において配慮すべき主なポイントをあげる。

① 手洗いやうがいなどの方法を身につけておく。また、子どもへの指導方法などについても、理解を深めておく。
② 感染症に関する対応マニュアルについて、どのようなものが作成されているのか、そして、その内容についても理解を深めておく。
③ アレルギーなど、子どもの状況を把握するとともに、緊急時の対応について、

[*4] 厚生労働省「社会的養育の推進に向けて（平成29年12月版）」2017.
[*5] 前出[*1]、p.57
[*6] 前出[*1]、p.57
[*7] 前出[*1]、p.57

職員から指導を受ける。
④　清潔・衛生保持について、学習会や話し合いなどに参加し、理解を深める。
⑤　緊急時の対応マニュアルや連絡マニュアルなど、安全対策に関する指導について確認をする。

5. 感染症に対する対応方法

　「児童福祉施設の設備及び運営に関する基準」第10条では、入所している子どもたちに関する衛生管理について、食器等または飲料水や感染症、食中毒に対する対応、清潔保持など細かく定められている。

　特に、感染症については、子どもの命と健康を守るためにマニュアルやガイドライン等を作成して、職員だけでなく実習生などへ周知徹底させることで、感染の拡大を未然に防ぐ努力をする必要がある。

　感染症とは、「ウイルス、細菌等の病原体が人、動物等の宿主の体内に侵入し、発育又は増殖することを『感染』といい、その結果、何らかの臨床症状が現れた状態[8]」であり、特に保育所や福祉施設などで集団発生が起こりやすいものとして、インフルエンザやノロウイルス感染症などがあげられる[9]。

　これらの感染症の感染経路は、せきやくしゃみ、会話などからの「飛沫感染」や「空気感染」、感染している人に触れる、感染した人などが触ったものに触れる、汚染されたものに触れるなどした手指で目や鼻・口などに触れたことによって感染する「接触感染」、病原体を含んだ食物や水分を摂取して起こる「経口感染」がある。

　この感染を防ぐ方法としては、手洗いやうがい、マスクの着用が重要となってくる（手洗いの方法については、第10講 Step 2（114ページ）参照）。

図表15-1 手洗い・うがいのタイミング

手洗いのタイミング	うがいのタイミング
・帰宅時 ・せきやくしゃみのあと ・排泄のあと ・食事の前 ・手が汚れたとき　など	・帰宅時 ・人混みから出たあと ・空気が乾燥しているとき　など

＊8　厚生労働省「保育所における感染症対策ガイドライン（2018年改訂版）」p.1, 2018.
＊9　前出＊8, p.2

Step3

1. 危機管理とリスクマネジメント

　事故防止と安全対策について、児童養護施設運営指針では、「①事故、感染症の発生時など緊急時の子どもの安全確保のために、組織として体制を整備し、機能させる」「②災害時に対する子どもの安全確保のための取組を行う」「③子どもの安全を脅かす事例を組織として収集し、要因分析と対応策の検討を行い、子どもの安全確保のためのリスクを把握し、対策を実施する」となっている。健康管理や衛生管理を徹底したとしても、100％ミスをおかさないということは考えられない。生活をしている以上、事故は起こりうるという発想に基づいた対応が必要になる。

2. 事故防止

　転倒事故やおもちゃや洗浄剤などを飲み込んでしまう誤飲などさまざまな事故を防ぐために活用したいのが、「ヒヤリハット」である。

　「ヒヤリハット」とは、文字通り「ひやりとしたり、はっとしたりした事柄」を指している。例えば、「子どもが異物を飲み込もうとしたが、職員が気づき制止した」「子どもが道路に飛び出そうとした」など気づかなければ重大事故につながるおそれのある事象の手前の事柄である。

　「ヒヤリハット」は、1つの重大事故の陰には29件の軽度の事故と300倍のニアミスがひそんでいるという「ハインリッヒの法則」が根拠となっている[10]。

　このヒヤリハットの記録を積み重ね、絶えず振り返りを行うことで、重大事故の発生を未然に防ぐ体制を整えることが大切である。

3. 安全対策

　安全対策については、子ども同士の喧嘩や転倒事故、感染症の蔓延や、地震・風水害等予想できない災害が発生した場合、マニュアルに則って、すみやかに子どもを安全に避難・誘導し、子どもの安全を確保することが大切である。しかし、この一連の流れについては、日ごろから実践面での訓練とともに、常に十分な備えと定期的な見直しを行うことが必要である[11]。

---

[10] 全国社会福祉施設経営者協議会編『全社協ブックレット・1 福祉施設におけるリスクマネジャーの実践』全国社会福祉協議会, pp.30〜31, 2005.
[11] 前出*1, p.103

> 図表15-2　ヒヤリ・ハットレポート様式例（特別養護老人ホームの例）

◆ヒヤリ・ハットレポート◆	施設長	課長	主任	担当者

報告日　　年　　月　　日

発生日	年　月　日	時間	□AM　□PM　　時　　分頃
報告者		利用者	氏名 年齢　　歳　　性別　□男　□女
		利用者の身体状況等	
発見者		職　種	□介護職員　□生活指導員　□看護師 □その他

ヒヤリ・ハットの場面
□移動（移乗中）　　□食事介護中　　□入浴介護中　　□その他
（　　　　　　　　　　　　　　　　　　　　）

ヒヤリ・ハットの形態
□転倒　　□転落　　□衝突　　□その他
（　　　　　　　　　　　　　　　　　　　　　　　　　　　　）

ヒヤリ・ハットの内容・状況

利用者の状況

事故防止対策

出典：全国社会福祉施設経営者協議会編『全社協ブックレット・1 福祉施設におけるリスクマネジャーの実践』全国社会福祉協議会, p.31, 2005.

以下、安全対策において配慮すべき主なポイントをあげる。

① 事故発生対応マニュアル、衛生管理マニュアル等の作成と周知・徹底と定期的な見直しを実施する。
② 災害時の対応体制を整備しておく。
③ 食料や備品類などの備品リストを作成し、備蓄をする。
④ 安全確保・事故防止に関する研修を実施する。
⑤ 外部からの不審者等の侵入防止対策や訓練を行い、不測の事態に備えての対応を整える。
⑥ 災害・事故発生に備え、施設内だけでなく通学路や避難場所への道程などの危険箇所のチェックや確認を定期的に行う。

　安全対策では、施設内の訓練以外に施設が地域のなかでの福祉拠点として、地域との連携を考え、積極的に地域の防災訓練や活動に参加し、ネットワークづくりのためにふだんから連携できるよう信頼関係を構築しておくことが重要である。

参考文献

- 厚生労働省雇用均等・児童家庭局長通知「児童養護施設運営指針」2012.
- 社会的養護第三者評価等推進研究会監,児童養護施設運営ハンドブック編集委員会編「児童養護施設運営ハンドブック」2014.
- 太田光洋編著『幼稚園・保育所・施設実習完全ガイド』ミネルヴァ書房,2012.
- 副田あけみ・小嶋章吾編著『ソーシャルワーク記録——理論と技法』誠信書房,2006.
- 全国社会福祉施設経営者協議会編『全社協ブックレット・1 福祉施設におけるリスクマネジャーの実践』全国社会福祉協議会,2005.
- 浅井春夫監『子どもの危機対応マニュアル』建帛社,2007.
- 厚生労働省「2012年改訂版 保育所における感染症対策ガイドライン」2012.

COLUMN　障害のある子どもたち

　2017（平成29）年の厚生労働省の資料によると、児童養護施設に入所している児童の28.5%が何らかの障害をかかえている。障害をかかえた子どもの数は、2008（平成20）年の調査と2013（平成25）年の調査を比べると、ADHD（注意欠陥・多動性障害）の子どもが791名から1384名に、LD（学習障害）の子どもが343名から352名、広汎性発達障害の子どもが815名から1576名に増加している。

　これらのことから、子どもに対する対応方法の工夫（声かけの方法や接し方）や、障害や疾病などの専門的知識についても理解を深めておく必要がある。

図表 児童養護施設における障害等のある児童数と種別

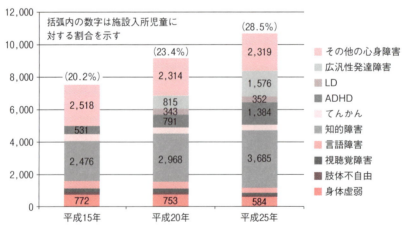

出典：厚生労働省「社会的養育の推進に向けて（平成29年12月版）」p.15,2017. を一部改変.

（髙橋　努）

第16講

施設実習⑥
児童福祉施設における実習の留意点

　保育士資格を取得するためには、児童養護施設など子どもたちとともに生活する場で実習を行うことになる。実習では、子どもたちとの生活を通じて、生活支援の意味や発達の保障、権利擁護(けんりようご)、自立支援、家族支援などさまざまなことを体感し、保育者にとって必要な知識や技術等を学ぶことになる。
　ここでは、社会的養護施設である児童養護施設等の生活施設と児童厚生施設における特徴(とくちょう)と実習の留意点(りゅういてん)について説明する。

1. 児童福祉施設に共通した特徴と留意点

　近年、「児童虐待」という言葉はテレビや新聞で頻繁に聞くようになった。それは児童虐待が社会的な問題と認知されるようになり、保育実習にともなうどの児童福祉施設（児童養護施設、乳児院、母子生活支援施設、児童心理治療施設、児童自立支援施設、児童厚生施設等）においても児童虐待にかかわる可能性が高まっていることを示している。

　そのことをふまえ、以下に児童福祉施設において留意するべき点を示していく。

児童虐待への理解

　実際に多くの社会的養護施設では、虐待経験をもつ子どもたちが増加し、児童養護施設、母子生活支援施設においては、入所児童の半数以上が虐待された経験をもっている。虐待の種類は、児童養護施設、乳児院においてはネグレクト、母子生活支援施設においては心理的虐待が最も多い。近年、ドメスティック・バイオレンス（DV）の増加が影響し、心理的虐待を理由として入所するケースがどの施設においても増加の傾向にあり、母子生活支援施設においてはその影響が顕著に出ている。

権利擁護

　このように虐待を経験し、DVの被害を受けた利用者がいることから、利用者の権利擁護については十分に配慮する必要がある。それは利用者を尊重し、その最善の利益を考慮し、支援を行うことが求められる。そして利用者のプライバシーが守られ、意見や苦情を述べやすい環境をつくることも重要である。特にいかなる場合においても体罰等や利用者の人格を辱めるような行為、利用者に対する暴力、言葉による脅かし等の不適切なかかわりを行わないよう徹底すること。またそのような利用者の権利侵害にあたるような不適切なかかわりを防止するような取り組みも必要である。

個性を尊重したかかわり

　虐待やDV以外で、発達障害等の何らかの障害を有する子どもの入所が増加していることも特徴としてとらえることができる。すなわち、子どもの発達状況を把握し、子どもたちそれぞれの個別性を重視してかかわっていくことが求められる。

生活の場としての施設

　児童養護施設をはじめ、子どもたちが生活する施設は、保育所と違い、施設自体が家庭の代わりであり、帰る場所であるということである。家庭は子どもたちや保護者にとって、安心と安全を感じられる場所でなければならない。そのためには、上記でも示したように、一人ひとりの権利擁護について十分配慮し、温かさを感じることができる居心地のよい場所をつくり出すことが必要である。もちろん子どもだけではなく、その家族との関係性にも目を向け、家庭を総合的に支援することも重要である。施設で実習を行うということは、それぞれの家庭に入り、生活の場を支援するということを忘れてはならない。

安心できる場

　児童福祉施設において、子ども等の対象者を支援するポイントとして「こころの安定」や「家族との関係」について配慮し、施設で過ごす時間が「安心・安全」を十分に感じることができるようにかかわっていくことも各施設共通した特徴であり留意点である。

2. 乳児院

乳児院とは

　乳児院については、児童福祉法第37条に「乳児を入院させて、これを養育し、あわせて退院した者について相談その他の援助を行うことを目的とする施設」と定められている。

　乳児院で生活する子どもたちのほとんどが０歳〜２歳までの低年齢児であるということが、まず１つの大きな特徴である。低年齢児ということは、その分、言語によるコミュニケーションを十分にとることができない。喜怒哀楽（きどあいらく）の感情をそのままぶつけることも多く、保育者は子どもたちがなぜそのような感情を出しているのかを自身の思い込みで判断してはいけない。非言語コミュニケーションや子どもの反応の背景も含め、十分に考察を行い、子どもたちが何を訴えているのかを読み取っていかなければならない。

　乳児院と保育所の大きな違いとして、乳児院で生活する子どもたちは、24時間365日、保育士、看護師等の専門の職員に見守られながら毎日を過ごしている。す

なわち、子どもたちが「生活する家庭」の1つの形態であるということである。

生活する子どもたちの情緒を安定させるには、まず子どもたちにかかわる保育者同士が支え合い、お互いの専門性を理解し合えるような環境を形成しなければならない。そして、愛着形成の時期にある子どもたちの身体的な発育と同時に、情緒的、精神的な発達も育むことが求められるということである。

乳児院は子どもたちを養育するだけではなく、保護者支援（親への支援や親子関係の再構築支援等）、地域における子育て支援（地域の育児相談やショートステイ、トワイライトステイ等）、アフターケア（退院した者やその保護者への支援）の役割も担っている。

そして、乳児院は次につなげる施設であるということも施設の特徴として理解しなければならない。乳児院で生活する子どもたちの約6割程度が、両親や親戚のほか、里親委託や養子縁組などにより、家庭に引き取られる。また、児童養護施設等の児童福祉施設への措置変更される子どもたちが3割程度である。入院している期間においても1年未満が半数を占めており、平均期間としても1.2年と他の社会的養護施設（児童養護施設は4.9年）と比べても短期間である。入院したその日から早期に家庭復帰できるよう、保育者は計画的に養育の一貫性と継続性を配慮して、子どもたち、また保護者への支援を行う必要があるということである。そのためには、子ども、保護者を含む家族を十分に理解し、地域と協力しながら家庭支援を展開していくことが重要である。

乳児院で働く職員は、直接的に子どもたちを支援する保育士と看護師、児童指導員を中心として、施設長、医師または嘱託医、個別担当職員、心理療法を担当する職員（心理療法担当職員）、家庭支援専門相談員（ファミリーソーシャルワーカー）、里親支援専門相談員（里親支援ソーシャルワーカー）等の専門職で構成されている。乳児が生活するということもあり、乳児および満2歳に満たない幼児おおむね1.6人に対して看護師を1人以上配置することになっている。

乳児院は、その対象が発達の著しい時期にある子どもたちであるため、その月齢によって、生活の流れが大きく変化する。子どもに直接かかわる保育士や児童指導員、看護師は生活を通して、安心と安全を保障し、愛着を形成できるような環境を整えなけ

図表16-1　乳児院の1日の流れ（例）

時間	生活の流れ	職員の動き
6：30	起床、検温・視診等で体調の確認	起床をうながし、体調のチェック
7：00	朝の支度、授乳、着替え、おむつ交換	授乳、おむつ交換、着替えの援助
7：30	朝食、離乳食	食事をうながしながら、援助
9：00	日光浴・外気浴・お風呂・戸外遊び・通院	子どもの発達に合わせた遊び
10：00	おやつ、遊び、保育活動	子どもの発達に合わせた遊び
10：30	授乳	授乳の援助
11：00	昼食、離乳食	食事をうながしながら、援助
12：00	午睡	添い寝等で落ち着いて眠ることができる環境を整える
14：00	目覚め、おむつ交換、検温	目覚めた子からおむつ交換、検温
15：00	おやつ、授乳、遊び、戸外遊び	子どもの発達に合わせた遊び
16：00	お風呂、着替え	入浴の援助、入浴後はパジャマに着替える
17：00	夕食、離乳食	食事をうながしながら、援助
18：00	おむつ交換、遊び、授乳	授乳、おむつ交換の援助
19：00	水分補給、就寝準備	水分補給をし、就寝しやすい雰囲気をつくる
20：00	就寝	添い寝等で落ち着いて眠ることができる環境を整える 就寝中も適宜授乳、おむつ交換、検温

※授乳や離乳食は月齢および子どもの状態によって、回数を調整する。

ればならない。それに加え、子どもたちの育ちや発達を理解し、子どもたちの成長に合わせた生活プログラム（**図表16-1**）を展開する必要もある。

　子どもたちが生活のなかで安心と安全を実感し、健やかに育ち成長するためには、保育士や看護師、児童指導員は、心理療法担当職員をはじめとするさまざまな専門職の役割と職務内容を理解し、連携しなければならない。チームワークを深め、それぞれが専門性を発揮することで、子どもたち、ましてやその家庭にとって最善の利益につながる支援を実施することができるのである。

実習上の留意点

　上記でも示したが、乳児院は、まだまだ言語を通してのコミュニケーションが難しい年齢の子どもたちが多い。そのため日ごろ、職員がどのように子どもたちとかかわっているのかをていねいに観察することはより重要性をもつものである。子どもたちに言葉が十分に伝わらないといっても、落ち着いた言葉がけや心地よい抱っこ、目線を合わせ笑顔で応える態度等は子どもたちに十分に伝えることができる。子どもたちが安心、安全を感じることができるようなかかわりをもてるよう心がけ

ることが大切である。また年齢が低ければ低いほど、大きなけがや病気につながる可能性が高い。少しの体調変化、衛生面には気をつけてかかわらなければならない。特に首がすわっていないような月齢児に対しては、抱っこやおむつ交換、着替え等、細心の注意が必要となる。

　実習中は、言語を通じてのコミュニケーションに困難を感じ、とまどう場面も多いであろう。だからこそ上記でも示したとおり、非言語コミュニケーションに注目して保育者のかかわりを観察してもらいたい。また、乳幼児期は子どもの成長が顕著に現れる時期でもある。実習を通じて、子どもたちの成長を感じ取ってもらい、家庭に代わり人生の基礎となる大切な時期に子どもたちにかかわり養育するということを学んでほしい。

　また、2017（平成29）年8月に厚生労働省の「新たな社会的養育の在り方に関する検討会」がとりまとめた「新しい社会的養育ビジョン」では、よりいっそうの家庭養護の推進が示された。そのため乳児院では、今まで以上に里親支援や子育て支援の機能が求められている。実習では、里親支援専門相談員や家庭支援専門相談員の動きや役割にも意識してもらいたい。

3. 母子生活支援施設

母子生活支援施設とは

　母子生活支援施設については、児童福祉法第38条に「配偶者のない女子又はこれに準ずる事情にある女子及びその者の監護すべき児童を入所させて、これらの者を保護するとともに、これらの者の自立の促進のためにその生活を支援し、あわせて退所した者について相談その他の援助を行うことを目的とする施設」と定められている。突きつめていえば、子育て支援をしながら母子の生活と自立を支援するということである。

　母子生活支援施設は、1998（平成10）年に児童福祉法が改正されるまでは「母子寮」と呼ばれ、第2次世界大戦後、夫や家族、家を失った母子に対しての支援を行い、戦後の母子家庭対策として大きな役割を担ってきた。

　母子生活支援施設を利用する母子家庭は、DVや児童虐待、貧困など、多様な問題が複層的に重なっている場合が多く、さまざまな課題をかかえて、入所しているのが現状である。今日の母子生活支援施設には、DV等の被害を受けている人々の避難先の役割を担うとともに、母子を保護するだけではなく、生活を支援し、自立

支援につなげるという役割も担うこととなる。

母子生活支援施設では、母子が一緒に生活しつつ、ともに支援を受けることができる。母子の生活を支える日常的な支援によって子どもの安心、安全を守りながら、母子それぞれに寄り添い、親子関係の再構築を並行して実践できることが特徴である。保育者はさまざまな理由で入所する母子の心身の発達や生活してきた環境を理解し、指導するという視点ではなく、母子の気持ちを受容しながらゆっくりと信頼関係が構築できるよう努めなければならない。また保育者の姿が信頼できる大人のモデルとなるようにも心がける必要がある。

母子生活支援施設では、母親への支援、子どもへの支援、家族の再統合に向けた支援を同時に実践することが可能である。母子が一緒に生活をする場所であるからこそ、直接的な生活支援を即座に実施できる強みが特徴であるといえる。それは子育てにおいて、母親の養育スキルが不十分であったり、不適切な養育を行ったりする可能性がある場合に即時に介入することができ、日常の生活を通じて、母親としてのあるべき姿を示し、生活スキル、養育スキルの向上につなぐことができる。

また育児相談や子育てのレスパイト、子どもへの学習サポート、成長発達段階に応じた養育支援等、母子の子育てニーズに対応した子育て支援としての役割、そして母子が自立した生活が営めるよう、資格取得や能力開発のための情報提供や支援を行い、ときには職場との関係調整をしながら、母親への就労支援の役割も担う。

先にも述べたように、母子生活支援施設へ入所する理由の半数はDVに関係するものである。またDVの被害を受けているということは、子どもが虐待を受けていた可能性も高い。母子生活支援施設は、そういったDV被害から母子を守り、安全確保を適切に行うために、必要な体制を整備する必要がある。心理的ケア等を実施し、DVや虐待からの影響の回復を支援しなければならない。そして、母親と子どもが安定し、自立した生活を送ることができるよう、退所後も継続した支援を行い、アフターケアを実施することが重要である。

母子生活支援施設は、児童相談所や福祉事務所などの関係機関と連携を図り、施設で生活する母子が安定した生活を送り、権利擁護

図表16-2 母子生活支援施設の1日の流れ（例）

時間	1日の流れ	職員の動き
7：00	起床	
7：30	母親・出勤	見送り
8：00	児童・登校	見送り
9：00〜13：00	未就学児自由遊び 相談や日常生活支援	遊びの援助 日常生活支援、相談支援、就労支援、子育て支援等
13：30	引継ぎ会議等	申し送りを行い情報共有・交換
16：00	下校後、学習 自由遊び おやつ	宿題や公文等の学習支援 遊びの援助
18：00	自由時間 母親帰宅 家族で過ごす時間	

※夜間、職員が適宜施設内を巡回・相談できる体制

の拠点となるように努め、また地域社会とも連携し、地域が求める福祉ニーズにも応えることができるよう地域支援の必要性も重要であると認識しなければならない。

　母子生活支援施設では、世帯単位で利用できる独立した居室があり、そこで家事や育児を行うことができる。母親は施設が提供する生活の場を利用して、職場に通ったり、育児相談や将来の生活設計のことなど、さまざまな相談ができる。職員は施設長、母子の自立、養育支援を行う母子支援員、子どもの日常生活を支援する少年指導員や保育士、少年指導員や保育士と連携して、主に被虐待児に個別支援を行う被虐待児個別対応職員、DVや虐待などで傷ついたこころのケアを行う心理療法担当職員等で構成されている。それぞれの専門職が連携し合い、母子が自立できるよう、就労支援や養育支援、心理的ケアなど専門性を活かした支援を行っている。また夜間や祝日なども24時間対応できるような体制をとっている。母子生活支援施設の1日の流れは例（**図表16-2**）のようになっている。

実習上の留意点

　母子生活支援施設とDVは切り離せない問題である。DVは、母親にとっても子どもにとっても精神的に大きなダメージを与え、子どもへの虐待につながる可能性も高い。虐待経験によって引き起こされる行動等は実習に至るまでに理解しておく必要がある。それをふまえ実習中には、人間関係や発達について観察を行い、子ど

もたちのこころの動きに注目し、かかわり方を工夫しなければならない。そのためには、職員がどのように対応しているかよく観察しておくことも重要となる。母親自身も対人関係に不安を感じ、また社会性や生活、養育スキルに問題をかかえていることが多くある。そのような場合、職員は母親像のモデルとならなければならない。もちろん実習生も同様であり、日ごろからあいさつやマナー等に配慮しながら、母親や子どもの気持ちを受容しながらかかわることが大切となる。また、DVから逃(のが)れるため相手に居場所を知られないようにしているケースが多く、実習中に知り得た個人情報等は、けっして口外しないよう守秘義務(しゅひぎむ)を徹底しなければならない。

　母子生活支援施設は母と子、すなわち家庭を対象としてかかわることができる施設である。実習中には家庭を対象とした権利擁護や自立支援、生活支援に注目し、保育者がどのように母子にかかわっているのかを学んでもらいたい。

4. 児童養護施設

児童養護施設とは

　児童養護施設については、児童福祉法第41条に「保護者のない児童、虐待されている児童その他環境上養護を要する児童を入所させて、これを養護し、あわせて退所した者に対する相談その他の自立のための援助を行うことを目的とする施設」と規定されている。児童養護施設は、さまざまな事情によって、保護者と離れて生活している子どもたちにとって、家庭に代わる家ということであり、子どもたちの安定した生活環境を整え、こころ豊かで健やかな発達を保障し、自立に向けての支援を行っている。

　施設の形態は大舎制(だいしゃせい)（1養育単位あたり定員数が20人以上）、中舎制(ちゅうしゃせい)（13～19人）、小舎制(しょうしゃせい)（12人以下）、小規模グループケア（ユニットケア：6～8人）、地域小規模児童養護施設（グループホーム6人）に分かれている。定員については50人程度の施設の割合が多い。現状、施設の形態としては大舎制が一番多く割合を占めているが、最近では、施設の小規模化と家庭的養護の推進が図られ、より家庭に近い支援が求められている。そのため、施設の定員が下げられている傾向があり、形態としても大舎制は減少傾向にあり、小舎制やユニットケア、グループホームの形態が増加している。ただし小舎制やユニットケアを取り入れるには、マンパワーや建て替え等の問題があり、大舎制のなかで家庭的な養育ができるよう工夫をし、小舎制やユニットケア、グループホームを併用する形態をとっている施設も多い。

児童養護施設への入所理由はさまざまあるが、近年、虐待を受けたことを理由として入所となるケースが増加し、施設に入所する子どもたちの約4割を占めている。そのため、被虐待児が入所している子どもたちの約6割を占め、児童養護施設で実習を行うには、児童虐待についての理解は必須である。また何らかの障害を有する子どもの入所も増加しているのが現状である。

　児童養護施設では、安全で安心できる環境のなかで、安定した日常生活を基盤としながら、生活支援を通じて、信頼関係を構築し子どもの最善の利益をめざして、自立支援をしていくことが求められている。また児童養護施設は社会的養護の理念のもと、施設内の支援だけではなく、家庭再統合に向けての支援やアフターケア、里親支援、地域の子育て家庭への支援など、専門的な養育支援機能を求められ、総合的なソーシャルワーク機能の充実を図っていくことが期待されている。

　入所児童の半数以上を被虐待児が占めるなか、児童養護施設の養育として、子どもたちには安心できる場所で、健康で文化的な生活を通じ、基本的生活習慣を確立し、愛着関係を形成させ、心身と社会性の発達の保障をしなければならない。そのためには、一人ひとりの個別性を尊重し、大切にされる経験と自己肯定感や基本的信頼感、主体性を育めるよう日常生活において、さまざまな体験を提供する必要がある。

　職員は信頼できる大人のモデルを生活の場で示し、一貫性のある生活と人間関係を子どもたちに保障し、子どもたちの思いを受容的、支持的にとらえることで、安心感と信頼感、自尊感情を育んでいくことができる。虐待経験や適切な養育を受けることができなかった子どもたちには、日常的な生活支援に加え、こころの傷や発達上の影響を回復させる心身のケアを行っていかなければならない。

　また、子どもを養育するにあたって、必ず親や家族とかかわらなければならない。児童養護施設には、ケアワークとソーシャルワークを適切に組み合わせ、児童相談所等の関係機関と連携しながら、家庭を総合的に支援することが求められている。しかし、親子の再統合は容易ではなく、複雑な問題がからみ合っている。再統合を図るためには、保護者や家族の

図表16-3 児童養護施設の1日の流れ（例）

時間	1日の流れ	職員の動き	時間	1日の流れ	職員の動き
7：00	起床	起床をうながす	14：30	目覚め・幼稚園児帰園	帰園児の片づけ等援助
7：15	朝食	朝食をうながし援助	15：00	おやつ	
7：45	登校準備、登校（高）	見送り	16：00	下校、宿題、公文 自由時間	学習支援
8：00	登校（幼・小・中）	見送り後、清掃	18：00	夕食	夕食をうながし援助を行う
9：00	未就園児保育	発達に合った保育を行う	19：00	入浴・自由時間	入浴援助
10：00	未就園児おやつ		20：00	幼児就寝	落ち着いた環境で入眠を援助
12：00	昼食	昼食をうながし援助を行う	21：00	小学生就寝	
13：00	午睡・自由時間	添い寝等で入眠援助	23：00	中高生就寝	

※就寝後も職員が適宜施設内を巡回し対応している。

かかえる課題の解決も視野に入れながら、家庭環境を調整し、時間をかけてていねいに支援を行うことが重要である。

職員は、施設長をはじめ、子どもの養育の中心的役割を担う保育士や児童指導員、保護者の支援を通じて、親子関係の再構築を支援する家庭支援専門相談員、里親委託の推進や里親の支援を行う里親支援専門相談員、虐待を受けた子どもたちに個別に充実した支援を行う被虐待児個別対応職員、子どもたちを心理面から支援する心理療法担当職員等で構成されている。

児童養護施設は、それぞれの家庭の代わりに子どもたちが生活する家である。そこで働く職員は、子どもたちにとって生活をともに過ごす家族のような存在である。すなわち仕事であると同時に、家族のように子どもに寄り添う一人の養育者でもあるということである。そして、それぞれが専門性をもって連携を行うことで、子どもたちと信頼関係を構築し、子どもたちが生活に安心と安全を感じながら健やかな発達を保障できるよう日ごろの生活支援（**図表16-3**）を行っていかなければならない。

実習上の留意点

児童養護施設には母子生活支援施設と同様に被虐待経験をもつ子どもが多く、子どもとかかわる際にとまどうこともあるだろう。子どもとかかわる際には共感的、受容的、非審判的態度を意識し、子どもの行動の背景に何があるのか読み取ることも求められる。その際に子どもの攻撃的、感情的な言動に巻き込まれないよう注意

しなければならない。

　児童養護施設で生活する子どもたちは、さまざまな事情により親との別れを経験している。それは大人に対して、多少なりとも不信感を抱くきっかけを経験しているということである。実習中に子どもたちはいろいろな形で信頼できる大人かどうかをはかってくるだろう。その際にむやみに子どもと約束を交わしてしまうと、子どもを裏切る結果になることもあるので気をつけなければならない。個人情報についても母子生活支援施設と同じく、守秘義務を意識しなければならない。

　実習中は、子どもたちの生活に寄り添いかかわっていくことになる。安心・安全を感じることができる生活の場の提供、虐待によるこころの傷の回復支援、自立支援をポイントに保育者が生活支援を通じて、どのように実践しているのかをぜひ学んでほしい。

　また、「新しい社会的養育ビジョン」で示されているとおり、児童養護施設も乳児院と同様に里親支援や子育て支援の充実が求められている。その点に留意し、里親支援専門相談員や家庭支援専門相談員の動きや役割にも意識して、実習に取り組んでもらいたい。

5. 児童厚生施設

児童厚生施設とは

　児童厚生施設については、児童福祉法第40条に「児童遊園、児童館等児童に健全な遊びを与えて、その健康を増進し、又は情操をゆたかにすることを目的とする施設」と規定されている。

　実習は児童館で実施することになる。児童館は地域の18歳未満の子どもを対象にして、児童の遊びおよび生活の援助と地域における子育て支援を行っている。児童館の機能・役割は、①遊びを通じて子どもの発達の増進を図ること、②子どもの遊びの拠点と居場所となり、子どもの安定した日常生活を支援すること、③子育て家庭に対する相談・援助を行い、子育ての交流の場を提供し、子育て家庭を支援すること、④子どもがかかえる可能性のある問題を発生予防し、かつ早期発見に努め対応すること、⑤地域組織活動の育成を支援し、地域の子どもを育成する拠点としての役割を担うことである。児童館の１日の流れは例（**図表16-4**）のようになっている。

　午前中は乳幼児の親子事業などが行われるので、保護者と乳幼児への支援が中心

図表16-4 児童館の1日の流れ（例）

時間	1日の流れ	職員の動き	時間	1日の流れ	職員の動き
8：45	ミーティング等	申し送りや掃除、打ち合わせ等	16：00	自由遊び	遊びの見守り
9：00	開館	行事の準備、点検	17：00	小学生終了	体調の確認・振り返り
10：00	乳幼児親子事業	乳幼児親子事業の実施	17：30	中高生グループの受入れ	中高生グループの受入れ対応
12：00	ミーティング等	午後の行事や放課後児童クラブの打ち合わせ・準備等	18：00	児童クラブの延長	保護者（子どもの迎え）の対応
14：00	放課後児童クラブの受入れ	放課後児童クラブの受入れ実施・対応	19：30	閉館	館内の清掃・点検 業務日誌の記入等
15：00	定例プログラムの実施	定例の行事の実施・対応			

となる。午後からは小学生らが来館して自由に遊んだり、図書室で本を読んだり、職員とおしゃべりをしたり、それぞれ思い思いに過ごすことができるようにしている。また、放課後児童クラブを開設しているところ、中学生や高校生の居場所づくりのため夜9時まで開館しているところ、移動児童館を実施しているところ、不登校児や被虐待児を積極的に支援しているところなど、地域の実情に応じた運営がなされている。

実習上の留意点

児童館に来る子どもたちは、年齢も育ってきた家庭環境もさまざまである。このため、乳幼児に対する手遊びや絵本の読み聞かせ、子どもの歌、トランプなどのゲーム、バスケットボールなどの球技など、いろいろな子どもの遊びを援助することができるように準備しておく必要がある。また、職員が子育て家庭に対してどのような支援をしているのか、どのように子どもたちとかかわり発達促進をしているのか、また居場所づくりをしているのか、児童館の果たしている役割をしっかり学んでもらいたい。

参考文献

- 愛知県保育実習連絡協議会「福祉施設実習」編集委員会編『保育士をめざす人の福祉施設実習 第 2 版』みらい，2013．
- 厚生労働省「児童館ガイドラインについて」2011．
- 厚生労働省「児童養護施設運営指針」2012．
- 厚生労働省「児童養護施設運営ハンドブック」2014．
- 厚生労働省「児童養護施設入所児童等調査結果（平成25年 2 月 1 日現在）」2015．
- 厚生労働省「乳児院運営指針」2012．
- 厚生労働省「乳児院運営ハンドブック」2014．
- 厚生労働省「母子生活支援施設運営指針」2012．
- 厚生労働省「母子生活支援施設運営ハンドブック」2014．
- 大阪府社会福祉協議会児童施設部会・援助指針策定委員会『児童福祉施設援助指針』2012．
- 全国児童養護施設協議会「もっともっと知ってほしい児童養護施設」2015．
- 児童健全育成推進財団『子どもたちの未来を育成する児童館のあり方指南』2011．

COLUMN　児童養護施設のイメージとは

　多くの学生は、実習に行くまで児童養護施設に足を踏み入れたことはなく、児童養護施設を得体の知れない施設ととらえているだろう。最近では、ドラマや小説、ランドセルの寄付などで少しは脚光を浴びたが、それでもそのイメージだけで、「よくわからない」という現状は払拭することはできていない。

　その「よくわからない」というイメージが、実習前の学生たちにとっては、大きな不安の要素となっている。筆者自身、児童養護施設で実習担当として勤めていたときは、実習前のオリエンテーション時に、そのような不安の声をよく聞いていた。

　しかし、実習後、学生たちに児童養護施設での実習について聞くと、「子どもたちが明るい」「たくさんかかわれて楽しかった」と肯定的なイメージに変化する学生もたくさんいた。

　実際に、児童養護施設で生活する子どもたちは、何らかの課題をかかえている場合がほとんどである。しかし、それは児童養護施設で生活する子どもたちに限らず、地域の子どもたちにも同じことがいえる。ぜひ、児童養護施設で実習を行う際は、不安だけではなく、期待ももって実習に臨んでほしい。

（谷　俊英）

第17講

施設実習⑦
障害児者施設等における実習の留意点

本講では、障害児施設（児童施設）や障害者施設（成人施設）における実習の留意点を学ぶ。まずは障害児者施設に共通した留意点を学んだうえで、その後障害児入所施設（医療型・福祉型）、児童発達支援センター（医療型・福祉型）、障害者支援施設、指定障害福祉サービス事業所などそれぞれ施設種別ごとの代表的な日課を紹介しながら各々施設に応じた実習上の留意点を学んでいく。

1. 障害児者施設に共通する留意点

障害児者施設における共通の留意点としては、以下の7点があげられる。

一人の人間であることの理解

障害児者は「障害児者」という特別な枠組みではなく、障害の状態を除けば、健常児者とまったく同じ一人の人間である。一人ひとり容姿・性格や過ごした環境が異なるように、障害の状態やおかれた環境も一人ひとり異なっている。

障害児者施設で実習する意義はとても大きく、私たちと同じ一人の人間として、お互いに敬意を払いながら接していくことの大切さを学ぶことになるだろう。障害児者の暮らしにふれることで、ふだんはあまり意識しないであろう、人間の尊厳とは何かなどを、あらためて真剣に考えながら過ごしてもらいたい。

障害特性の理解

障害児者を理解し、適切な支援を行うために、障害特性の理解は欠かせない。実習を円滑に行ううえで、障害児者自身が有している障害を学んでおく必要があり、実習オリエンテーション前にできるだけ自身で事前学習しておく必要がある。

例えば、福祉型障害児入所施設への実習が決まった場合、制度改正以前の施設種別を調べることで知的障害児入所施設であったことがわかれば、知的障害児がおおむね多いことがイメージできる。このように、新設の施設でない限り、以前はどのような施設種別だったかをインターネットやパンフレットなどで確認することで、おおむねどのような障害のある人が多いのかをある程度は察することができる。

そのうえで、実習オリエンテーションなどの場を利用して、施設側から直接より詳細な情報を得るようにする。知的障害児施設であれば、「自閉症児は全体の約3割、てんかん発作を起こす障害児は全体の約1割います」といった情報を得た場合、「知的障害」「自閉症」「てんかん」の3つは基本的な知識として、実習前にテキストの該当ページを読み、実習日誌やノートなどにまとめておきたい。

個別支援計画の重要性の理解

専門職が行う支援には、一定の根拠性がなくてはならない。障害児者施設では、支援の根拠（エビデンス）として個別支援計画書があり、それに基づいて支援が実施されている。障害児者施設における個別支援計画の策定は、児童家庭福祉分野のなかでは比較的早期から着手されてきており、日々の個別利用者の状況を記録した

ケース記録も含めて、そのノウハウはかなり蓄積されているといえる。

実習では、実習生側における守秘義務の厳守を前提に、施設側が実習生を信頼して個別支援計画書やケース記録などの重要書類を見せてもらえる。しかし、それらの情報を慎重に取り扱うことを条件に開示されるものであり、実習生が「利用者のことをもっと知りたい」という真摯な気持ちを積極的に伝えることで、個別支援計画書を開示させてもらうことが可能となる。

守秘義務を意識した行動

最近、実習中に守秘義務に関するトラブルが多発している。実習前には必ずといってよいほどインターネット（SNSを含む）への書き込みをしないよう養成校から指導を受けているはずである。しかしながら、実習中においても今までの日常生活と同様に気軽に書き込むことによって、実習生自身が気づかないまま、直接的・間接的を問わず、思わぬ人権侵害をおかしてしまっていることがある。この種のトラブルを経験した実習先は、その後何年間も積極的な個人情報開示がなされなかったり、実習受け入れを停止したりするというケースも見受けられ、大きなトラブルへと発展しやすい。

たとえ実習に行ったという事実を書き込んだだけであっても、インターネットを介してその話題が一人歩きして展開され、結果的に利用者やその家族、施設に迷惑をかけてしまうことも考えられる。守秘義務や人権を深く考え、実習前から実習終了後まで専門職として行動することを忘れてはならない。

施設からの情報開示

障害児者施設は、保育士養成とともに社会福祉士養成や教員免許における介護等体験など各種実習を積極的に受け入れている場合が多く、保育士実習生への情報開示について一定の基準を設けている施設もある。

できれば、実習オリエンテーション時にケース記録や個別支援計画書の開示をしてもらえるよう事前に依頼しておくことが望ましいが、実習中に守秘義務を遵守する態度や真摯に個別支援を学習しようとする態度を貫いてもなお開示してもらえないようなら、実習担当教員などに相談することが望ましい。

実習日誌への記録

実習日誌では、利用者の行動、利用者同士の会話やトラブル、利用者と職員との会話、利用者と家族との会話、職員と家族との会話など、その日に気になったこと

第17講 施設実習⑦ 障害児者施設等における実習の留意点

を一部切り取って記述するのがより考察の深まる実習となっていきやすい。

そのときに起こった出来事を詳細に観察したうえで、記録に残しておく必要があり、1つの方法として、常時メモを用意し、目立たないような配慮のもと極力その場で記録に残しておき、その日の実習終了後にその情報を整理して日誌に残すというやり方がある。その場のやりとりを日誌記入時に思い出して記入することは難しく、また効率的でない。

留意点としては、事前にメモをとることを施設側に了承してもらうなどの配慮が必要である。その他、観察から得られる情報を補完するためにも、職員から受けた助言指導内容も記録として残しておくとよい。

実習日誌への記述の仕方

実践現場での記録において、主観と客観を分けることはとても重要である。客観は事実であり、だれもが変えられないものであるのに対して、主観は思いや気持ち・考えであり、人によって異なるものである。特に、こころの支援を行う支援者が主観と客観を混用して記録してしまうと、支援者の見方があたかも本人の意思であるかのように受け取られかねず、とても危険である。

実習日誌の様式は養成校によってさまざまであり、万が一主観と客観が分かれていない様式の場合には、記入欄の中央に線を引いたうえで、左欄には客観的事実を書き、右欄には主観として実習生自身の感じたことや考えたことを対比的に記述するとよい。なお、客観的事実だけの記録では記録した趣旨などがわかりづらいので、主観と客観の両方が併記されるべきである。その際、主観を（　）でくくるなどして、視覚的にわかりやすく客観とを分ける記述法が有効である。

一例としてあげると、「A君は部屋では1人で漫画を読んでいることが多いが、リビングではテレビゲームで友人と対戦型ゲームをして一緒に遊んでいる（対人関係としては問題ないと思われる）」といった記述の仕方である。

2. 障害児入所施設

（1）障害児入所施設とは

障害児入所施設は、従前は肢体不自由児施設、知的障害児施設、盲児施設など各障害別に設置されていたが、児童福祉法の改正により整理・統合され、医療型障害児入所施設と福祉型障害児入所施設の2つに大別されることとなった。支援内容としては、福祉型障害児入所施設は保護、日常生活の指導、独立自活に必要な知識技

能の付与といった支援を行い、医療型障害児入所施設はそれに加えて治療を行う（児童福祉法第42条）。障害児入所施設では、機能回復訓練・日常生活訓練などの療育に加え、入所施設は生活の場であることから、安心・安全に暮らすことへの配慮もされている。

（2）障害児入所施設に共通する留意点

障害児入所施設に共通する留意点としては、入所施設であるという点を押さえておきたい。入所施設は通所施設と異なり、利用者はその場が生活空間となっており、当然のことながら24時間にわたる生活の場である。実習に対して萎縮する必要はないが、「私たちが住む家や部屋に、ある日突然実習生が来たらどうなんだろう」という気持ちで、よりプライバシーに留意しつつ、謙虚な気持ちで過ごしてもらいたい。しかしその反面、生活空間のなかで実習期間を過ごせるために、利用者との心理的な距離が縮まりやすく、信頼関係がより深く形成されることも多くあり、より中身の濃い実習期間を過ごすことができるのも、入所施設ならではの特徴でもある。実習期間中に早出・遅出・当直等のローテーション勤務を経験させてもらえることがあるが、早朝や夜間には日中見られない利用者の言動や表情に出会うことができるかもしれず、貴重な経験となるだろう。

医療型障害児入所施設

（1）医療型障害児入所施設とは

医療型障害児入所施設には、重度の身体障害と知的障害を併せもつ重症心身障害児のような、重い障害を有する常時医療的ケアが必要な子どもも多数おり、治療や人工呼吸器や経管栄養などの医療的ケアが行われている。

図表17-1のとおり、検温や検脈等の日常的な健康管理（バイタルチェック）が定時に実施され、おむつ交換などの保健衛生面も重視されている点に特徴がある。

また療育という言葉にみられるように、保健・医療・福祉・教育など幅広い分野での連携を行いながら支援している点で特徴がある。つまり、障害そのものを軽減しながら、日常生活面での自立支援を行っている。

（2）実習上の留意点

実習上の留意点としては、以下の4点である。

① 「いのち」の大切さについて学ぶ

医師法によって医療行為を行うことができる資格（職種）が制限されているため、例えば経管栄養や排泄関係のチューブ類の抜去や洗浄、傷の手当等の医療的ケアはけっして行わないことが重要である。医療行為とは具体的にどのようなも

図表17-1　医療型障害児入所施設の1日の流れ（例）

時間	1日の流れ	職員の動き
6：00	起床、洗面、歯みがき、更衣	起床をうながし、体調のチェック、洗面・歯みがき・更衣の援助、朝食の準備（配膳）
7：00	朝食、経管栄養、与薬	朝食、与薬の援助
8：00	おむつ交換、排泄	おむつ交換、排泄の援助
9：00	検温、登校	検温など体調のチェック
10：00	保育・療育活動（スヌーズレン等）	個別的な保育・療育活動、集団保育を行う
11：00	手洗い、水分補給	手洗い、水分補給の援助、昼食の準備（配膳）
12：00	昼食、経管栄養、与薬、歯みがき	昼食、与薬、歯みがきの援助
13：00	検温、おむつ交換、排泄	検温など体調のチェック、おむつ交換、排泄の援助
14：00	保育・療育活動、入浴（月・水・金）	個別的な保育・療育活動、集団保育、衣類の着脱、入浴の援助
15：00	水分補給、おむつ交換、排泄	水分補給、おむつ交換、排泄の援助
16：30	手洗い	手洗いの援助、夕食の準備（配膳）
17：00	夕食、経管栄養、与薬、歯みがき	夕食、与薬、歯みがきの援助
18：00	排泄、おむつ交換	排泄、おむつ交換、心身ともに就寝準備の援助
20：00	消灯、検温	消灯時の巡回や検温で体調のチェック、添い寝
23：00	おむつ交換	体調のチェック、おむつ交換
3：00	おむつ交換	体調のチェック、おむつ交換
5：00	検温、検脈、おむつ交換	検温、検脈、おむつ交換

出典：堀智晴・橋本好市・直島正樹編著『ソーシャルインクルージョンのための障害児保育』ミネルヴァ書房，p.200，2014．を一部改変。

のかがわからない場合には、実習担当者に実習生がけっしてやってはならない行為を事前に聞いておく。

② 他職種の業務内容や役割を学ぶなかで、保育士の役割を考える

　基本的には、保育士業務を中心に観察して実習に臨んでもらいたいが、入所児の特性上、医師・看護師・理学療法士・作業療法士・言語聴覚士などの医療関係職との連携が非常に重要であり、他職種の役割と機能も学習してもらい、そのなかで保育士という職種の役割の大切さを感じとってもらいたい。

③ 地域との連携を学ぶ

　医療型障害児入所施設の場合、施設内で過ごすことがイメージされやすい。しかし、実際には医療的なケアが必要だからこそ、生活が施設内で完結することなく、積極的に地域に出ていったり、地域ボランティアを積極的に受け入れたりと、意識的に地域との接点をもっている。地域との連携の現状をしっかり観察し、より豊かな生活を提供しようとしている施設の取り組みを知ることによって、実習をさらに深めてもらいたい。

④ 年齢超過児の存在を知っておく

例えば旧重症心身障害児施設の場合、特例として18歳を超えても支援が継続されている場合があり、障害が重く医療や医療的ケアの提供が欠かせないため、ほかの施設・機関での対応が困難なことなどがその理由である。

年齢超過児の存在を知り、今後の人生の質をどのように保障していくのか、地域生活とは何かといったさまざまな課題を考えてみてほしい。

福祉型障害児入所施設

（1）福祉型障害児入所施設とは

福祉型障害児入所施設では、知的障害児、自閉症児、盲ろうあ児などがさまざまな家庭の事情などにより入所して生活している。**図表17-2**のとおり、「治す」ことや「改善する」ことを重視している医療型障害児入所施設に比べて、福祉型障害児入所施設では生活面を重視した日課が組まれており、「安心・安全」「自由・余暇」「生きがい・やりがい」といったものをより重視している。また子どもの発達に応じた日常生活面での自立支援を行っている。就学児童は近隣の特別支援学校等に日中通っているが、未就学児は日中も施設内で過ごしており、保育士や児童指導員が支援にあたっている。

図表17-2 福祉型障害児入所施設の1日の流れ（例）

時間	1日の流れ	職員の動き
6：00	起床、洗面、歯みがき、更衣	起床をうながし、洗面・歯みがき・更衣の援助、朝食の準備（配膳）
7：00	朝食、与薬	朝食、与薬の援助
8：00	登校	一緒に登校し、学校の先生に引き継ぐ
9：00	体力づくり	リズム体操やスポーツを企画し、実施する
10：00	作業活動	造形、工作、絵画、ゲーム、レクリエーションの援助、昼食の準備（配膳）
12：00	昼食、与薬	昼食、与薬の援助
13：00	作業活動	造形、工作、絵画、ゲーム、レクリエーションの援助
15：00	おやつ	おやつの準備、後片づけ
16：00	入浴	衣類の着脱、入浴の援助、夕食の準備（配膳）
18：00	夕食、与薬、歯みがき、余暇	夕食、与薬、歯みがき、余暇の援助
19：30	夕べの会	夕べの会（自治会活動）の援助
20：00	学習、余暇、個別支援	学習、余暇、生活相談などへの援助
22：00	就寝（休前日は23時）、検温	消灯時の巡回や検温で体調のチェック、添い寝

出典：堀智晴・橋本好市・直島正樹編著『ソーシャルインクルージョンのための障害児保育』ミネルヴァ書房, p.201, 2014. を一部改変.

（2）実習上の留意点

実習上の留意点としては、以下の2点である。

① 個別性の原則（一人ひとりの障害に対応した支援）を学ぶ

障害の状況は一人ひとり異なっており、また障害が単一のものとは限らず、場合によっては身体障害と知的障害を併せもつ場合などの重複障害の状態もあり、障害の状況も千差万別である。福祉型障害児入所施設では、画一的に同じ支援を提供しているわけではなく、一人ひとりの障害に対応した療育や日常生活面での自立支援により、発達の保障や自立に向けた支援を行っている。

② 自宅で暮らすことが困難な理由などさまざまな家庭の事情を学ぶ

発達障害や知的障害のある子どもたちの場合、自らを傷つけたり（自傷行為）、物や他人に危害を加えたり（他害行為）するなど、「強度行動障害」といわれる状態や、不安定になる時期がある。そのような自傷他害行為や睡眠障害などが強い場合には家庭での支援が困難となり、入所に至るケースがある。

また、障害のある子を育てている家庭は、多種多様な課題をかかえている場合が多く、例えば母子家庭で低所得となって家族が働きに出てしまっている、家族自身も障害をかかえている、虐待を受けているために家族と分離せざるをえない、などのさまざまな事情によって入所に至るケースもある。

実習生が子どもたちの個別性に興味をもちはじめ、その生い立ちに関心が及ぶのは実習生として自然な姿である。「なぜA君はこの施設で生活しているのだろう」「どのような経緯で施設に入所してきたのだろうか」などといった疑問を抱くのは当然のことであり、その疑問をタブー視することなく、自然な形で実習施設側に尋ねてみるのがよいだろう。実習生の「子どもたちを理解しよう」とする真摯な態度が実習施設側に伝われば、信頼関係をベースに情報開示してもらえると思われる。

3. 児童発達支援センター

児童発達支援センターとは

児童発達支援センターは、福祉型児童発達支援センターと医療型児童発達支援センターに分かれ、障害児を日々保護者のもとから通わせるいわゆる通所施設である。

福祉型児童発達支援センターは、日常生活における基本的動作の指導、独立自活に必要な知識技能の付与または集団生活への適応のための訓練を行う施設をいい、医療型児童発達支援センターは、それに加えて治療を行う施設をいう（児童福祉法

第43条)。児童発達支援センターは、児童発達支援という通所機能に併せて、地域支援としての保育所等訪問支援や障害児相談支援等を行うワンストップ対応をめざしており、地域の保育所・幼稚園・認定こども園などに対する障害児に関するアドバイザー的機能(スーパービジョン体制)も担っている。図表17-3のとおり、児童発達支援センターの日課は登園からはじまり、感覚統合療法、自由遊び、設定遊び、学習、レクリエーション活動などのメニューが提供され、降園といった流れとなる。

実習上の留意点

実習上の留意点としては、前述の2-「(2)障害児入所施設に共通する留意点」(203ページ参照)に加えて、以下の2点である。

(1) 家族・保護者とのやりとりで具体的な保護者支援と面接技法を学習する

通所施設では、保護者をはじめとする家族との接点をみることができる。毎日朝夕に2回は保護者・家族にあいさつを行ったうえで健康状態やその日あったことなど何らかの報告や連絡が行われるはずである。

送迎サービス付き事業所の場合には、子どもや保護者・家族の居住する地域まで送迎することになるので、ある程度の生活環境が理解でき、支援を行ううえで参考になる。時間に余裕がある場合や緊急などの場合には、自宅まで訪問する場合もあり、その際には、より詳細な生活環境が把握できる。また送迎がない場合であっても、保護者・家族と職員との会話に耳を傾け、やりとりやお互いの表情に至るまで

図表17-3 福祉型児童発達支援センターの1日の流れ(例)

時間	1日の流れ	職員の動き
9:30	登園、健康状態のチェック、排泄、手洗い、更衣	自宅での様子や体調面を保護者から聞く、排泄、手洗い、更衣の援助
10:00	朝の会、感覚統合療法、自由遊び、学習	朝の会の司会、感覚統合療法の運営、自由遊びでの見守り、学習の援助
12:00	手洗い、昼食、後片づけ	手洗い、昼食の準備(配膳)、昼食、後片づけの援助
13:30	レクリエーション活動、設定遊び(主に集団活動)	レクリエーション活動の援助、設定遊びでの援助
15:00	手洗い、おやつ	手洗い、おやつの援助
15:30	学習(宿題支援等)	学習の援助
16:00	手洗い、排泄、更衣、帰りの会	手洗い、排泄、衣類の着脱の援助、帰りの会の司会進行
16:30	降園	1日の様子や体調面を保護者に報告したり、保護者からの相談に対応する

出典:堀智晴・橋本好市・直島正樹編著『ソーシャルインクルージョンのための障害児保育』ミネルヴァ書房、p.202、2014. を一部改変。

細かく観察し、傾聴的姿勢や基本的面接技法を実践現場で確認してもらいたい。

（2）地域支援体制を学ぶ

前述したように、児童発達支援センターは地域支援としての保育所等訪問支援や障害児相談支援等を行い、地域において障害児に関するアドバイザー的機能も担っている。保育所などに対して助言・指導を行ったり、電話などで障害児に関する助言・指導を行ったりする場面に立ち会えたなら、しっかりみておきたい。

単に施設利用者だけの支援にとどまらず、地域における障害児支援の拠点機関としての機能も有していることを理解しておきたい。

4. 障害者支援施設

障害者支援施設とは

障害者支援施設とは、障害者に対し、夜間に施設入所支援を行うとともに、施設入所支援以外の施設障害福祉サービスを行う施設をいう（障害者の日常生活及び社会生活を総合的に支援するための法律第5条第11項）。具体的には、夜間には施設入所支援を行い、日中には生活介護、自立訓練（機能訓練・生活訓練）、就労移行支援、就労継続支援B型を行う施設をいう。本講では後述する障害福祉サービス事業所と区別するため、18歳以上の障害者の入所施設を指す。

図表17-4のとおり、障害者支援施設では起床、更衣、洗面・歯みがきから1日がはじまり、就寝で1日が終わるといった、一般家庭と変わらない生活環境を提供する（日常生活支援）のがその特徴である。ただし一般家庭と異なる点は、専門職としての支援が提供されている点であり、専門的な知識や技術でもって支援にあたっている。例えば、衣類の着脱にしても、一人ひとりの身体状況や能力を把握しつつ、より自立した生活が送れるように身体機能訓練的な要素を入れて工夫していたり、感覚統合療法のような脳科学のしくみを押さえた作業療法的な支援を提供していたりと、専門性がなければ支援できないものもある。

実習上の留意点

障害者支援施設での留意点としては、以下の3点である。

（1）保育士が成人施設で実習をするうえでのとまどい

保育士養成における実習先として障害者支援施設・障害福祉サービス事業所（成人施設）がその対象となっているが、成人施設に実際に就職する学生はまれであろ

図表17-4　障害者支援施設の1日の流れ（例）

時間	1日の流れ	職員の動き
7：00	起床、更衣、洗面・歯みがき	起床をうながし、洗面・歯みがきの援助
7：30	掃除、朝食準備	掃除の仕方を教えたり、朝食の準備（配膳）
8：00	朝食	朝食の援助
8：50	職員朝礼	職員朝礼で1日の業務や利用者の状況を報告する
9：10	全員朝礼、ラジオ体操、手洗い	全員朝礼で司会をしたり、利用者の様子観察や動きに合わせた行動（ラジオ体操など）を取るよう援助する
9：30	日中活動	日中活動（受注作業、農作業、販売作業など）の援助
11：30	片づけ	片づけ
11：40	昼食準備、手洗い	昼食の準備（配膳）、手洗いの援助
12：00	昼食、休憩	昼食の援助
13：00	日中活動	日中活動（受注作業、農作業、販売作業など）の援助
15：00	後片づけ	後片づけ、掃除の援助
15：30	手洗い、おやつ、入浴準備、入浴	手洗いの援助、おやつの用意・配布・飲食の介助、入浴準備の援助、入浴の援助
17：30	夕食準備	夕食の準備（配膳）
18：00	夕食	夕食の援助
18：30	自由時間	自由時間の過ごし方を観察したり、適宜援助する
20：00	ティータイム、自治会活動	ティータイムでの準備・後片づけや自治会活動のための側面的な援助を行う
20：30	就寝準備	心身ともに就寝準備への援助
21：00	就寝	消灯時の巡回や検温で体調のチェック、添い寝

う。

　そのようななか、実習先に対して「なぜこのような大人の施設に来るのかわからない」「興味がない」といった苦情や、やる気のなさを示す学生も少なからずいる。そのようなとまどいや不安を解消するために、事前に養成校側と学生間でしっかりと打ち合わせや相談を行ったうえで整理しておき、前向きな気持ちになって実習に臨んでもらいたい。

　なお、保育士と障害者施設（成人施設）はまったく関係性がないわけではなく、障害者施設職員に保育士資格者は少なくないという現状も知っておくべきだろう。例えば障害者支援施設の場合、幼少期から長期間支援してきたことによって、利用者と深い信頼関係（ラポール）を形成しているベテラン保育士に出会うこともある。

（2）成人施設利用者への敬意

　障害者支援施設は18歳以上のいわゆる成人施設であるため、多くは実習生自身より利用者のほうが年齢が上であることを理解し、敬意を払って実習に臨んでもらい

たい。保育所や幼稚園などで対象者を「〇〇ちゃん」「〇〇君」といった呼称を用いることに比較的慣れてしまっている保育士養成の学生が多いだろうが、そのような呼称は成人施設では人権上問題とされており、現在では皆無(かいむ)となっている。目上の人に対しては、通常は苗字に「さん」を付けて名前を呼び、成人施設利用者に対しても健常者と同じように尊厳をもって接していく習慣を身につけてもらいたい。

　保育士として成人施設で実習を行うことにより、人権の尊重を意識することは、今後の保育士業務には大きな糧(かて)となるだろう。

（3）入所施設・生活施設であること

　前記2-「(2)障害児入所施設に共通する留意点」（203ページ参照）でも述べたように、入所施設の場合には生活空間となっていることから、利用者との心理的な距離が縮まりやすく、利用者との信頼関係がより深く形成されることによって、より中身の濃い実習を過ごすことができる可能性が高い。また前述したように、ローテーション勤務の経験ができたとしたら、日中とは異なる利用者の言動や表情をしっかり観察することは貴重な経験となるだろう。

　入所施設では、日常生活支援が主な支援であり、家族の疑似(ぎじ)モデルを推奨(すいしょう)していた時期もあったが、現在では専門職として日常生活支援にあたっているのが通例となっている。ただ現在も家族の代替(だいたい)機能(きのう)そのものは大切であり、それらが全面的に否定されているわけではない。

5. 障害福祉サービス事業所

障害福祉サービス事業所とは

　障害福祉サービスとは、居宅介護、重度訪問介護、同行援護、行動援護、療養介護、生活介護、短期入所、重度障害者等包括支援、施設入所支援、自立訓練、就労移行支援、就労継続支援、就労定着支援、自立生活援助および共同生活援助をいう（障害者の日常生活及び社会生活を総合的に支援するための法律第5条第1項）。しかし、厚生労働省の示す保育実習実施基準では、指定障害福祉サービス事業所のうち、生活介護、自立訓練、就労移行支援、就労継続支援を行うものに限るとされており、本講ではそれら事業所に限定して記述するが、前述した障害者支援施設に対して、18歳以上の障害者の通所施設を指すと考えてもよい。**図表17-5**のとおり、障害福祉サービス事業所の日課は、午前と午後に約2時間程度作業を行ったり、介護等の支援を受けたりして過ごす。

図表17-5　指定障害福祉サービス事業所の1日の流れ（例）

時間	1日の流れ	職員の動き
9：00	送迎車到着	利用者を迎え入れ、保護者からの情報（自宅での様子や体調面）を送迎担当から引き継ぐ
9：10	体操、朝礼	朝礼での司会、利用者の様子観察や動きに合わせた行動（体操など）を取るよう援助する
9：30	作業（休憩10分間）	日中活動（受注作業、農作業、販売作業など）の援助
12：00	昼食、休憩	昼食の準備（配膳）、昼食の援助
13：00	作業（休憩10分間）	日中活動（受注作業、農作業、販売作業など）の援助
15：30	後片づけ、掃除、終礼	後片づけ、掃除、終礼
16：00	送迎車出発	見送り、送迎

実習上の留意点

障害福祉サービス事業所での留意点としては、以下の3点である。

（1）保育士が成人施設で実習をするうえでのとまどい

「4　障害者支援施設、実習上の留意点（1）」（208ページ）を参照のこと。

（2）成人施設利用者への敬意

「4　障害者支援施設、実習上の留意点（2）」（209ページ）を参照のこと。

（3）作業は利用者支援であることを意識しておくこと

　実習生も利用者の日課と同様、午前2時間程度と午後2時間程度、何らかの作業を行うことが多い。実習担当者の指示も作業内容が主となりがちであるが、作業自体の習得や生産作業のノルマ達成が実習目的ではない。作業自体に没頭するのではなく、利用者の言動や職員の指示とその理解度、作業能力、利用者間の関係性などを「作業を通して」理解していくことが実習では何より大切である。

　あくまでも作業を通した「利用者支援」であることを意識しながら作業時間を過ごしてほしい。これは作業時間にとどまらず、炊事、掃除、洗濯、洗濯物たたみなどにも当てはまる。慣れるまで難しいかもしれないが、できる限り利用者を自分の視野のなかに入れ、目と耳は利用者におきながら（利用者の言動を観察すること）、手だけで指示された作業をこなして（作業に没頭しすぎないこと）もらいたい。

参考文献

- 石橋裕子・林幸範編著『新訂 知りたいときにすぐわかる 幼稚園・保育所・児童福祉施設等実習ガイド』同文書院, 2013.
- 小舘静枝・小林育子ほか『改訂 施設実習マニュアル――施設実習の理解と実践』萌文書林, 2006.

COLUMN　障害児者施設のイメージ

　最近ではテレビで実際の施設の映像を観たり、家族等身近な人に障害のある方がいたことなどをきっかけに、積極的に障害児者施設を実習先として希望する学生が増えた気がするが、以前は「こわい」「危険」「暗い」等のマイナスのイメージを抱いて実習をスタートする学生が多かった。しかし、実習が進むにつれすっかり誤解が解け、「最初の印象とは違っていました」「このまま就職したいです」と希望する学生もいた。この変化がおもしろくて、障害者施設勤務時代の筆者は、保育実習の受け入れが大好きであった。

　施設で作られる授産製品においても、以前は少々出来や見栄えが悪くても福祉バザー等に出品すると、障害者が一生懸命に作ったということで、いわば社会貢献のように購入する人が少なくなかった。ところが現在では、例えばお菓子作りをしている事業所で、障害者施設で製造していることにふれることなく、味のよさが評判となり好調に売り上げを伸ばしているところもある。また、国際的な品評会の賞を受賞するほど本物志向の事業所も出てきている。

　利用者が行う「作業」も、以前は作業自体が「仕事」のように周囲には誤解されていたが、現在では個別支援計画に基づき、将来にわたる支援の一環として行われている。

　このように障害児者施設は大きく変化しているが、残念なことにいまだ古いイメージのまま、偏見や先入観をもつ方がいることも事実である。それが教員や家族などであれば、皆さんに与える影響は大きいであろう。しかし、あまり先入観をもたずに、障害児者に興味があるなら、実習先として気軽に希望してみよう。

　ところで、筆者の元教え子で児童発達支援センター（障害児施設）に勤める就職1年目の保育士がおり、先日電話で話したところ、「子どもたちがかわいくて、毎日、めっちゃ楽しいです～」と、うれしそうに語ってくれた。

　皆さんにも素敵な人生が開けますように。

（武藤大司）

第18講

実習後の学び
―総括、評価―

実習後に振り返りを通して、実習という有意義な体験を整理分析することが大切である。自分自身を客観的に振り返り、保育士をめざす者としての課題を見つめ直すことは、将来、自分が保育士になるためのあり方を問うことである。

そのため、本講では実習生が自分自身の足らない点を知り、自己課題を明確にすることを学び、次の実習や保育職につなげていくために、実習後の学びにはどのようなものがあるかを理解する。

Step 1

1. 実習施設での振り返り

失敗を繰り返さないために

　学生が実習で気づくことは、座学では事前指導ですでに学んでいることが多く、実践を通して理論と実践の統合が図られ、理解の深まりが出てくる。学生をみていると、現場の保育者への対応、かかわり方においてとまどいがみられ、自分自身の動きを否定的にとらえ、自信喪失に陥る傾向が強く感じられる。特に子どもへの援助や指導において実際に学んだ知識と実践を統合することにおいては、前もって、援助技術を尋ねたり、指導をあおいだりする時間がなかなかとりにくいという現場の状況も把握しておく必要がある。

　実習生は、保育の専門性を実習先から学ばせていただくという姿勢をもつことが大切である。しかし、実習ではさまざまな失敗もあることが予想される。失敗を恐れていてはよい学びはできない。その際に重要なことは、同じ失敗やミスを繰り返さないよう振り返りを行い、自己課題が一つずつ消化されるように日々努力を惜しまないことである。素直かつ謙虚な態度で指導を受け止め、どうしてそのような失敗が起こったのかを明らかにすることが必要である。また、疑問点やわからないことがあった場合は、そのままにせずに、必ず指導保育士に聞くことが大切である。

自分自身の変化を感じる

　保育実習の振り返りでは、実習生自身が実習を振り返ることが必要となるが、どうしても「できた」もしくは「できなかった」という点にのみ視点をおいてしまいがちになる。しかし、保育における声かけや見守り、支援には必ず意味があり、その意味を適切に説明できることが保育士としての責務である。保育方法には必ず意味があり、なぜそのような保育を行ったのかを振り返ることが大切である。自己評価を行うことは、実習を振り返り、実習生それぞれの経験から自分自身のかかわりの意味を考える機会となる。「なぜ○○をするのか」という問いに対し、「○○はこんなときにしていた」「○○をすることで子どもはこうなった」「だから○○が大切なのだ」という思考過程を経ていくことで意味の理解につながっていく。

　振り返りとしては、実習で行った有意義な体験をどのように整理分析していくかが大切である。実習を通して自分自身のあり方も問いながら、気づいたことや学んだことを活かせる実習を行うことができたかを自覚することが要求される。実習は自分自身の変化を感じることができる絶好の機会であり、実習を乗り越えたとき

に、一回り成長した自分に出会えるはずである。指導保育士の助言や指導を受け止め、反省を活かし、よりよい実習になるように努力をしていくことが大切である。

2. 実習事後指導による振り返り

自己課題を明確に

養成校では、実習を終えて戻ってきた学生に対して事後指導を行っている。実習事後指導には、全体で行うものと個別に行うものがある。個人指導では、実習評価表（218ページ参照）をもとに、学生の課題を見いだし、次に活かすにはどうしたらよいかをともに考えていく。養成校の実習担当教員等からの助言や指導を理解し、意欲的に改善していけるように、努力を積み重ねていくことが必要となる。

実習が終わったからといって安心するのではなく、保育士をめざし、自分が理想とする保育士像に近づいていけるかどうかは、実習で得た有意義な体験をどのように整理分析し次へ活かすかで変わってくる。振り返りや考察を重ねることは、学びを深めるとともに子どもの内面理解において非常に重要である。実習生のうちからその経験を積み重ねることが、保育者として現場に立ったときに大きな力となり、より質の高い保育士への成長につながっていくといえる。

したがって、養成校によって報告会のあり方はさまざまであるが、実習の振り返りシートや自己評価表などを使用し、自己課題を明確にすることが大切である。一度の実習で体験できる保育所は1つであり、ときには実習先の園の保育観が自分の考えとは合わなかったと感じるかもしれない。実習生同士でお互いに情報や意見を交換し、共有することで、自分が経験できなかったほかの園についても知ることができる。

報告会・情報交換会

養成校ごとに実習事後指導の方法の違いはあるが、それぞれの学生の実習における体験を共有できるようにグループに分け、違う実習体験を報告し合い、意見交換を行うなど、学生同士で積極的に討論できる機会を提供している。意見交換を行う際に、あらかじめ各自が項目ごと

図表18-1 報告会や情報交換会における項目の一例

① 保育所の規模
② 保育所の方針
③ 保育の形態
④ 動植物の育て方
⑤ 園と家庭との連携
⑥ 行事のあり方
⑦ 教職員のチームワーク
⑧ 地域と園の連携

に記述したものを持参して参加するようにすると話し合いをより円滑（えんかつ）に行うことができる。

　具体的な事例を発表し合うことでそれぞれ自己課題を見いだし、遊びや発達段階とは何かの考察を深め理論化へ導き、次の実習や、実際に保育士になったときの実践につなげていくことができるようになる。

　グループ全員で報告し、伝え合うことによって、実習生自身がそれぞれの学びを確認し合い、課題を解決し合うこともできる。このように、さまざまな園の実習体験を聞き、具体的に意見交換をすることは、新たに自己課題を見いだし、子どもの遊びや発達段階についての考察を深め、理論化へと導き、次の実習や実践に結びつけていくことができると考えられる。

　報告会や情報交換会を行ったあとは、事後指導から学んだことをレポートにしておくとよい。各自の振り返りを文章として残すことは非常に重要である。実習を通して学んだことを総括（そうかつ）し、まとめておこう。自己課題を明確にし、次のステップに向かうために、総合的に振り返りを行うことは、経験のとらえ直しをすることができ、これから保育士として進むあなたの道を切り開くことにつながっていくのである。

3. 実習準備に対する振り返り

保育教材の準備における振り返り

　実習では、子どもを惹（ひ）きつける保育教材が必要になる。どのような保育教材をどういった状況で活かしたのかを振り返ることは、次の実習に非常に役に立つ。保育技術は「知っている」ことを、「できる」ものにしていくことが非常に重要である。実習期間は時間が限られており、教材等を準備する時間がほとんどないといえる。実習前から、保育技術を向上させ、そのために必要な保育教材はどのようなものがあるかを考え、入念な準備をしておくことが大切である。

　振り返りを行ったら、次回の実習に向けて、準備できたかどうかをチェックし、実習の反省をふまえて、自己点検を行うことが重要である。実習を振り返ることは次の実習への準備につながっていく。すなわち、事後学習はすでに次の実習の事前学習と重なり合っているのである。

　実習の反省として、「事前に準備しておけばよかった」と思うことに保育技術の習得があげられる。子ども達の興味（きょうみ）・関心を引き出すには、手遊びや絵本、紙芝居、

Step1

図表18-2 保育教材の準備における振り返り事項の一例

□名札	□自己紹介の道具	□製作（簡単にできるもの）
□紙芝居の読み方の練習	□手遊びのレパートリー	□ペープサート
□ゲーム	□あやとり	□パネルシアター
□絵本の読みきかせ練習	□エプロンシアター	□折り紙のレパートリー
□子どもに人気のあるキャラクターや音楽の下調べ		□ピアノの練習

エプロンシアター、パネルシアター、ピアノなどの保育技術の事前準備と練習が欠かせない。

特に手遊びについては、さまざまな場面で使うことが多いと考えられ、状況に合わせた幅広い選択肢をもてるくらいの習得が必要である。しかし、それがなされないまま実習に臨んでいる学生が多いように思われる。保育技術の習得は実習生が自信をもつための原動力となるため、準備に準備を重ねて実習に臨むことが必要である。

この必要性から、筆者の養成校では、実習に関する授業時間の5分間を使って毎回一人ずつ手遊びを発表している。学生が現場の保育士も知らないような手遊びを習得することで、実習先の子どもたちに新しい手遊びを教えることができることは、子どもたちが喜びや楽しさを見いだすことにつながり、学生の自信となっているようである。

保育教材を準備したら、練習を重ねよう。練習していても、実際に子どもたちの前で行うとうまくいかないことも多い。自分が実習しているイメージを大切にしながら、努力していくことが大切である。保育教材として事前に手軽で短い時間でできるものを数多く準備していると、引き出しが多くなり、子どもの年齢や場面に応じた保育技術を活かすことができる。

保育現場では、指示されたことに対して行動するだけでなく、自発的に取り組む姿勢や積極的に行動することが求められる。受動的に実習を行うのと、主体的に実習を行うのでは、大きな差が生じる。受動的な姿勢で実習を行った場合、その体験が実りあるものとして残らない可能性が強くなる。積極的に振り返りを行い、事前準備を怠らないようにしよう。

4. 自己評価と施設評価の比較

実習評価表

　保育実習が終わると安堵し、ほっとした気持ちになる。実習生のなかには、充実感でいっぱいの人、逆に「うまくいかなかった」と思っている人などそれぞれである。しかし、いずれにしても気持ちを切り替え、実習という有意義な体験をしっかりと整理分析し、振り返ることが次の実習へのステップになる。

　実習施設では、実習生に対して評価を行うこととなる。実習の評価は主に実習を指導した保育士を通して行われる。最終的に「実習評価表」に記入し、園長や所長の責任のもとに養成校に提出される。

　実習評価表を読み取ることは、保育所の現場が求めている理想的な実習生像を知ることにつながる。そこで、実習施設はどのような点に着目して評価を行っているのかを知るために、実際の評価表の一例を見ていくことにする。

　養成校では、実習後に送付される「実習評価表」に基づき、個人面談を行っているところが多い。事前に自己評価チェックリスト等を使用しながら自己評価を行い、実習施設からの評価と自己評価を比較し、評価が返ってくる前に行った自己評価と、実際の評価とを見比べてみることが大切である。そして、自己評価と他者評価となる施設からの実習評価に相違点がないかを確認することが必要である。実習の振り返りを行うことで自己課題を明確にすることにつながっていくのである。

　特に、はじめての実習では、どんな人でも不安や緊張で思うようにいかないところがある。実習で失敗することや反省することはだれにでもあり、当たり前のことなのである。保育実習後には実習を通して自分が感じた問題点を取り上げ、保育実習の振り返りをする必要がある。

　自己評価と実習評価をもとに、実習の振り返りを行い整理することは、確実に今の自分に何が足りなかったのか、次の実習ではどのような点に気をつければよいのかが明確になり、次の実習に活かしていくことにつながるのである。

図表18-3　実習評価表の一例

項　目	着眼点 ＊該当する箇所にチェックをお願いします	評　価			
		実習生として			
		優	良	可	不可
幼児の理解	①子どもの発達に関する理解	□	□	□	□
	②子どもの内面や気持ちの理解	□	□	□	□
	③子ども同士の関係への援助・指導	□	□	□	□
	④適切なことばかけ・態度・うながしができるか	□	□	□	□
保育内容についての理解	①保育目標・内容の理解と実践力	□	□	□	□
	②保育の1日の流れの理解と準備および実践力	□	□	□	□
	③実習日誌・記録等の内容の深まり	□	□	□	□
	④実習日誌・記録の書き方	□	□	□	□
保育実践の技術や方法	①安全面への配慮と処置能力	□	□	□	□
	②個別および集団指導の技術と実践力	□	□	□	□
	③造形・楽器・手遊び等の保育実技と実践力	□	□	□	□
	④部分・責任実習での取り組みと実践力	□	□	□	□
実習態度	①時間や規則の厳守	□	□	□	□
	②挨拶・礼儀等、社会的な態度の実践	□	□	□	□
	③環境構成および整備への取り組み	□	□	□	□
	④保育に対する興味・関心や熱意、積極性	□	□	□	□
	⑤指導職員等からの助言・指導の受け入れ	□	□	□	□
	⑥保育者としての愛情深さや倫理観	□	□	□	□
所　見		総合評価	A：優 B：良 C：可 D：不可		

図表18-4　実習園からの所見の一例

- 実習当初から子どもたちに積極的に声をかけ、かかわる姿がみられた。部分実習・責任実習では指導案と違った活動になるときがあったが、焦ることなく臨機応変に対応することができていた。実習日誌はポイントを押さえて記入することができていた。放課後の仕事も要領よくていねいに行えていた。
- 部分実習では子どもたちへの声かけがなく、指示が適切ではなかった。また、時間配分も足りなかった。実習に対する真剣さに欠け、実習記録の誤字脱字が多く、提出日を守らず提出が遅れていた。自らの質問などもとぼしく、積極性が感じられなかったため、そのつど助言をしたが、子どもの姿や様子に細かい記載がなく努力はみられなかった。今後は責任をもって保育者として自覚し、今回の反省を活かしがんばってほしい。

Step 2

> **演習 1** 実習においてなぜ自己評価をすることが必要なのかを考えてみよう

課題

① 保育所保育指針（以下、保育指針）をふまえ、自分の保育実践を客観的に振り返ることの重要性について考える。
② 実際に保育実習における自己評価を行い、保育実践の改善につなげる。

進め方

（1）準備するもの

① 保育指針、保育所保育指針解説（以下、保育指針解説）。
② 自己評価シート（各養成校で使用しているもの等）。

（2）方法

① 保育指針における「第1章　総則」の「3(4)　保育内容等の自己評価」を参照する。

保育所保育指針　第1章　総則　3　保育の計画及び評価
(4) 保育内容等の評価
　ア　保育士等の自己評価
　　(ア) 保育士等は、保育の計画や保育の記録を通して、自らの保育実践を振り返り、自己評価することを通して、その専門性の向上や保育実践の改善に努めなければならない。
　　(イ) 保育士等による自己評価に当たっては、子どもの活動内容やその結果だけでなく、子どもの心の育ちや意欲、取り組む過程などにも十分配慮するよう留意すること。
　　(ウ) 保育士等は、自己評価における自らの保育実践の振り返りや職員相互の話し合い等を通じて、専門性の向上及び保育の質の向上のための課題を明確にするとともに、保育所全体の保育の内容に関する認識を深めること。

　さらに、保育指針および保育指針解説を熟読することで、自己評価の意義を理解する。自己評価を行い、保育実践の改善につなげるには「子どもの育ちをとらえる視点」と「自らの保育をとらえる視点」の2つの視点が必要なことを理解する。
② 自己評価シートを活用し、実際に自己評価を行う。

図表18-5　自己評価シートの一例

		自己評価項目（できた項目には○　できなかった項目には×）	○	×
実習態度	1	明るく健康で、遅刻・欠席がなく時間や規則の厳守ができましたか。		
	2	礼儀正しく、身だしなみ、言葉づかい、あいさつなど実習生としてふさわしく振る舞えましたか。		
	3	積極的に指導や助言を求め、意欲をもって取り組んだり、協力したりすることができましたか。		
	4	子どもだけでなく、すべてに対してやさしく思いやりをもってかかわることができましたか。		
	5	いつも課題意識をもち、探究心旺盛でしたか。		
乳幼児の理解	6	子どもの発達過程を理解できましたか。		
	7	一人ひとりの発達をふまえ、個人個人に合った援助をすることができましたか。		
	8	その場面や、その子どもに合った言葉がけができましたか。		
	9	子どもの思いや気持ちに共感し子どもの内面を汲み取ることができましたか。		
	10	子どもの遊びや生活が理解できましたか。		
保育の技術や知識	11	子どもの安全への配慮や保育環境を整えることができましたか。		
	12	部分・責任実習において、計画の立案、準備、実践が十分にできましたか。		
	13	教材研究に熱心に取り組み、準備したり、学んだりしたことを通して、子どもを引きつけるように実践できましたか。		
	14	個人または集団へのかかわりなど、臨機応変にできましたか。		
	15	保育実習日誌の記録の取り扱い（誤字、脱字、文体、提出期日の厳守）は適切でしたか。		
	16	年齢に応じた援助ができましたか。		
	17	子ども同士の関係への援助や指導ができましたか。		
	18	してはいけないこととそうではないことの区別を毅然と伝えることができましたか。		
	19	実習生として体験したり学んだりしたことは感想や反省だけでなく考察を深め、進路につながるようにまとめることができましたか。		
	20	実習中は自己課題が明らかになるまで、積極的に振り返りを行いましたか。		

　事後指導では、実習評価表に基づいた自己評価シートを作成し、実習に関しての自己評価を行うところもある。各養成校で活用している自己評価シートや自己評価チェックリスト等を使用し、自己評価を行う。

　自己評価は「教育的にみると、『行動の改善・調整』に向けて『反省』すること。自信を持つことも重要である」と定義されている[*1]。安彦は自己評価の意義について「①学習している自分自身から一歩はなれて、外側から客観的に学習している自

---

*1　安彦忠彦『新版 現代学校教育大事典』ぎょうせい，p.312，2002.

図表18-6 自己評価の視点

(1) 自分にとってわかることは何か。また、わからないことは何か。
(2) 自分はどこでつまずいているのか。また、なぜつまずいたのか。
(3) 今までのところどういうことがわかるようになり、次にはどういうことが問題となるのか。
(4) 自分が本当に知りたかったことは何か。また、なぜそのことを知りたいと思うようになったのか。
(5) 学んでいることは、どのような意味があるのか。また、自分にとってどのような意味や値うちがあったのか。
(6) 学んできて、なお今後に残されている問題は何か。

分をとらえる目を育てることにある。②自分を内側から見つめ直し、謙虚に自分をふりかえることのできる心を育てることにある」という2点をあげている[*2]。さらに、「知識を自分の生きる力に結びつけていく、その方法を身に着けさせていく自己評価の視点」では、**図表18-6**の6点について言及している[*3]。

　自己評価では、実習では自分は何ができて何ができなかったのかを整理することが大切である。**図表18-5**のような自己評価シートを使用する場合は、できたこととできなかったことを客観的にとらえることが必要である。具体的に自己評価項目をチェックすることにより、**図表18-6**の自己評価の視点にある「(1)　自分にとってわかることは何か。また、わからないことは何か」ということを明確にすることができる。

　さらに、実習園から送られてきた実習評価表をふまえ、養成校の担当教員と面談を行うことで、自分はどこにつまずいているのか、何が足りないのか、次のステップではどのようなことが必要なのかを具体的に知ることができ、自己課題を明確にすることにつながっていく。

[*2]　安彦忠彦『自己評価――「自己教育論」を超えて』日本図書文化協会, p.148, 1987.
[*3]　同上, p.149

演習 2　実習でみえてきた課題を解決できるように検討してみよう

課題

① 自らの保育実践を振り返り、自己の課題を明らかにする。
② 次の実習に向けて、求められる保育士の資質について考える。

進め方

　実習を終え、学校に戻ってきたとき、学生たちは自分自身の体験を「楽しかった」「子どもと別れるのが悲しかった」などといろいろと話してくれるが、「自分は一生懸命手遊びの準備をし、子どもに提供したがよく聞いてくれなかった」というように、習得した技術をどのようにして子どもの興味・関心に結びつけ、実践につなげていくかに不安やとまどいを抱くことも多い。

　振り返りを通して明らかになった自己課題を解決していくためには、客観的に課題をとらえることが重要である。今後の課題に向けて**図表18-7**を参考にしながら、振り返りをしてみる。

　次に、実習評価表（実習評価表に基づき養成校の教員から言われた助言などをメモしたもの等）を使いながら、自己課題を明確にする。

　養成校では、事後指導で実習評価表を活用し、自己課題を明確にするために事後指導では、個人面談を行っている場合が多い。実習評価表を読み取ることで現場が求めている保育者の姿が理解できるため、事後学習にとって実習評価表の活用は非常に有効な手段の1つであると考える。

　実習評価表に書かれている項目から読み取れたものを**図表18-8**に示した。**図表18-3**を参照しながら、保育士の資質にはどのようなものが求められているのかを考えてみよう。

図表18-7　自己課題の明確化（原因を探り解決に導く）の作業

今後の課題	原因	解決策
例：子ども一人ひとりの思いを汲み取り、子どもの目の高さになってかかわる。	例：一人ひとりとのかかわりを大切にしたいと思い、じっくり子どもの思いを推し量ろうとしていると、1人とは深く接することができても、全体の子どもの現状にそった援助ができず、見落としがあった。	例：一人ひとりの子どもと個別にかかわっている際も、常に全体を見回し、援助が必要な子どもがいないかどうかを確認する。また、子どもとのかかわりに偏りがないように努める。

図表18-8 実習評価表から読み取れた項目

① 基本的な資質では、以下の項目があげられており、保育者の人間性を重視しているといえる。
  ・思いやりがある
  ・笑顔で明るく朗らかである
  ・言葉が適切で温かみがある話し方ができる
  ・清潔感があり、保育の場にふさわしい
  ・柔軟性があり、だれとでも気持ちのよいかかわりができる

② 指導能力では、以下の項目があげられており、保育者として必要な保育技術の専門性を重視しているといえる。
  ・指導計画の立案、準備、実施、自己評価ができる
  ・教材研究に熱心に取り組み、指導能力が優れている
  ・安全面の配慮や保育環境を整えることができる
  ・臨機応変な措置ができ、個々の幼児の発達や気持ちを汲み取ろうとする

③ 実習中の態度では、以下の項目があげられており、ここでは保育者に限定するものではなく社会人として当然身につけておかなければならない当たり前のことが多く含まれている。
  ・謙虚で礼儀正しく、前向きに実行できる
  ・積極的に助言や指導を求め、やる気がみられる
  ・行動が機敏で、積極的であり、あきらめずに取り組む
  ・熱心に記録をとり、誤字脱字がなく、課題意識を常にもっている
  ・欠席・遅刻がなく、時間や規則の厳守ができる

第18講　実習後の学び―総括、評価―

Step 3

1. 自己評価の留意点と意義

　Step 2 の演習1で、「できた・できなかった」を明確にする意義にふれたが、それだけでは保育の意義や行為の意味を考え、次につなげることは難しい。声かけや見守り、支援や遊びには必ず意味があり、それを適切に説明できることが保育士としての責務である。つまり、なぜそのような保育を行ったのか、その意味を考え、振り返ることが大切である。保育の実際の場面を通してその意味を考え、そのうえで保育技術を習得することは、実習生が自信をもつための原動力となる。

2. 自己課題の解決

　実習の振り返りによる自己課題として、子どもとのかかわり方、接し方に不安な点をあげる場合が多い（Step 2 の演習2）。原因の1つとして、保育技術を習得しても、目の前の子どもの状態や状況に応じたものを適切に提供することができておらず、子どもたちを惹きつけるよい実践になっていないということが考えられる。年齢による発達の違いや特徴など、養成校において保育の専門性を強化する学びをしているはずである。それを実習では保育現場に活かせるように授業で学んでいることを復習し、応用できるようにしていくことが大切である。

3. 保育士の資質と適性

　「保育士の資質」とは、どのようなものであろうか（Step 2 の演習2）。確かに保育の知識や保育技術の習得は保育士の適性を身につけるためにも非常に重要なことである。しかし、保育士として求められる学生像では、「笑顔で明るい」ということが一番多くあげられた。次に多かったのは、「多様な人と会話が円滑にできる」という点であり、コミュニケーション能力が高い人を求めていることがわかる。また、「心身ともに健康である」「前向きである」「素直である」「協調性がある」「まじめである」「責任感がある」「意欲がある」「根性がある」という意見も出された。

　これらの項目から、ほとんどの実習園で人間性の部分を保育士の資質として求めていることがわかる。したがって、保育士の適性として一番重要なことは、保育の専門性に即した人間性を高めることであるといえるだろう。保育士同士が協働の姿勢をもち現場に立てるように、人間の成長発達についての深い理解、保育士としての愛情深さや倫理観・品位、教科などに関する専門知識の習得、これらを基盤とし

た実践的指導能力を高めることが大切である。

　専門技術の習得はもちろん、調和のとれた社会の一員として、さまざまな面から人の生活を支えていく専門性および人間性を高めることが重要であるといえる。どの学生も実習先で、自分が役立ち感謝されることに喜びや自己効力感をもつことができると、自己の価値を見いだし、自分自身の成長を感じていくことにつながる。

4. 実習日誌

　実習日誌を振り返り、保育実習で子どもや保育士から学んだことやこれから学びたいことにはどのようなことがあるかを見直すことが必要である。実習生の実習日誌を見ると、子どもとのかかわりでとまどったり、困ったりしたことが多く示されている（実際に実習生が書いたものを**参考資料2として258ページに掲載**）。

　自分の実習体験を振り返り、文章にすることは、困ったことやとまどったことを意識化し、自身の実習態度や子ども理解、保育技術など、実習全体の学びを整理でき、客観的に自らの実践を見つめ直す大切なことである。感想や反省だけで終わることなく考察をすることが大切である。客観的に事実をとらえ、自分の意見を述べていくことができるように心がけなければならない。実習施設での日々（態度や意欲）の振り返りを積み重ねることで、実習が実りある体験になっていくのである。

　実習日誌を使用し、自らの保育実践を振り返る作業を行う。毎日の実習を通して感じたこと、気づいたことを整理し考え直すことは、自身の実習のあり方を探り、明日からの保育に活かしていくことができる。実習日誌の日々の反省には、実際に子どもとかかわることで、その時々の子どもの言動の意味や実習生自身の対応の是非、保育士の援助のあり方についての疑問や感想が述べられていることが多い。特に、担当保育士（指導者）からの指導・助言は自分の保育活動と照らし合わせができ、子ども理解を深めることにつながっていく。毎日、指導者の所見欄をふまえ、翌日の実習に役立てることが大切である。実習日誌は保育士になったあとも役立つものであるため、実習日誌は大切に保管し、いつでも見直すことができるようにしておこう。実習日誌は保育士になったあとにも、自分の保育を見直す原点となるであろう。

　また、実習ができたことを実習園にこころから感謝しよう。学びの機会を与えられることは大変すばらしいことである。そのような機会を与えてくれた実習園、養成校の先生、そして、あなたを支えてくれた家族や友達すべての人に感謝の気持ちを忘れずに、自己実現に向けてステップを踏んでいこう。

参考文献

- 秋田喜代美編集代表,西山薫・菱田隆昭編『新時代の保育双書 今に生きる保育者論 第2版』みらい,2009.
- 浅見均・田中正浩編著『子どもの育ちを支える保育内容総論』大学図書出版,2013.
- 厚生労働省編『保育所保育指針解説 平成30年3月』フレーベル館,2018.
- 髙玉和子編著『実践力がつく保育実習』大学図書出版,2014.
- 松本峰雄編『教育・保育・施設実習の手引』建帛社,2006.
- 森上史朗・岸井慶子編『新・保育講座② 保育者論の探求』ミネルヴァ書房,2001.

第19講

自己課題の明確化

人間は常に成長し続ける存在である。また、保育者の成長においても到達点があるわけではなく、その道のりにおいては常に修養(しゅうよう)と研鑽(けんさん)を積み成長し続けることが求められる。自己が成長するためには、正確な自己認識と自己課題の明確化が重要である。

本講では実習等を通して得た経験から自己課題を明確にし、将来につなげる術を学ぶ。

Step 1

1. 保育士としての学び

　現代は情報化社会といわれ、情報によって社会が動かされている側面が大きい。またその情報も次から次へと新しく生まれ、昨日の情報が今日には通用しなくなるという事例も多い。このように日々新たな情報が生まれる社会では、学生時代に学んだ知識や技術だけで一生涯対応することは難しい。変化に対応するためには、必然的に新たな学びが必要となる。そのような社会を生涯学習社会と呼ぶ。昨今では、社会からのニーズが高い「子育て支援」に積極的に取り組んでいる保育所も多い。保育の世界においてもこのような社会の変化への対応が迫られ、保育士自身の生涯にわたる学びが問われている。

学生から職業人への学びの変化

　図表19-1は、養成校入学からそれ以降の保育士としての学びを表している。保

図表19-1 養成校と現場での学び

ステージ	Ⅰ （入学から実習開始までの期間）	Ⅱ （実習期間）	Ⅲ （実習終了から卒業までの期間）	Ⅳ （卒業以降から現場での期間）
所属	養成校（大学・短大・専門学校等）			現場
身分	学生			社会人
学びの種類	基礎学習	基礎学習＋応用学習	応用学習	応用学習
学びのスタイル	受動学習	受動学習＋能動学習	能動学習	能動学習
学びのターゲット	一般	一般＋特殊	特殊	特殊

第Ⅰステージ（入学から実習開始までの期間）
　基礎学習……保育士になるための基礎的な知識や技術を習得する。保育の内容・方法に関する科目及び保育実習の事前学習に関する学び等。
第Ⅱステージ（実習期間）
　基礎学習
　応用学習……対象施設及び対象となる乳幼児等の理解、基礎的な保育技術の習得に関する学び等。
第Ⅲステージ（実習終了から卒業までの期間）
　応用学習……保育士としての資質をさらに高めるための知識や技術を学ぶ。実習を通して認識した保育士としてさらに成長すべき課題に対する能動的な学び等。
第Ⅳステージ（卒業以降から現場での期間）
　応用学習……現場における業務を通して、保育に対する知識や技術をさらに高めるための学び等。

育士としての学びは、養成校に入学した時にスタートし、現場へと続く。以下、養成校から現場への学びを4つのステージに分け、それらの特徴を解説する。

学びのスタイルとターゲット

第Ⅰ・Ⅱステージでは、受動学習（他人から教えてもらう）が中心であるのに対し、第Ⅲ・Ⅳステージでは、能動学習（自分で考え学習を進める）が中心となる。これは、第Ⅰ・Ⅱステージにおける学びのターゲットが主に一般であるのに対し、第Ⅲ・Ⅳステージでは特殊であることに関連している。すなわち第Ⅰ・Ⅱステージでは、保育および養育に関して広く一般的なことを学ぶ。これに対して第Ⅲ・Ⅳステージでは、実習等を経験し、自分自身の成長において不足している部分に対する学びが中心となる。例えば、実習において朝の会のピアノ伴奏が上手にできていればピアノという課題に対するウエイトは軽くなり、逆に伴奏ができなかった場合は、重くなる。このように第Ⅲ・Ⅳステージでは、自分が保育士として何ができていて、何が不足しているかによって学習の内容を自ら選択し学習を進めなければならない。それらが自己課題である。それらを明確にする際のヒントになるものが第Ⅱステージにおける実習評価である。

第Ⅱステージで実施される実習の場は、保育士としての業務が日々営まれている現場である。実習では、その業務の内容を知り、ときにはその一部を経験することで、自分自身のその時点における保育士としての力量を感じることができる（自己評価）。また、外部からの客観的な評価として評価表や日誌における日々の指導者からのコメント、反省会での指導などがあり（他己評価）、それらも自らの力量を知る重要な情報となる。これらの評価を通して自己認識を深め、自己課題へとつなげるのである。

2. 振り返りからみえてくる自己課題

自己認識と自己課題の明確化

実習の現場は社会の一部であり、保育・養護の現場である。その現場で行う実習において実習生は多くのことを学ぶ。実習においてうまくできたこと、うまくできなかったこと、その1つひとつの経験が保育士としての成長の糧となる。実習を終え、さらなる成長を望むためには、現在の自分に何が必要か（自己課題）を明確にすることが重要である。自己課題を明確にするためには、まず、自己に対する認識

を深める必要があり、そのためには、実習に対する振り返りが不可欠である。その判断基準になるものが、自己評価や他己評価である。

評価には、自己評価と他己評価がある。自己評価は自分の実習に対する自分なりの評価である。例えば、エプロンシアターを演じるのはうまくいったが、ピアノ伴奏がうまくできず、今後ピアノの練習が自分には必要であると判断することなどである。自己評価は大切ではあるが主観的であり、自分自身の思い込みの部分が多い。それらを客観的に評価しているのが、評価表等の他己評価である。自己評価と他己評価をうまく組み合わせることによって、自己認識がより正確となる。そして、正確な自己認識から的確な自己課題が導かれる。

評価の受け止め方

（1）評価表の場合

はじめに、実習の評価は、実習生としての評価であり、専門職としての保育士としての評価ではないことを知っておくべきである。

図表19-2は、評価のとらえ方を図に示したものである。

図表19-2の評価結果をピアノの結果とする。縦軸は、実習の評価であり、「実習生として満足」と「保育士として満足」の評価がある。実際の評価表では「実習生としての満足」を最高点とし、通常、3段階や5段階で評価している。そのため、最高点の5は、実習生として満足という段階である。

図表19-2では、実習生AからDの4名の実習生の評価を例としてあげている。実習生Aは、ピアノの評価が1であり、かなり低い評価である。この1という評価は、実習生として低いばかりでなく、保育士に求められる技量からはかけ離れていることを示している。このことは重く受け止めなくてはならない。実習生Bは、評

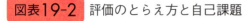

図表19-2 評価のとらえ方と自己課題

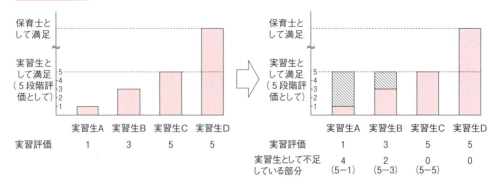

価が3であり、評価としては普通程度であるが、卒業までにさらにピアノの技術を高めなければならない。実習生Cは、実習生としては、満足のいくレベルであることを示している。しかしながら、保育士として満足かといえば、そうではない。よりよき保育士となるためには、さらなる練習と努力が必要である。実習生Dは、実習の時点で保育士として求められるレベルのピアノに関する技量をもっている。実習生Dの場合は、数値だけの評価だけではなく、コメント欄に「ピアノに関しては、かなり高い技術を有しており……」などのコメントが書かれる場合が多い。実習生CおよびDに関しては、卒業までの学習としては、ピアノ以外の評価項目で、数値が低かったものに力を入れて学習することが効率的である。

図表19-2の右の図に注目すると、実習生AとBに関しては、斜線で示した部分が卒業まで（第Ⅲステージ）の自己課題となる。

実習生は評価の数値だけにとらわれがちだが、それらに一喜一憂することなく、低かった項目に関して努力することが求められる。評価が低く残念というよりも、自分が努力すべき点が明確になり大切な学びであったととらえるべきである。

（2）日誌、講評、反省会の場合

評価表は、実習生の実習に対して最終的かつ総合的に評価したものであり、実習生の評価を的確に物語っている。しかし、その紙面や項目には限りがあり、十分に伝えきれない部分もある。その際に参考になるのが、日々の日誌における指導欄や日誌の総評、反省会での指導助言等である。日々の日誌で繰り返し指導された項目があれば、それも自己課題となる。講評や総評、反省会での指導助言も同様である。

① 実習日誌

実習では、日々の記録として実習日誌を書く。それに対して担当者から指導をしていただく。短い文章かもしれないが、担当者が実習生をみて気づいた点などを鋭く指摘している。実習中は、日誌を書くことに多くの時間がかかり、じっくりと担当者からの指導欄をみることはなかったかと思う。実習を終えた段階で今一度、指導欄を見直し、自分がよくできたところ、課題となる項目を明確にすることが大切である。同様に総評として実習先の担当者が記述した内容からも課題をみつけることができる。

② 反省会

多くの場合、実習の後半で実習の反省会を実施する。反省会を実施するにあたり、担当者は実習生の実習全般を振り返り、今後実習生が保育者として、また社会人として成長するための重要なポイントを指摘する。それらの内容を振り返ることが自己課題の発見につながる。

（３）自己課題における優先順位

自己課題が明確になったら、次にその課題に対する優先順位を考える必要がある。

図表19-3は、ある短期大学の保育実習評価表の一部である。評価表には、実習生として必要とされる能力に対してどの程度達成できているかを示す形式が多い。例示した評価表では、項目を大きく4つに分け（実習態度・子ども理解・保育技術・保育者としての資質）、さらに細かい項目を設けている。また、細項目の1つひとつを5段階評価で評価している。すべての項目で高い得点を得ることは望ましいことではあるが、難しいことでもある。実習生によって得手、不得手な部分があるのは当然で、それが評価表に反映される。評価項目によって評価の差ができ、自己認識・自己課題へとつながる。また、自己課題には優先順位をつけ、効率的な学習につなげる必要がある。例えば、明るさや協調性5、発達段階の理解3、指導計画1という評価がでれば、優先順位は、評価の逆となり、①指導計画、②発達段階の理解、③明るさや協調性という順になる。

図表19-3 保育実習評価表（一部）

評価項目		評価 5	4	3	2	1
実習態度	仕事に関して責任感や積極性がある					
	明るさや協調性	○				
	あいさつや正しい言葉づかいができる					
	勤務上の諸注意を守る					
子ども理解	発達段階の理解			○		
	子ども一人ひとりの個性の把握					
	子どもの友だち関係の理解					
保育技術	子どもとのかかわり方					
	適切な言葉がけや説明の仕方					
	周到な指導計画と遂行力					○
	教材や用具の準備と環境整備					
保育者としての資質	表情の豊かさや子どもへの愛情、思いやり					
	情緒、感情の安定性					
	誠実さや明朗性					
	研究心、向上心や創意工夫					

3. 自己課題の分類

保育士としての力量を評価する場合、次の3つの観点をもつことが有効である。
○自分自身に関すること（責任感、積極性、協調性、誠実さ、明朗性（めいろうせい）、研究心、あいさつ、言葉づかい、清潔等）
○対象の理解に関すること（保育所等の意義や機能、子どもや利用者の理解、個性の把握、集団の把握等）
○保育技術に関すること（かかわり方、言葉がけ、指導計画、教具等の準備等）
　これらがバランスよく高められることで、理想的な保育士に近づくことができ

る。先にあげた、自己評価や他己評価（実習日誌、反省会、実習評価表など）を上記の観点にあてはめ、自身の現在の力を客観的に把握する必要がある（**Step 2 参照**）。

4. 今後の学習に対する目標、取り組み姿勢

　振り返りを終え課題が明確になったら、次に課題を解決するための学習のスケジュールを立てる必要がある。振り返りにより明確になった課題を3つの観点にそって分類し、さらに具体的な作業内容と期限を設定することが重要である。それらを、1つひとつ積み重ねることで、保育者としての力量が向上する。保育者の学習は、終生継続されるべきものであるが、卒業までの比較的時間が自由になる期間を有効に活用するべきである。実習後から卒業までの期間にどれだけ自分を高めることができたかが、卒業後の職業に対する自信に影響する。就職時に不安はあるものの、やるべきことはやりとげたという達成感があれば、自信をもって子どもたちや利用者の前に立てることになる。

5. PDCA サイクルの活用

　目標を設定し、達成する手順として「PDCA サイクル」がある。PDCA は、Plan, Do, Check, Action の頭文字をとったものである。
○ Plan（計画）……目標達成のスケジュールを立てること。
　・具体的な行動目標を立てる。
　・行動目標には、期限を設ける。
○ Do（実行）……スケジュールにそって、具体的な行動目標を実行すること。
　・進捗状況を期限との関係で把握することがポイント。
○ Check（評価）……定期的にスケジュールに対する進捗状況を確認する。
　・進捗状況とともに内容についても評価を行う。
○ Action（改善）……Check における問題点の見直しを行い、次の Plan につなげる。
　・この段階は、直接次の Plan につながる。

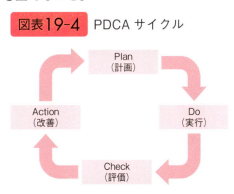

図表19-4 PDCA サイクル

　PDCA サイクルは、らせん階段のように上方に向上して、より高い目標を達成する。

Step 2

> **演習 1** 自己課題を明確にし、課題の優先順位を決めよう

課題

チェックリストを利用して、自己の課題を明確にするとともに課題の優先順位を決める。

進め方

（1）準備するもの

実習先からの評価表（またはそれに準ずる記録、日誌、反省会記録等）。

（2）方法

① 評価の記入（261ページ**参考資料3**「自己課題をみつけるためのチェックリスト」を使用）

手元にある、評価に関する素材（評価表、日誌、反省会の記録など）を参考に、各項目に対する評価を5段階で記入する。

＊評価の記入は次のとおりとする。

1）チェックリストと実習先からの評価表の評価項目に近いものがある場合
→実習先からの評価表の評価を記入する。

2）チェックリストの評価項目と実習先からの評価表の評価項目に近いものがない場合
→自己評価し、評価を記入する。

3）チェックリストの評価項目のなかで、実習中に学習の機会がなかった場合
→評価欄に「×」を記入する。

4）実習先からの評価表の評価項目が、チェックリストにない場合
→空欄に手書きで評価項目を書き、実習先からの評価を記入する。

＊チェックリストの評価は5段階を基準とするが、実習先からの評価（5段階・3段階等）に合わせる。

② 要努力項目の抽出

評価が低かったもののなかから、今後の学習における課題となりうるものを抽出し、その重要度に応じて、「課題」と「優先課題」に分け、該当欄に○をつける。

③ 課題解決の時期を考える

図表19-5 チェックリスト作成、実践例

分類	評価項目	評価 5段階	課題 優先課題	課題	いつ学ぶか 卒業までに	いつ学ぶか 現場で
自分自身に関すること	責任感がある（指示されたことなど、責任をもって最後まで取り組んだ）	3				
	積極性がある（積極的に実習に取り組んだ）	2	○		○	○
	明朗性がある（明るく元気に実習に取り組んだ）	4				
	協調性がある（先生方と協力して実習に取り組んだ）	3		○	○	○
	表情は豊かである（表情豊かに実習に取り組んだ）	2	○		○	○
	健康である（休むことなく実習に取り組んだ）	5				
	感情をコントロールして実習に取り組んだ	4				
	より良い実習にするために工夫したり、調べたり考えたりした	2	○			○
	丁寧なあいさつができる	5				
	時と場に応じた言葉遣いができる（敬語を含む）	3		○	○	○
	約束や決まりを守ることができる	5				
	実習にふさわしい服装であった	4				
	衛生面に気をつけている（爪の長さや、ハンカチ、ティッシュの携帯を含む）	5				
	提出物の期限を守ることができた（日誌や指導案など）	2	○		○	
	子どもをはじめ、他人の人権を尊重して接することができた	3				
	子どもや利用者の名前を覚えるように努力した	3				
	常に報告・連絡・相談を心がけ実行した	3		○		○
	環境構成及び整備への取り組み（※自分で追加した項目）	2	○			○
対象の理解	実習先について調べてから実習に取り組んだ（施設の種類ごとの特徴などを理解した）	4				
	実習先の保育方針等を理解した上で、実習した	4				
	乳幼児の発達段階を理解している	2	○		○	
	発達段階にそった保育をすることができた	2	○		○	○
	乳幼児や利用者に対する言葉がけは適切であった	3				
	乳幼児や利用者一人ひとりの個性を考えながら接することができた	2	○			○
	乳幼児や利用者を個人の視点と集団という視点で捉えることができた（友達関係の把握）	3				
	障害について理解した上で実習に取り組んだ	3		○	○	
保育技術等	子どもたちや利用者と適切に関わることができた	3				
	年齢に応じた適切な言葉がけができた	3				
	争いに対して、自分たちで解決するための時間を設けることができた	2	○		○	○
	自分でやりたいという気持ちを大切にするための待つという時間を設けることができた	2	○		○	○
	遊びの中で、ルールを守らせるなど社会性の発達を促した	3				

「課題」「優先課題」に○がついた項目を「卒業までに学ぶ」「現場で学ぶ」の2つの課題に分ける。その際、両方に○がついてもよい。

演習2　卒業までの学習計画を立てよう

課題

自身の課題にそって、卒業までの具体的な学習計画を立てる。

進め方

（1）準備するもの

演習1で作成、実践したチェックリスト。

（2）方法

① 卒業までに取り組む項目の抽出

演習1で作成、実践したチェックリストの結果をもとに、今後自分が取り組まなければならない項目を抽出する（チェックリストの結果で、「卒業までに学習するもの」「優先課題」の両方に○のついている項目を中心に選ぶのも1つの方法である）。

② 「卒業までの学習スケジュール」の作成（262ページ**参考資料4**「卒業までの学習スケジュール」を使用）

・分類を考慮し、①で抽出した項目を課題欄に書き出す。

＊書き出す際には、評価項目の文言どおりではなく、具体的な学習目標を記入することが望ましい。

・課題に対する具体的なスケジュールを記入する。

・PDCAサイクルを実践するための評価時期を記入する。

実際の学習に際して

学習スケジュールを立て、実際に学びはじめると、学習の遅れなどがみられるようになる。その際は、PDCAサイクルを有効に活用し、計画の見直しを早期に行うとよい。目標を見失わず、修正しながら、コツコツと進めれば、必ず目標に近づく。

現場でしか学びえない課題、例えば児童とのかかわり方、声かけの仕方などの向上をめざす場合は、実習後のボランティアなどで経験を積むことが効果的である。

図表19-6 課題例

分類	課題	学習スケジュール							チェックの時期（○△×で評価）		
		9月	10月	11月	12月	1月	2月	3月	月	月	月
自分自身に関すること	何事にも積極的に取り組む		←	積極的に行動してみる				→	11月	1月	3月
	協調性をはぐくむ		←	協調を意識して友達と接する				→	11月	1月	3月
	喜怒哀楽の表情を豊かにする		←	笑顔を心がける				→	11月	1月	3月
	敬語をしっかりと使う		←	目上の人に敬語を使う				→	11月	1月	3月
	調べることを大切にする		←	わからないことはすぐに調べる				→	11月	1月	3月
	提出期限を守る		←	期日の1日前に提出する				→	11月	1月	3月
	報・連・相を身につける		←	早めに報連相する				→	11月	1月	3月
対象に関すること	環境構成について学ぶ		←保→	←幼→	←施設→				△10月	11月	12月
	乳幼児の発達をまとめる		←0・1・2歳→	←3・4・5歳→					○10月	11月	
	年齢にあった保育をまとめる		←0歳→	←1歳→	←2歳→	←3・4・5歳→			11月	12月	1月
	個性を考えながら接する（2月に保育所でボランティアを行う）						←保育所→		2月		
	障害についてまとめる				←→				1月		
保育技術等	保育における「待つこと」を学ぶ（2月に保育所でボランティアを行う）						←保育所→		2月		
	手遊びを30個覚える		←10個→		←10個→		←10個→		11月	1月	3月
	年齢にあった本と紙芝居をまとめる		←→						11月		
	指導案の作成（主活動を各年齢2つ）＊指導上の留意点を詳しく書く		←0歳→	←1歳→	←2歳→	←3歳→	←4歳→	←5歳→	11月	1月	3月
	エプロンシアターの制作		←1歳→	←2歳→	←3歳→				○10月	11月	12月
	パネルシアターの制作					←4歳→	←5歳→	←6歳→	1月	2月	3月
	ピアノ弾き歌い		←	今までの復習	→	←	就職園で使う歌	→	11月	1月	3月

Step 3

保育士として仕事をするということ

社会人としての意識をもつ

仕事をする

　仕事をするとはどういうことであろうか。学生は、授業料等を支払って、授業を受け学ぶ。それに関する強制はなく、学生の意思にまかされる。学習しなければ、単位を落としたり、退学したりする。すなわち、自分自身に影響が返ってくるのである。では、仕事をするとはどういうことであろうか。それは、労働の対価として賃金が支払われるということである。社会人として、賃金を受け取る以上、まかされた仕事はやらなければならないこととなる。まかされた仕事をやらないということは、保育士としての仕事の対象である子どもや保護者、所属する組織全体に迷惑をかけることとなる。それらのことを十分に理解したうえで、仕事に就くべきである。

組織に所属する

　保育士の資格を取得し、保育園に就職した段階で、「○○保育園の保育士」という社会的身分を得る。他人は、その社会的地位を知り、それに応じた対応をとる。働きはじめると、勤務時間が定められる。では、勤務時間以外は完全にプライベートな時間ととらえてもよいのだろうか。ニュースなどでは、保育士が勤務時間以外に起こした事案等についても、所属する組織名を報道することがある。勤務時間以外は、確かにプライベートな時間であるが、組織から完全に切り離されているわけではないことを知っておくべきである。休日だからといって、保護者が眉をひそめるような行動をとることは、保護者からの信頼を裏切ることとなる。これらに関しては、多分に感覚的な問題を含んでおり、一律な基準を設けることは難しいが、自分の内なる倫理観や職業観をしっかりともち、行動することが求められる。また、勤務時間以外のアルバイト（副業）はどうであろうか。これは労働契約の問題でもあり、一概にはいえないが、多くの場合、労働契約で認めていない場合が多い。労働契約のなかで、アルバイト（副業）がみとめられていないにもかかわらず、無断でアルバイト（副業）をしていた場合、解雇されることもありうるので、気をつけなければいけない。入職に際して、労働契約を確認することは重要なことである。また、保育士としての倫理観に関しては、「全国保育士会倫理綱領」を一読しておくことを勧める（**256ページ参考資料1参照**）。

職員としての心構え

組織の理念を理解する

　すべての組織には理念や目的がある。その目的を達成するために所属する職員は、全力で分担された仕事に取り組む。職員一人ひとりは、全体の業務の一部を担うわけであるが、その際大切なのは、自分が「何のために」その業務に取り組んでいるかを理解していることである。そのための基礎となるのが、組織のもつ理念の理解である。はじめに理念を理解し、次に目的、そして目標・方針の理解へと進むのである。

１人で悩まない

　新しく入職すると、業務内容の把握や人間関係の構築など、その組織に慣れるまでに時間がかかる。わからないことばかりで困ることも多いはずである。そのようなときは、先輩保育士に相談したりアドバイスをもらうようにして、１人で悩みをかかえ込むことのないようにしたい。そのためには、ふだんから積極的にほかの職員とかかわり、人間関係を良好にしておくことが大切である。

報・連・相（ほうれんそう：報告・連絡・相談）

　組織を管理する者は、職員の一人ひとりがどのように業務にたずさわっているか、また、どの程度業務が進行しているか、問題は発生していないかなどを把握する必要がある。特に入職から間もない職員は、不慣れから、問題場面に直面することが多いため、新人は特に「報・連・相」を心がけるべきである。この際、失敗などのネガティブな情報は特にすみやかに報告するように心がけたい。すみやかに報告するほど的確な対応が可能になり、問題が大きくなるのを防ぐことができる。

保護者にとっては、新人も一人前の保育士

　新人保育士は、まだ、自分が不慣れな見習いのような意識をもつことが多いが、保護者からみれば、新人も立派な資格をもった保育士である。したがって、いくら新人とはいえ、無責任な態度や保護者に不安を感じさせるような行動をとってはならない。わからない質問等に対しては、「上司（主任）に確認し、のちほど報告します」と対応することが大切である。

健康であること

　子どもたちの保育や養護にたずさわる専門職である保育士は、自身が健康な状態にないと十分な仕事ができない。常に健康を意識しそれを保つことが大切である。肉体的にも精神的にも健康であることが望ましい。休日などの時間を上手に使って、プライベートを充実させ、そのエネルギーを仕事に向けたいものである。

参考文献

- 全国保育士養成協議会編『保育実習指導のミニマムスタンダード』北大路書房，2007．
- 「実習生のための自己評価チェックリスト」編集委員会編『実習生のための自己評価チェックリスト』萌文書林，2011．
- 文部科学省『幼稚園教育要領解説　平成30年3月』フレーベル館，2018．
- 厚生労働省編『保育所保育指針解説　平成30年3月』フレーベル館，2018．

COLUMN　「社会的健康」って？

　WHO憲章の前文では、健康を構成する3要素として「身体的」「精神的」「社会的」があげられています。そのなかでも見過ごされがちな「社会的健康」は、その他の要素を支えるために大きな役割を果たします。

　厚生労働省の『健康日本21』では、「社会的健康」を「他人や社会と建設的でよい関係を築けること」としています。他人や社会とのよい関係は、自分自身の居場所や生きがいを見いだすことにもつながり、その基礎は人間関係にあるといえます。

　保育士はストレスがたまりやすく、社会的健康を良好に保つのが難しいという傾向があります。それは日々の保育の対象が未成熟な乳幼児であり、また、同僚である保育士、保護者との人間関係を構築するのが難しいという特徴があるからです。

　よい人間関係を構築するためには、「相手を理解すること」「相手に理解してもらうこと」が大切になります。また、次のような言葉もあります。「他人と過去は変えられないが、自分と未来は変えられる」（エリック・バーン―カナダの精神科医―）。これも人間関係を構築するうえで大切な示唆を与えてくれるものです。

　人間関係等でストレスがたまったら上手に解消しましょう。自分にストレスがたまっていることを自覚し、それを上手に解消することが健康を維持するうえでとても重要なこととなります。ストレスを解消するには「見る」「聞く」「味わう」「触る」「嗅ぐ」の「五感」に訴えることが有効です。自分の好きな場所に行ってその風景を楽しんだり、好きなアロマを楽しんだり、ときには仕事で疲れた帰り道、コンビニで1個30円の小さなチョコレートを頰張るのもよいでしょう。

　将来保育士として勤務する際は、学生とは違う社会という枠組みの人間関係のなかに自分がいること、そしてそこには多様な人間関係が存在し、それらを良好に保つためには、相手を理解する努力が必要であること、また、ストレスがたまったときは上手に解消することが大切になります。

　健康で笑顔あふれる保育士として活躍してください。

（牛込彰彦）

第20講

学びを深めるために

近年、子ども、保護者、子育て家庭をめぐるさまざまな施策や、保育者を取り巻く状況は、大きく変化してきている。本講では、現在の子ども、保護者、家庭がおかれた状況を理解し、子どもが健全に育つための、認定こども園をはじめとするさまざまな施策について学んでいく。そして、子どもの望ましいあり方や権利について学んだうえで、保育者が子どもとどのようにかかわっていくか、その姿勢に対する深い理解をめざす。

Step 1

1. 子育て家庭を取り巻く社会経済的背景

日本における1960年代から2000年代までの社会経済の変化

　日本は、経済的には1960年代の高度成長期から1970年代の第1次・第2次オイルショック後の安定成長期を経て、右肩上がりで生活水準が豊かになっていった。1980年代にはバブル景気となり、人々は物質的な豊かさの恩恵を、生活のさまざまな場面で享受していた。その後、バブル経済が崩壊し、日本は1990年代に入り低成長期に入る。経済や雇用などは厳しい状況となり、若年層の雇用や労働環境にも暗い影を落とした。完全失業率、長期失業者数、非正規労働者数が1980年代に比べ増大し、雇用は不安定化し、所得は減少していった。2000年代に入ってもその傾向は続き、1990年代、2000年代は「失われた20年」と呼ばれた。

社会構造の変化による生活の場への影響

　1960年代から現在までの50年あまりの間に、日本の社会経済的状況は大きく変化し、日本の産業構造が変化することとなった。第1次産業（農業・林業・漁業）に従事する者が減り、代わって第3次産業（インフラ・運輸や郵便・卸売・金融・保険・不動産・サービス業など）に従事する者が増えた。このことは、日本人の「暮らし方・働き方」にも変化をもたらす結果となった。

　地方では多くの若者が住み慣れた故郷を離れ、都市部に就職した。そして都市部においては人口が増え、地縁や血縁のないコミュニティが形づくられるようになり、核家族が多く生まれた。

　農村部では若者が少なくなることで働き手が減り、子育て家庭も少なくなっていく。少子高齢化が急速に進み過疎化が問題となり、「限界集落」と称されるコミュニティや行政サービスの維持が困難になっている地域も出はじめている。

　都市部や地方、農村部は、そのあり方が大きく変わり、それぞれの住民が個別の問題をかかえている。

社会構造の変化による子育て家庭への影響

　このように、社会構造が変化していくなかで、女性の社会進出、夫婦共働きなど、結婚観や価値観の多様化などによって、家族のあり方や、子育てのあり方も大きく影響を受けている。

　初婚年齢も上がり、出生率も低く推移している。また、近年は離婚率も高くなっ

ており、新聞やメディアなどからひとり親家庭の窮状(きゅうじょう)が伝えられている。

かつてのように、一定のコミュニティのなかで他の家族成員や近隣住民など、親以外のさまざまな人が子育てにかかわっていたような状況から、人々は地縁や血縁に頼ることが限定されたなかで子どもを産み、育てる状況へと変化した。

2. さまざまな子育て家庭支援施策

今日(こんにち)では世界有数の経済大国となった日本であるが、家族のあり方や子育ての状況は果たして豊かであるといえるのだろうか。ここでは、子育てにおける国や政府の方針にふれながら、子育て家庭を支援するためのさまざまな施策をみていく。

子育て家庭支援施策における国・行政の方針

平成22年度から平成26年度までの5年間でめざすべき施策内容と数値目標を盛り込んだ、少子化社会対策基本法に基づく少子化社会対策大綱(しょうしかしゃかいたいさくたいこう)（「子ども・子育てビジョン」）が2010（平成22）年に策定され、子どもと子育てを応援する社会の実現に向けて、総合的な子育て支援を推進することとされた。そこでは、家族や親のみが子育てを担うことで個人に過重な負担がかかるとし、社会全体で子育てを支えることで個人の希望を実現するような社会をめざすとした。

さらに、2015（平成27）年には、少子化対策が新たな局面を迎えたという認識のもと、新たな少子化社会対策大綱が策定された。2015（平成27）年からの5年間を「集中取組期間」と位置づけ、子育て支援施策の一層の充実、若い年齢での結婚・出産の希望の実現、多子世帯への一層の配慮、男女の働き方改革、地域の実情に即した取組強化という5つの重点課題を設定し、政策を効果的かつ集中的に投入するとし、2020年までの具体的目標を定めている（**263ページ参考資料5参照**）。

子育て支援におけるさまざまなサービス

国・政府の方針にもあげられたように、子どもや保護者、子育て家庭に対する社会的な支援の必要性・緊急性が共有されるようになった。具体的に支援するにあたり、さまざまな担い手によって多様な子育て支援サービスが行われるようになってきている。以下、子育て支援サービスの担い手ごとに、子育て支援策をあげていく。

（1）保育サービス提供施設による子育て支援

保育所や幼稚園、認定こども園、認可外保育施設（ベビーホテル、地方単独保育事業、事業所内保育所、病院内保育所など）の保育サービスを提供する施設におい

て、子どもや保護者、子育て家庭を支援するためのさまざまなサービスが提供されている。例えば、延長保育や夜間保育、休日保育、特定保育、病児・病後児保育、一時預かりなどのサービスがあげられる。

（2）「子ども・子育て支援新制度」における地域型保育事業

2015（平成27）年4月より子ども・子育て支援新制度が施行され、市町村による認可事業として子育て支援サービスを行う4つの事業（①家庭的保育（保育ママ）、②小規模保育、③事業所内保育、④居宅訪問型保育）に対し、地域型保育給付として財政支援がなされ、利用者は多様な施設や事業のなかから、それぞれの状況に合致したサービスを選択して利用できるようになった。

（3）地域子ども・子育て支援事業

多様な子育て支援のニーズに対し、きめ細かく対応が図られている（**図表20-1**）。以下、いくつかの事業について説明する。

- 乳児家庭全戸訪問事業……「こんにちは赤ちゃん事業」ともいわれる。生後4か月までの乳児のいる地域の全家庭を訪問し、子育て支援に関する情報提供や養育環境等の把握を行い、子育ての孤立化を防止する事業である。
- 子育て援助活動支援事業（ファミリー・サポート・センター事業）……保育を求める子育て中の住民と、援助を行う住民が、お互い事前に会員として登録し、必

図表20-1 地域子ども・子育て支援事業の概要

1	利用者支援事業
2	地域子育て支援拠点事業
3	妊婦健康診査
4	乳児家庭全戸訪問事業
5	養育支援訪問事業・子どもを守る地域ネットワーク機能強化事業（その他要保護児童等の支援に資する事業）
6	子育て短期支援事業
7	子育て援助活動支援事業（ファミリー・サポート・センター事業）
8	一時預かり事業
9	延長保育事業
10	病児保育事業
11	放課後児童クラブ（放課後児童健全育成事業）
12	実費徴収に係る補足給付を行う事業
13	多様な事業者の参入促進・能力活用事業

資料：内閣府子ども・子育て本部「子ども・子育て支援新制度について」平成28年4月

要に応じて依頼、援助を行う相互の援助組織である。子どもの送迎や預かりなどを行っている。

(4) 仕事・子育て両立支援事業

2016（平成28）年度より子育て支援のさらなる充実策として、企業による子育て支援を充実させる事業が創設された。働きながら子育てしやすい環境を整え、離職の防止、就労の継続、女性の活躍等を推進する企業に対し、以下の2つの支援を行うようになった。

・企業主導型保育事業：従業員のための保育施設の設置・運営の費用を助成。
・企業主導型ベビーシッター利用者支援事業：残業や夜勤等でベビーシッターを利用した際に、費用の補助を受けることができる。

インフォーマル・ネットワークとしての支援

市町村による認可を受けたサービス以外に、家族・近隣住民・親戚・友人・同僚など、個人的なつながりのなかでの助け合いという形（インフォーマル）で子育てへの支援が行われることも多い。代表的なものとして、子育てサークルがあげられる。子育てサークルは、子育ての経験や知識をもつ人や、母親同士などが集まり、お互いを支え合ったり、保護者や子育て家庭を支援したりするグループである。

このようなインフォーマル・ネットワークとしての支援形態におけるメリットとして、より個々の状況に合わせたきめ細やかなサービスができることや、お互い様の精神のなかで気軽に利用できることなどがあげられる。

一方、デメリットとしては、支援者との関係が悪化したり、支援者が支援を引き受けられない状態になると、サポートを受けられないというリスクがあげられる。また、支援者側の負担も少なくない。

援助する保育者としての姿勢

保育関係者は、目の前の子ども、保護者、家庭が何に困っているのか、どのような支援をどこまですればよいのかについて、しっかりと情報を集約し理解する必要がある。問題や困窮の背景をできる限り理解したうえで、支援の相手との信頼関係を構築しながら、適切な支援方法をほかの支援者・支援団体と検討し、進めていくことが望まれる。

Step 2

1. 子どもという「概念」

近代以前のヨーロッパにおける「子ども」観

いわゆる現在のような「子ども」という概念が成立したのは、農業中心の社会から工業化社会に転換しはじめた17・18世紀であったといわれている。それまでは、ヨーロッパでも日本でも、いわゆる「子ども」というものは社会で認知されておらず、「幼児教育」というものも存在していなかった。ヨーロッパでは子どもは「小さな大人」として認知され、家族を超えた共同体に属し、年齢に関係なく遊び、働き、学ぶ環境であったとされる。

近代以前の日本における「子ども」観

近代以前の日本においても、ヨーロッパ同様、子どもは共同体のなかで、さまざまな大人とかかわりながら成長していった。日本では、伝統的な子ども観として「7歳までは神のうち」というとらえ方がある。現代と違い、医療が未発達の時代において、乳幼児の死亡率は非常に高かったため、子どもは、命を失ってしまいやすい存在であり、乳幼児の死は大人の死とは違う特別な意味を与えられていた。7歳までの子どもは命を落とす危険が高かったため、まだ人としての命が定まらない「神の世界とこの世の境に位置する存在」とされ「いつでも神様の元へ帰りうる存在」とされていたようである。

一方で、日本の農耕社会では、共同体が生き延びるための人口抑制策として「間引き」という名の子殺しが行われていた。かつての日本においては、子どもの権利以前に、子どもの存在自体が非常に不安定であった状況であったと考えられる。

自然科学の発展による「子ども」観の大きな変化

永らく人々に大きな影響を与え続けてきた宗教的基盤や従来の生活規範に代わり、合理的で確実な基本的考えとして近代以降自然科学の影響が大きくなっていく。医療技術が発展し、子どもが幼くして命を落とす危険が減っていき、子どもが成長して大人になっていくという明るい見通しが立つようになる。子どもへの関心が以前よりも増大し、大人たちは、子どもに対し活発にはたらきかけていく。また、長い間乳幼児の能力や主体性、権利等が、大人から見逃されてきたが、乳幼児の能力の高さを証明するさまざまな知見が近年明らかになるとともに、子どもの主体性についても重要視されるようになってきている。このような歴史的背景を通じ、「子

ども」観が大きく変化したといえる。

2. 子どもの権利の歴史的背景

子どもの権利とは

　保育士は、子どもの育ちを支える専門職であり、子どもの権利を守る立場でもある。わが国では、日本国憲法において、基本的人権のなかに子どもの権利も含まれているとしている。しかし大人とはさまざまに事情が違う子どもの権利をいかに具体的に実現するかについて、今日も重要な論点として議論されている。ここでは、子どもの権利について、歴史的に振り返りながら、どのように子どもの権利が考えられてきたのかについてふれていく。さまざまな出来事を通じ、子どもが一人の人格をもった人間として、またその権利が保障されるべきものとして意識されるようになっていく過程を確認していく。

子どもの権利に関する歴史的流れ

　近代以降、子どもに関する関心が高まり、子どもを「小さな大人」としてみるのではなく、一人の人間としてみていくという観点が育まれていく。大人と同様に扱うのではなく、大人とは区別された「子ども時代」を子どもはどのように過ごすのかについて、また大人はどのようにかかわっていくのかについて、さまざまな考え方が提示されるようになった。一方で、戦争での悲惨な体験を経て、子どもは守られるべき存在であること、教育を受け社会を担う存在として意識されるようになってきたといえる（**265ページ参考資料6参照**）。

児童憲章

　日本国憲法第11条では、国民の権利として基本的人権が保障されている。しかし、第2次世界大戦後の疲弊した社会において、子どもは大人と同様の権利を有する者として扱われず、権利や福祉が守られているとはいえない状況があった。
　その一方で、子どもの福祉について国が責任をもつような体制の整備も模索し、未来の社会の担い手としての子どもを健全に育成することや、すべての子どもの福祉を積極的に増進することを基本精神とした「児童福祉法」が1947（昭和22）年に制定された。1948（昭和23）年には、子どもが生活する環境について、一定の基準を定めた「児童福祉施設最低基準」も策定された。

そのようななか、1951（昭和26）年に、あらためて子どもは社会的な存在であり、適切な環境のなかで育ち、育てられるべき存在として、「児童憲章」が制定された。このように、子どもの福祉の増進が進められている一方で、現在も健全に育つことができない環境におかれた子どもが多く存在する。児童憲章は、そのような子どもたちが、将来に向けて希望をもって育っていけるような環境をつくっていくための根本的な理念である。

児童の権利に関する条約（子どもの権利条約）

「児童の権利に関する条約」は、1974年に国連で採択された国際人権規約が定める基本的人権を、子どもの立場をふまえて定めたものであり、1989年に国連において採択された。これにより、子どもの権利が国際的に明文化された。また、児童の権利条約を批准した国がその後条約をきちんと守っているか確認するための機関として、国連・子どもの権利委員会が設置されている。子どもの権利のとらえ方と、その権利を守るための大人の役割を明確にしている点、子どもとかかわる親および専門的ケア提供者の地位の保障を国に義務として求めているという点が大事である。また、子どもの権利として、①子どもはかけがえのない一人の人間としてその主体性がみとめられていること、②人間としての成長発達が保障されることが重要であること、③欲求や要求を満たしてもらえる大人との応答的で受容的な人間関係が不可欠である、という3つの点を明らかにしている。

2016（平成28）年に改正された児童福祉法の第1条では、子どもの権利条約の精神が謳われ、第2条では、すべての国民が児童の年齢および発達の程度に応じて、その意見が尊重され、その最善の利益が優先して考慮されることが明記されている。

子どもの意見表明権

子どもの権利条約の第12条では「子どもの意見表明権」が規定されている。意見表明権とは、大人と違って自らの力で自分の欲求を実現できない子どもが、その欲求を実現するために大人にはたらきかけることができる権利である。一方、大人は、子どもの意見を聞き、真の要求を理解し対応することが求められる。

このように、子どもの権利についての意識が高まるなか、子どもの告訴能力については、いまだ判断が分かれている事例もみられる。

2012（平成24）年1月19日に富山地方裁判所で下された判決では、強制わいせつ被害に遭った当時10歳の児童に対し、告訴する能力がないとして公訴を棄却した。しかし、その後控訴し、高等裁判所による判決では告訴能力を認め、地方裁判所の

決定を破棄した。再度審理された結果、当児童の告訴能力は認められることとなった。強制わいせつ罪は被害者の告訴がなければ起訴できない親告罪であり、子どもが被害を受けた場合、子どもの意思が重要となってくる。この事例では、保護者である母親は共犯者であったため、保護者が子どもの代弁者となりえない状況であった。このような場合、子どもが自らの意思で自分の状況を表明する権利のあり方が問題となってくるのである。子どもと向き合う保育者や大人は、子どもの真の思いを受け止め、理解し行動する重要性を理解し、日々の実践に励みつづける必要がある。

子どもの権利ノート

子どもの権利を子どもにわかりやすく伝える仕組みとして、「子どもの権利ノート」が現在各自治体で作成されている。子どもの権利ノートは、児童養護施設に入所する、もしくは入所している児童に対して渡されている。

子どもの権利ノートは、子どもの意見表明権と大きくかかわっている。児童養護施設で生活する子どもたちは、児童相談所が決定する措置によって、家庭や住んでいたコミュニティから離され、児童養護施設のある地域に移ることを余儀なくされる。このような状況におかれた子どもにとって、自らの意見を表明したり、自己決定したりするためには、自分にはどのような権利があるのかを子ども自身が知ることが重要となってくる。仮に自分に不都合な出来事が起こった場合に、自分の権利を守り不服申し立てを行う方法を知るために子どもの権利ノートは存在する。一方、職員は、子どもに権利ノートを渡す際に、その内容について説明する責任と役割を負う。社会的養護にかかわる大人たち自身も、子どもにどのような権利が保障されているか理解し、子どもの最善の利益のための支援の義務を負うのである。

3. 保育者としての人権意識

子どもの最善の利益のために

子どもの最善の利益とは、どのような状況においても、子どもにとって一番よいことは何かを考え、子どもを第一に考えることである。保育者は、子ども、保護者、家庭、同僚、上司、自分自身の家族など、さまざまな人間関係のなかで日々仕事をしている。忙しさや個人的な事情とは距離をおきつつ、温かくかつ冷静に子どもへの支援を考えることが必要であろう。また、自らの実践を時折振り返ることも大切であろう。

Step 3

1. 認定こども園について

　認定こども園とは、就学前の子どもに幼児教育・保育を提供する機能をもつ施設である。保護者が働いている、いないにかかわらず就学前の子どもを受け入れて、以前は保育園・幼稚園でそれぞれ担っていた教育・保育を一体的に行う施設である。一定の設置基準を満たした施設が都道府県から認可・認定を受け、認定こども園として運営することができる。

　幼保連携型認定こども園では、保育教諭として勤務するために幼稚園教諭と保育士資格の併有が必要となる。その他の類型の認定こども園でも満3歳以上を担当する者は幼稚園教諭と保育士資格を併有することが望ましいとされる。また、満3歳未満の子どもを担当する者は保育士資格が必要とされる。どちらかの資格もしくは免許のみを有している保育者は、施行後5年間の経過措置が講じられている。

　また、認定こども園は、地域における子育て支援を行う機能も有している。園に通っていない子どもの家庭など、すべての子育て家庭を対象に、子育てにかかわる相談活動や親子が集う場などの子育て支援サービスを提供する。

2. 子ども・子育て支援新制度と認定こども園

子ども・子育て支援新制度成立までの流れ

　2012（平成24）年8月に子ども・子育て支援法が国会で可決され成立した。これに基づき、2015（平成27）年4月から、「子ども・子育て支援新制度」がはじまり、保育にかかわるより多くの施設が公的な財政支援の対象となった。また、子育て家庭にとって、子育てがよりしやすい環境となり、子育てに喜びを感じられるよう、より地域の実情に応じて、利用できる社会資源が整備された。

子ども・子育て新制度と認定こども園

　この新制度により、保護者の働いている状況にかかわりなく、3〜5歳の子どもが教育・保育を受けられるようになった。また、保護者の就労状況が変わった場合でも園を代わることなく、子どもが通い慣れた環境を継続して利用できる。

「地域型保育事業」の充実

　待機児童の問題や、子育て家庭の厳しい現状に対して、より実効性のある社会資

源とすべく、自治体から認可され事業費の補助が行われる。子育て家庭に対しては、より柔軟に、サービスがしっかりと届くような制度となるべく進められている。具体的には、保育園・認定こども園より少人数単位で、0〜2歳の子どもを預かる事業を増やし、施設不足に悩む都市部や子どもの減少している地方などの状況に合わせた保育の場を市町村が中心となり充実させていく。

3. 子育てをめぐるさまざまな制度と保育者としての学び

子育てを社会で支えるために

ここまで子育てに関するさまざまな制度を紹介してきた。社会・経済状況が大きく変化し、地域や家庭や子育てのあり方が大きく変化した状況を受け、子育てを「家族や親が子育てを担う」という形から、「社会全体で子育てを支える」という方針が国から打ち出された。子育てを担う家族や親が、安心して子育てができるように、保育者をはじめとする地域・社会のネットワークが支えていくことは今後ますます求められていくであろう。

子育て家庭を取り巻く状況に敏感であること

現在ある制度自体も、今後の状況によって変化していくことを理解しておく必要がある。さまざまな制度が生まれた背景や歴史的な経過を理解する一方で、子育て家庭を取り巻く状況の変化に対して、迅速かつ柔軟に対応することが保育者には求められる。

つながりのなかでの保育者の学び

子育てを担う家庭がさまざまな制度によって支えられていくのと同様に、保育や養護を担う保育者も、さまざまな人的・物的環境によって支えられていることを忘れてはならない。個々が担えることには限界があり、それは親も援助者である保育者も同様である。保育者自身もさまざまな機関や援助者・専門家とつながりをもちながら、子育て家庭を支える人的・物的環境となっていくことが求められる。保育実習においては、子どもや障害児者などとの直接的かかわりにおける指導や学びが多い。今学んでいることや体験していることがすべてではなく、常に変化していく状況やつながりのなかで学び続けていくことが保育者には求められる。

参考文献

- 厚生労働省編『平成25年版 厚生労働白書』2013.
- 内閣府・文部科学省・厚生労働省『幼保連携型認定こども園教育・保育要領解説 平成30年 3 月』フレーベル館, 2018.
- 長谷川眞人編著『全国の児童相談所＋児童養護施設で利用されている子どもの権利ノート——子どもの権利擁護の現状と課題』三学出版, 2005.
- 本田和子『子ども100年のエポック——「児童の世紀」から「子どもの権利条約」まで』フレーベル館, 2000.
- フィリップ・アリエス, 杉山光信・杉山恵美子訳『＜子供＞の誕生——アンシァン・レジーム期の子供と家族生活』みすず書房, 1980.
- 全国保育団体連絡会・保育研究所編『2017年版保育白書』ちいさいなかま社, 2017.
- 井村圭壯・相澤譲治編著『保育と家庭支援論』学文社, 2015.
- 法務省「性犯罪の罰則に関する検討会第 4 回会議（平成26年12月24日）配布資料19」http://www.moj.go.jp/content/001130510.pdf
- 柏女霊峰『子ども家庭福祉・保育の幕開け——緊急提言 平成期の改革はどうあるべきか』誠信書房, 2011.

COLUMN　多様性のある親とその子どもについて

　近年、血縁に限らないさまざまな親子が誕生している。ファミリーホームという制度のもとで、専門知識をもった夫婦が子どもを迎え養育するケース、子どもが欲しいと考える同性カップルが養子を迎えるケース（現在日本では法的にみとめられていない）、AID（非配偶者間による人工受精）で誕生した子どもとその親のケースなど、さまざまな背景をもつ親子が暮らしている。また、そのあり方についての議論が活発になってきている。

　子どもが欲しい、子どもを育てたいと思う大人にとっては、その願いが以前よりかないやすい時代となった。一方で子どもは、昔も今も親や環境を選んで生まれることはできない。子どもを迎えるとは、単に大人側の願いをかなえるということだけでは終わらない。家族として迎えられた子どもが、その後成長していくなかで自らの存在を肯定的に感じられるかどうかという視点が大切になってくるのではないだろうか。

（菱田博之）

参考資料

参考資料1 全国保育士会倫理綱領

　すべての子どもは、豊かな愛情のなかで心身ともに健やかに育てられ、自ら伸びていく無限の可能性を持っています。

　私たちは、子どもが現在（いま）を幸せに生活し、未来（あす）を生きる力を育てる保育の仕事に誇りと責任をもって、自らの人間性と専門性の向上に努め、一人ひとりの子どもを心から尊重し、次のことを行います。

　　私たちは、子どもの育ちを支えます。
　　私たちは、保護者の子育てを支えます。
　　私たちは、子どもと子育てにやさしい社会をつくります。

（子どもの最善の利益の尊重）
1．私たちは、一人ひとりの子どもの最善の利益を第一に考え、保育を通してその福祉を積極的に増進するよう努めます。

（子どもの発達保障）
2．私たちは、養護と教育が一体となった保育を通して、一人ひとりの子どもが心身ともに健康、安全で情緒の安定した生活ができる環境を用意し、生きる喜びと力を育むことを基本として、その健やかな育ちを支えます。

（保護者との協力）
3．私たちは、子どもと保護者のおかれた状況や意向を受けとめ、保護者とより良い協力関係を築きながら、子どもの育ちや子育てを支えます。

（プライバシーの保護）
4．私たちは、一人ひとりのプライバシーを保護するため、保育を通して知り得た個人の情報や秘密を守ります。

（チームワークと自己評価）
5．私たちは、職場におけるチームワークや、関係する他の専門機関との連携を大切にします。
　また、自らの行う保育について、常に子どもの視点に立って自己評価を行い、保育の質の向上を図ります。

（利用者の代弁）
6．私たちは、日々の保育や子育て支援の活動を通して子どものニーズを受けとめ、子どもの立場に立ってそれを代弁します。
　また、子育てをしているすべての保護者のニーズを受けとめ、それを代弁して

いくことも重要な役割と考え、行動します。

（地域の子育て支援）

7．私たちは、地域の人々や関係機関とともに子育てを支援し、そのネットワークにより、地域で子どもを育てる環境づくりに努めます。

（専門職としての責務）

8．私たちは、研修や自己研鑽を通して、常に自らの人間性と専門性の向上に努め、専門職としての責務を果たします。

　　　　　　　　　　　　　　　　　　　　　　社会福祉法人　全国社会福祉協議会
　　　　　　　　　　　　　　　　　　　　　　　　　　　　　　全国保育協議会
　　　　　　　　　　　　　　　　　　　　　　　　　　　　　　　　全国保育士会

参考資料2　実習日誌（例）

第4日目（1）

12月11日（木）	4 歳児 男児 6 名	（指導者名）
	女児 12 名	○○　○○　先生
天気：雨	すみれ 組 欠席 3 名	（実習生氏名） ○○　○○

今日の実習目標
　4歳児クラスの1日の流れを知る。

時間	子どもの活動	環境構成	保育者の援助・留意点	実習生の動き・気づき
8：45	室内遊びをしていた。 　早朝保育で3、5歳児クラスの子どももいたが、間もなく各クラスへ戻った。 　トランプでババ抜きをしたりブロックでロボットを作る子どもがいた。 　早朝保育の終わり際に顔を合わせることがあったためか、実習生に対して人見知りをせずに積極的に遊びに誘っていた。	4歳児クラスすみれ組にはままごとコーナー、ブロックコーナー、机上遊びコーナーの3つに分かれていた。 　今までのクラスとは違い、メダカの親子とザリガニを2匹飼育していた。 　カードゲームは子ども向けにルールがシンプルになっているものがあった。 　ままごとコーナーはひと通り遊具がそろっていたが、チラシの食べ物の写真を切り貼りしたスクラップブックがあり、さまざまな遊びに使えると見て取れた。	登園した子どもや保護者に対応していた。 　子どもの年齢が高いので、何かあれば子どもから伝えに来るので子どもから目を離していられる時間があるようだった。 　実習生が子どもの名前を呼べるように子どもたちを呼んで肩に名札を付けていた。	トランプに誘われてそのままババ抜きをして遊んでいた。独自のルールがあるようだった。 　実習生が名札を見せながら名前を教えようとしたら先に読み上げられて、平仮名が読める子どももいることに気がついた。 　遊びの内容が濃く、保育士中心ではなく友達同士で遊ぶことが多いと感じた。
10：00	部屋の片づけをしてから保護者に見せるための合奏の練習をしていた。 　楽器を鈴、カスタネット、タンバリンから選んでそれぞれが違うリズムで演奏していた。 　違う楽器がよかったと泣いたり、取り替えてもらった子どもがいた。 　何度か練習をしてから2階のホールへ上り3歳児クラスと発表の見せ合いをしていた。 　見られることで緊張していた様子だった。 　3歳児クラスの発表を見ているときはふざけたりしていたが、楽器で演奏しているところは音が大きかったために耳をふさぐ子どもたちがいた。	練習するときは各楽器で子どもたちがまとまって横一列に並んで演奏していた。 ホールの床にテープが貼られていて、立ち位置がわかるようになっている。 　　　タンバリン カスタネット＼／鈴	子どもたちにやりたい楽器を選ばせて渡していた。 　楽器の正しい持ち方を教えてから音を鳴らさない練習をしていた。 　泣いてしまった子どもが落ち着けるようにトイレに移動し対応していた。 　楽器ごとに練習してから音楽を流し、それに合わせて子どもたちに楽器を鳴らすタイミングを教えていた。 ホールでの子どもの立ち位置等を確認していた。 　3歳児クラスの発表が終わった後に、耳をふさいでいた子どもに対して「どうしてうるさかったのかな」と理由を尋ねていた。 　ふざけてしまった子どもにその都度注意をしていた。	保育士が子どもたちへ説明しているのを聞いていたり、子どもの様子を観察していた。 　向かい合って子どもに左右を説明するときに保育士は視覚的にわかりやすいように左手と言いながら右手を出したりするが、それが見られなかった。 慌てていましたね。 いつもはそうするか背を向けて見せたりしています。 　子どもの観察をするにとどまった。 　3歳児の演奏は楽器のリズムは決めておらず、楽しむことに重点をおいていた。 　4歳児では合奏することに重点をおいているようだ。 　まだ練習段階なのだが、

258

第 4 日目（2）

時間	子どもの活動	環境構成	保育者の援助・留意点	実習生の動き・気づき
	クラスに戻り、残りの時間でクラスのパペットを使った劇の練習をしていた。 パペットの一部をちぎっている子どもがいた。 台詞をすべて覚えている子どもがいた。	楽器と同じように役割ごとに分かれて並んでいた。	子どもがパペットをちぎったり、いすに正しい姿勢で座らなかったり、しゃべったりもしていたが、活動の説明を中断させなかった。	音楽に合わせて一定のリズムを保つことや一旦休む、リズムが変わることは難しいようだった。 説明を中断して子どもに注意をすると全体が止まってしまうので対応するときはする、しないときはしないという取捨選択が必要なのだと感じた。
12:00	昼食までの残った時間で絵本を二冊読んでいた。 長い話にも集中していた。 読み手が参加する絵本を楽しんでいた。	子どもたちは1列に並び、保育士は立った状態で絵本を読んでいた。	読み手が参加する絵本は喧嘩が起こりやすいことを考慮して実習生を参加させて子どもたち全員が不満のないようにしていた。	今までに何度か読んだことがある絵本でも子どもがとても楽しそうに読んでいて、結末がわかっていてもそこへ向かっていく過程が面白いのかと思った。
	昼食を食べてから2階のホールに上がり午睡をしていた。 「今日は時計が5までだよ」と保育士に伝えられ、食べる意欲をみなぎらせていた。 食べられないと思った食材は保育士に伝えて減らしてもらっていた。	どこかのテーブルに付くことがなく、保育士は立っていた。 食事テーブルは色で分けられていて保育士に「赤グループさんどうぞ」と分けられていた。 （配置図）	保育士が2人で3テーブルなのと、ご飯を減らしたりするので立っていた。 子どもがテーブルにそろってからスプーンを取りに行くように伝えていた。 後半から休憩時間を考慮して保育士1人が抜けた。	「美味しそうだね」や「これは何かな」と食事への関心を引き出せるように言葉かけをしていた。 食べこぼしが少なく、食器の持ち方もそろってきているように見えた。
15:00	時間になり起きてクラスへ戻り、おやつを食べていた。 保育士に「ピーマンも食べれるよ」と伝えた子どもがいた。 苦手なものは減らすことができますが、味をみてからと伝えています。		おやつも昼食と同じように落ち着いていたので見守ることが多かった。	子どもたちを観察するにとどまった。
15:30	食べ終わった子どもから順次保護者が迎えに来るまで室内で遊んでいた。 ままごとやブロックで遊んでいた。 実習生に人形遊びや、ブロック遊びに誘う子どもがいた。 実習生に子どもたちの名前を書いて渡した子どもがいた。 ミニチュアのテレビの前に幕を持ってきて映画に見立てた子どもがいた。	机上遊びコーナーの遊具にはトランプやどうぶつしょうぎなど、一人では遊べないものが多くあった。またクラスの棚にはコピー用紙が置いてあり、色鉛筆でお絵かきや手紙が書けるようになっていた。 ブロックは傍の棚の上に置いておけるので、朝遊んだブロックを午後に続きから遊べるようにもなっている。 かかわって遊ぶ「遊び」とイメージを共有していく「遊び」、簡単なルールのある「遊び」が多くなってます。	子どもたちと一緒に粘土遊びをしたり、ままごとで人形のお世話をしていた。 子どもが積み木についてもめたときに2人の話を聞いて落ち着いて対応していた。 子ども同士の喧嘩では保育士の援助なしにはスムーズに仲直りすることが難しいだろうと思った。 しかしすぐに子どもたちの間に入ってしまうと、そこから何も学べないように感じるので、いつ話に入るか、どのように解決へもっていくのか等が気になった。	子どもたちからいろいろな遊びに誘われたので、忙しなく遊びが移っていった。 そのため、子どもたちを待たせてしまった。 ブロックコーナーでは率先しておもしろい形を作ろうとしたが出来上がるまで子どもたちは別々に作っていたので平行遊びのようになってしまった。 ブロックでは子どもにイメージを提案することも大切だが、子どもがイメージしたものを実際に作る援助ができればいいと感じた。

第4日目（3）

<感想・反省・考察>
　すみれ組の子どもたちは個性豊かで、すぐに打ち解けて遊びに誘ってくれたので、今日も実習がとても楽しいものになりました。
　ブロックや人形遊びにお絵かき、トランプ等、子どもたちとたくさん遊ぶことができたので、どんな先生なんだろうかと知ってもらえたし、少しは子どもとの関係性を築けたかなと思います。
　その点は良いのですが、クラスで生き物を飼育していること等、今までのクラスではみられなかったことがはっきりとあったのに、それについて質問をしていませんでした。
　なので4歳児というクラスについて、発達の段階等の理解が今一歩、足らなかったと思います。
　幸いにも来週の3日間が4歳児クラスに入ることが決まっているので、今日の内容を補うことができればいいなと考えています。

　ノートの最後の方にも少し書きましたが、例えば子ども同士の喧嘩について、1歳児同士であったら手や口が出る前に止めることが大切で、4歳児同士であればお互いの言い分を聞く等、発達に応じた対応が、子どもたちの最善の利益につながっていく、ということがなんとなく少しだけみえてきたような気がします。そういうことを意識して実習を進めていきたいと思いました。

<指導者の助言>
　実習、お疲れさまでした。来週の実習をふまえて、クラスの子どもたちの様子を見ていただくことを中心に入っていただきましたが、積極的に子どもたちの中に入り、名前をよく呼んでかかわっていたことが印象的でした。クラスの生き物については、春、夏のアゲハチョウを経て、今はメダカとザリガニを飼育しています。子どもたちが毎日エサをあげたりしてお世話したり観察していますので、ぜひ子どもたちにきいてみて下さい。
　トラブルについては、どのような状況から起こったものなのかにより対応が変わりますし、子どもの発達状況によっても変わってきます。見守っていてよいとき、子どもの気持ちを引き出してあげたり、必要ならば保育士が気持ちを代弁してあげるケースもまだあります。その場を見ての対応なのでむずかしいところもありますが、できるだけ子どもの社会性を引き出してあげられるような対応に心がけています。
　とても個性的な子どもが多く、大変な反面、いろいろなことに興味をもって取り組むことのできる子どもたちでもあります。来週の実習の前に年長に入るので、成長の違いを感じることができると思います。
　がんばって下さいね。

注：実習日誌（例）の掲載にあたり、指導者によるコメントを色文字で示しました。

参考資料3　自己課題をみつけるためのチェックリスト

分類	評価項目	評価 5段階	課題 優先課題	課題	いつ学ぶか 卒業までに	いつ学ぶか 現場で
自分自身に関すること	責任感がある（指示されたことなど、責任をもって最後まで取り組んだ）					
	積極性がある（積極的に実習に取り組んだ）					
	明朗性がある（明るく元気に実習に取り組んだ）					
	協調性がある（先生方と協力して実習に取り組んだ）					
	表情は豊かである（表情豊かに実習に取り組んだ）					
	健康である（休むことなく実習に取り組んだ）					
	感情をコントロールして実習に取り組んだ					
	よりよい実習にするために工夫したり、調べたり考えたりした					
	ていねいなあいさつができる					
	時と場に応じた言葉づかいができる（敬語を含む）					
	約束や決まりを守ることができる					
	実習にふさわしい服装であった					
	衛生面に気をつけている（爪の長さや、ハンカチ、ティッシュの携帯を含む）					
	提出物の期限を守ることができた（日誌や指導案など）					
	子どもをはじめ、他人の人権を尊重して接することができた					
	子どもや利用者の名前を覚えるように努力した					
	常に報告・連絡・相談を心がけ実行した					
対象の理解	実習先について調べてから実習に取り組んだ（施設の種類ごとの特徴などを理解した）					
	実習先の保育方針等を理解したうえで、実習した					
	乳幼児の発達段階を理解している					
	発達段階にそった保育をすることができた					
	乳幼児や利用者に対する言葉がけは適切であった					
	乳幼児や利用者一人ひとりの個性を考えながら接することができた					
	乳幼児や利用者を個人の視点と集団という視点でとらえることができた（友達関係の把握）					
	障害について理解した上で実習に取り組んだ					
保育技術等	子どもたちや利用者と適切にかかわることができた					
	年齢に応じた適切な言葉がけができた					
	争いに対して、自分たちで解決するための時間を設けることができた					
	自分でやりたいという気持ちを大切にするための待つという時間を設けることができた					
	遊びの中で、ルールを守らせるなど社会性の発達をうながした					
	基本的生活習慣を身に付けさせることを意識して保育することができた					
	手遊びは、多くの種類を習得している					
	手遊びを、自信をもって実践できた					
	年齢にあった本や紙芝居を選ぶことができた					
	本読みや紙芝居は、声の大きさなどに注意して演じることができた					
	日誌への記入は適切であった					
	保育士の行動の背後にある考え等を理解しようとした					
	指導案は、スムーズに作成できた					
	指導案を立てるときに保育士と相談した					
	指導案を立てるときに、指導上の留意点についてよく考えた					
	全体指導をする際、話は、まとめてわかりやすく伝えることができた					
	指導案にそって指導し、子どもたちを楽しませることができた					
	指導案の計画通り、時間を守って実施することができた					
	指導案の活動内容は、年齢にあっていた					
	部分実習や責任実習などに用いる材料の準備など、計画的にできた					
	自分のエプロンシアターを複数持っている					
	エプロンシアターを自信をもって子どもたちの前で演じることができた					
	パネルシアターを複数持っている					
	パネルシアターを自信をもって演じることができた					
	導入を大切にし、子どもの気持ちを高めることができた					
	子どもたちの安全に気を配って環境を構成しようと心がけた					
	ピアノ伴奏は、子どもたちの様子をみながら余裕をもってできた					
	調乳や哺乳は適切に行うことができた					
	おむつ交換の際、手を消毒するなど、衛生面に気をつけて適切にできた					
	幼児等に対する食事の援助は適切であった					
	保護者に対して、適切な対応ができた					
	安全な保育環境を整えることができた					
	事故やけがの発生を防ぐ目的で、子どもたちに常に目を配っていた					
	事故やけがの発生を防ぐ目的で、立ち位置などを工夫した					
	事故やけがが発生した際、すぐに保育士に連絡、相談することができた					
	大型遊具等で遊んでいる子どもに対して、安全面から声をかけることができた					
	避難経路を確認し、非常時の行動の仕方を理解していた					

参考資料4　卒業までの学習スケジュール

分類	課題	学習スケジュール							チェックの時期（○△×で評価）		
		9月	10月	11月	12月	1月	2月	3月	月	月	月
自分に関すること											
対象の理解											
保育技術等											

＊記入した「卒業までの学習スケジュール」を手帳などに貼り、常に確認ができるようにしておくと学習（計画）がスムーズに進む。

参考資料5 少子化社会対策大綱（概要）
～結婚、妊娠、子供・子育てに温かい社会の実現をめざして～

- 少子化社会対策基本法に基づく総合的かつ長期的な少子化に対処するための施策の指針
- 平成27年3月20日閣議決定（平成16年、22年に続き、今回は3回目）

＜少子化社会対策基本法＞（平成15年法律第133号）
（施策の大綱）
第7条 政府は、少子化に対処するための施策の指針として、総合的かつ長期的な少子化に対処するための施策の大綱を定めなければならない。

Ⅰ はじめに

- 少子化は、個人・地域・企業・国家に至るまで多大な影響。社会経済の根幹を揺るがす危機的状況
- 少子化危機は、解決不可能な課題ではなく、克服できる課題
- 直ちに集中して取り組むとともに、粘り強く少子化対策を推進
- 結婚、妊娠、子供・子育てに温かい社会の実現に向けて、社会全体で行動を起こすべき

Ⅱ 基本的な考え方～少子化対策は新たな局面に～

(1) 結婚や子育てしやすい環境となるよう、社会全体を見直し、これまで以上に対策を充実

(2) 個々人が結婚や子供についての希望を実現できる社会をつくることを基本的な目標
※個々人の決定に特定の価値観を押し付けたり、プレッシャーを与えたりすることがあってはならないことに留意

(3) 「結婚、妊娠・出産、子育ての各段階に応じた切れ目のない取組」と「地域・企業など社会全体の取組」を両輪として、きめ細かく対応

(4) 今後5年間を「集中取組期間」と位置づけ、Ⅲで掲げる重点課題を設定し、政策を効果的かつ集中的に投入

(5) 長期展望に立って、子供への資源配分を大胆に拡充し、継続的かつ総合的な対策を推進

Ⅲ 重点課題

1.子育て支援施策を一層充実

○「子ども・子育て支援新制度」の円滑な実施
- 財源を確保しつつ、「量的拡充」と「質の向上」
- 都市部のみならず、地域の実情に応じた子育て支援に関する施設・事業の計画的な整備
⇒27年4月から施行。保育の受け皿確保等による「量的拡充」と保育士等の処遇改善等による「質の向上」
⇒地域のニーズに応じて、利用者支援事業、地域子育て支援拠点、一時預かり、多様な保育等を充実
⇒今後さらに「質の向上」に努力

○待機児童の解消
- 「待機児童解消加速化プラン」「保育士確保プラン」
⇒認定こども園、保育所、幼稚園等を整備し、新たな受け入れを大胆に増加。処遇改善や人材育成を含めた保育士の確保
⇒29年度末までに待機児童の解消をめざす

○「小1の壁」の打破
- 「放課後子ども総合プラン」
⇒小3までから小6までに対象が拡大された放課後児童クラブを、31年度末までに約30万人分整備

2.若い年齢での結婚・出産の希望の実現

○経済的基盤の安定
- 若者の雇用の安定
⇒若者雇用対策の推進のための法整備等
- 高齢世代から若者世代への経済的支援促進
⇒教育に加え、結婚・子育て資金一括贈与非課税制度創設
- 若年者や低所得者への経済的負担の軽減

○結婚に対する取組支援
- 自治体や商工会議所による結婚支援
⇒適切な出会いの機会の創出・後押しなど、自治体や商工会議所等による取組を支援

3.多子世帯へ一層の配慮

○子育て・保育・教育・住居などの負担軽減
⇒幼稚園、保育所等の保育料無償化の対象拡大等の検討や保育所優先利用
○自治体、企業、公共交通機関などによる多子世帯への配慮・優遇措置の促進
⇒子供連れにお得なサービスを提供する「子育て支援パスポート事業」での多子世帯への支援の充実の促進

4.男女の働き方改革

○男性の意識・行動改革
- 長時間労働の是正
⇒長時間労働の抑制等のための法整備、「働き方改革」
- 人事評価の見直しなど経営者等の意識改革
⇒部下の子育てを支援する上司等を評価する方策を検討
- 男性が出産直後から育児できる休暇取得
⇒企業独自の休暇制度導入や育休取得促進

○「ワークライフバランス」・「女性の活躍」
- 職場環境整備や多様な働き方の推進
⇒フレックスタイム制の弾力化、テレワークの推進
- 女性の継続就労やキャリアアップ支援
⇒「女性活躍推進法案」

5.地域の実情に即した取組強化

○地域の「強み」を活かした取組
- 地域少子化対策強化交付金等により取組支援
- 先進事例を全国展開

○「地方創生」と連携した取組
- 国と地方が緊密に連携した取組

IV　きめ細かな少子化対策の推進

1.各段階に応じた支援

○結婚
- ライフデザインを構築するための情報提供
  ⇒結婚、子育て等のライフイベントや学業、キャリア形成など人生設計に資する情報提供やコンサル支援

○妊娠・出産
- 「子育て世代包括支援センター」の整備
  ⇒妊娠期から子育て期にわたるまでの総合的な相談支援を提供するワンストップ拠点を整備し、切れ目のない支援を実施
- 産休中の負担軽減
  ⇒出産手当金による所得補償と社会保険料免除
- 産後ケアの充実
- 産後ケアガイドラインの策定検討
- マタニティハラスメント・パタニティハラスメントの防止
  ⇒企業への指導の強化・徹底
- 周産期医療の確保・充実等

○子育て
- 経済的負担の緩和　⇒幼児教育の無償化の段階的実施
- 三世代同居・近居の促進　・小児医療の充実
- 地域の安全の向上　⇒子供の事故や犯罪被害防止
- 障害のある子供、貧困の状況にある子供など様々な家庭・子供への支援
  ⇒障害のある子供への支援、子供の貧困対策、ひとり親家庭支援、児童虐待防止

○教育
- 妊娠や出産に関する医学的・科学的に正しい知識の教育
  ⇒教材への記載と教職員の研修

○仕事
- 正社員化の促進や処遇改善
- ロールモデルの提示
  ⇒就労する・しない、子供を持ちながら働き続ける、地域で活躍を続ける等のロールモデルの提示
- 「地方創生」と連携した地域の雇用創出

2.社会全体で行動し、少子化対策を推進

○結婚、妊娠、子供・子育てに温かい社会づくり
- マタニティマーク、ベビーカーマークの普及
- 子育て支援パスポート事業の全国展開

○企業の取組
- 企業の少子化対策や両立支援の取組の「見える化」と先進事例の情報共有
  ⇒次世代育成支援対策推進法に基づく行動計画の策定促進
- 表彰やくるみんマーク普及によるインセンティブ付与

V　施策の推進体制等

○国の推進体制　・内閣総理大臣を長とする「少子化社会対策会議」を中心に、「まち・ひと・しごと創生本部」と連携しつつ、政府一体で推進
○施策の検証・評価　・数値目標を設定
・自治体・企業も対象とする検証評価の方策を検討
○大綱の見直し　・おおむね5年後を目途に見直し

基本目標
個々人が希望する時期に結婚でき、かつ、希望する子供の数と生まれる子供の数との乖離をなくしていくための環境を整備し、国民が希望を実現できる社会をつくる

主な施策の数値目標(2020年)

子育て支援
- □認可保育所等の定員：267万人(2017年度)　(234万人(2014年4月))
  ⇒待機児童　解消をめざす(2017年度末)　(21,371人(2014年4月))
- □放課後児童クラブ：122万人　(94万人(2014年5月))
  ⇒待機児童　解消をめざす(2019年度末)　(9,945人(2014年5月))
- □地域子育て支援拠点事業：8,000か所　(6,233か所(2013年度))
- □利用者支援事業：1,800か所　(291か所(2014年度))
- □一時預かり事業：延べ1,134万人　(延べ406万人(2013年度))
- □病児・病後児保育：延べ150万人　(延べ52万人(2013年度))
- □養育支援訪問事業：全市町村　(1,225市町村(2013年4月))
- □子育て世代包括支援センター：全国展開　支援ニーズの高い妊産婦への支援実施の割合100%

男女の働き方改革(ワークライフバランス)
- ■男性の配偶者の出産直後の休暇取得率：80%(-)　　□第1子出産前後の女性の継続就業率：55%(38.0%(2010年))
- □男性の育児休業取得率：13%(2.03%(2013年度))

教育
- ■妊娠・出産に関する医学的・科学的に正しい知識についての理解の割合：70%(34%(2009年))(注)先進諸国の平均は約64%

結婚・地域
- ■結婚・妊娠・出産・子育ての各段階に対応した総合的な少子化対策を実施している地方自治体数：70%以上の市区町村(243市区町村(約14%)(2014年末))

企業の取組
- ■子育て支援パスポート事業への協賛店舗数：44万店舗(22万店舗(2011年))

結婚、妊娠、子供・子育てに温かい社会
- ■結婚、妊娠、子供・子育てに温かい社会の実現に向かっていると考える人の割合：50%(19.4%(2013年度))

■は新規の目標

出典：内閣府資料

参考資料6　子どもの権利に関する歴史的流れ

年代	世界の児童権利	子どもの権利の歴史
1762		後のフランス革命に思想的に大きな影響を与えたジャン＝ジャック・ルソーが「エミール」を出版し、子どもや教育の重要性を主張。
1789	フランス人権宣言	フランス革命において「人は自由かつ権利において平等なものとして生まれ、かつ生きる」と、基本的人権の保障にむかっての歴史的宣言がなされた。
1900		スウェーデンのエレン・ケイは、「児童の世紀」を出版し、児童を一人の人間として尊重する思想を高めるきっかけをつくった。
	第1次世界大戦	
1924	児童の権利に関するジュネーブ宣言	「人類は児童に対して最善のものを与える義務を負う」と書かれた5か条からなる国際連盟による最初の子どもの人権宣言。
	第2次世界大戦	
1948	世界人権宣言	世界のすべての尊厳と平等の権利を承認することが、自由、正義、平等の基礎であることを宣言。母と子の「特別の保護と援助を受ける権利」も書かれた。国際連合により採択された。
1951	児童憲章（日本）	子どもは社会的な存在であり、社会によって守られ、育てられる存在とした。3つの基本綱領と12条の本文から成っており、すべての児童の幸福を図るために定められた。
1959	国連・児童の権利に関する宣言	「世界人権宣言」に基づいて、国際連合が子どもの権利について特別に規定した全10条からなる宣言。「児童の権利に関するジュネーブ宣言」の精神が引き継がれている。
1966	国際人権規約	「世界人権宣言」を「経済的、社会的及び文化的権利」と「市民的及び政治的権利」の国際規約へと発展させ、基本的人権保障への法的な拘束力を強めた。
1979	国際児童年	「児童の権利に関する宣言」がうたわれて20年目、子どもの権利が守られているかどうかを国際的に確認しあい、世界の子どもたちの現実を見直そうとした運動。
1989	児童の権利に関する条約（児童の権利条約）	「児童の権利に関する宣言」を実行すべき条約へと発展させ、子どもの人権に関する人類史上初の国際的な条約が国際連合で採択された。子どもの意見表明権。
1994	児童の権利に関する条約批准（日本）	日本は158番目の批准国となった。

出典：長谷川眞人編著『全国の児童相談所＋児童養護施設で利用されている子どもの権利ノート――子どもの権利擁護の現状と課題』三学出版，pp.2～3，2005．を一部改変。

索引

あ〜お

愛着形成	155
赤ちゃん返り	152
Action	235
アセスメント	164
遊び	64,96,149
…（乳児期）	74
…（幼児前期）	76
…（幼児中期）	77
…（幼児後期）	79
遊び場	115
新しい社会的養育ビジョン	132
圧縮叙述体	179
アドミッションケア	164
アフターケア	165,170,171
あやし遊び	74
アレルギー児	116
安全教育	119
安全指導	119
安全対策	182
安全点検	115
生きる権利	169
育児ストレス	23
意見表明権	20
医師法	203
衣食住環境	174
衣生活	175
一時預かり	246
衣服・寝具等の管理	151
医療型児童発達支援センター	129
医療型障害児入所施設	129,203
医療機関との連携	179
医療行為	203
インケア	164
飲酒	152
うがい	114,181
衛生管理	180
永続的解決	132
栄養士	90,163
AED	121
ASD	83
ADHD	83
エコマップ	164
エピソード記述	46
エリクソン	150
LD	83
援助計画	156
園だより	16
延長保育	246
応急手当	121
親支援	163
オリエンテーション	3,30,34
…の報告	35
オリエンテーションメモ	36
オンブズパーソン制度	20

か〜こ

改善	235
学習計画	238
学習支援	160
学習指導	150,162
学習習慣	162
学習障害	83
学童保育	14,24
学内オリエンテーション	34
家族との連携	168
家庭裁判所	130
家庭支援	154
家庭支援専門相談員	161,163
過程叙述体	179
家庭的保育	246
家庭的養護	193
家庭との連携	70
家庭への連絡	16
家庭養育原則	133
家庭養護	125,126,170
環境を通して行う保育	70
看護師	91
観察	80
…の視点	80
観察実習	8,9,28
感染症	181
感染症予防	114
カンファレンス	88
期間指導計画	99
危機管理	120,182
喫煙	152
基本的人権の尊重	18
基本的生活習慣	161,174
虐待	11,22,166
休日保育	246
教育	14
共感	154
行事	87,149
強度行動障害	206
居宅訪問型保育	246
記録	48,88,201
…の文体	179
金銭感覚指導	151
勤務体制	152
空気感染	181
苦情解決	71
クラスだより	16
グループホーム	128,193
計画	16,235
経口感染	181
ケース検討会議	164
月間指導計画	99
見学実習	8,9,28
健康管理	27,178
健康日本21	242
研修	89
権利擁護	186
誤飲	117
交替制勤務	152
コーナー遊び	65
講評	233
誤嚥	116
五感	112
国際児童年	19
孤児	154
個人情報の保護	71
子育て援助活動支援事業	246
子育て支援	71,95
子育て支援センター	170
ごっこ遊び	65
子ども	248
子ども観	248
子ども・子育て支援新制度	72,246,252
子ども・子育てビジョン	245
子ども自立支援計画ガイドライン	144
子どもの意見表明権	250
子どもの権利	249
子どもの権利条約	19,250
…の内容	20
子どもの権利に関する歴史的流れ	265
子どもの権利ノート	251
子どもの権利擁護	153
子どもの最善の利益	20,66,251
子どもの人権の尊重	71
子どもの人権擁護	19

子どもの養護 ……………… 125	…としての心得 ……………… 33	137,167,168,171
子ども理解 …………… 81,164	…としての留意事項 ………… 33	自閉症スペクトラム ………… 83
個別支援計画 ………… 131,200	実習中の学び方 ……………… 58	社会構造の変化 …………… 244
個別配慮 ……………………… 82	実習日誌 …27,38,44,201,202,227,233,258	社会的健康 ………………… 242
コミュニケーション ……… 92,93	実習の記録 …………………… 38	社会的養護 ……… 125,132,136,170
娯楽 …………………… 149,169	実習の進め方 ………………… 26	…の現状 …………………… 136
こんにちは赤ちゃん事業 … 246	実習のねらい ………………… 50	社会福祉施設 ……………… 124
	実習の目的 …………………… 50	社会養護 ……………… 125,126
さ〜そ	実習の目標 …………………… 50	自由遊び …………………… 64
	実習評価表 ………………… 218	週案（週間指導計画）……… 16
里親 …………………… 126,136	…の一例 …………………… 219	週間指導計画 ………………… 99
…との連携 ………………… 168	児童 …………………………… 14	住生活 ……………………… 176
里親支援専門相談員 ……… 168	指導案 ……………………… 100	10の姿 ……………………… 68
里親支援ソーシャルワーカー … 168	児童委員 …………………… 157	守秘義務 ……………… 33,71,201
サポートネットワーク …… 171	児童買春・児童ポルノ禁止法 … 20	受容 ………………………… 154
参加実習 ……………… 8,9,28	児童買春、児童ポルノに係る行為等の規制	障害 ………………………… 82,184
…の日誌記入例 ……………… 42	及び処罰並びに児童の保護等に関する法律	障害児者 …………………… 200
参加する権利 ……………… 169	……………………………… 20	障害児者施設 ………… 200,212
CRP ………………………… 121	児童家庭支援センター … 131,156	障害児入所施設 …… 129,137,202
ジェノグラム ……………… 164	児童館 ………………… 130,196	障害者支援施設 …… 131,138,208
…の例 ……………………… 165	児童虐待 …………… 11,176,186	障害者総合支援法 ………… 131
自我 …………………………… 75	児童虐待相談 ………………… 11	障害者の日常生活及び社会生活を総合的に
事業所内保育 ……………… 246	児童虐待の防止等に関する法律 … 20	支援するための法律 ……… 131
事業所内保育所 …………… 245	児童虐待防止法 ……………… 20	障害特性 …………………… 200
自己課題 …………… 215,231,261	児童記録票 …………………… 16	障害福祉サービス ………… 131
…の解決 …………………… 226	指導計画 ……………… 98,100	障害福祉サービス事業所 … 131,210
…の明確化 ………………… 224	児童憲章 ………………… 18,249	小規模グループケア ……… 170,193
自己実現 …………………… 169	児童権利宣言 ………………… 19	小規模住居型児童養育事業 … 126
事後指導 ……………… 3,27,215	児童厚生施設 ………… 130,196	小規模保育 ……………… 72,246
仕事・子育て両立支援事業 … 247	指導実習 ……………………… 29	小規模保育事業 ……………… 72
自己認識 …………………… 231	児童指導員 ………………… 163	小規模保育施設 ……………… 72
自己評価 …………… 99,220,232	児童自立支援施設 …… 130,136	少子化社会対策大綱 …… 245,263
…の視点 …………………… 222	児童自立生活援助事業 …… 170	小舎制 …………… 128,170,193
自己評価シート …………… 221	児童心理治療施設 …… 129,136	情緒の安定 ………………… 68
自己防衛力 ………………… 119	児童相談所 ……… 11,130,154,156	ショートステイ …………… 170
事故防止 …………………… 182	児童の権利に関する条約 … 19,250	情報交換会 ………………… 215
自傷行為 …………………… 206	児童の権利に関する宣言 …… 19	職員会議 …………………… 88
施設実習 …………… 4,9,10,124	児童発達支援センター … 129,206	職員間の連携 ………………… 90
施設保育士 ………… 6,124,140,148	児童福祉施設 …… 70,125,127,186	職業訓練 …………………… 162
…の業務 …………………… 148	児童福祉施設最低基準 …… 249	職業支援 …………………… 160
施設養護 …………… 126,170	児童福祉施設の設備及び運営に関する基準	職業指導員 ………………… 163
自然災害 …………………… 118	……………………… 126,160,181	食生活 ……………………… 174
事前指導 ……………… 3,26,34	児童福祉法 …………… 18,249	食物アレルギー ………… 82,116
事前訪問 ……………………… 30	指導保育士 ………………… 214	助産施設 …………………… 131
実行 ………………………… 235	児童遊園 …………………… 130	叙述体 ……………………… 179
実習課題 ………………… 50,60	児童養護施設	自立援助ホーム …………… 170
…の実例 …………………… 53	…… 128,136,137,138,158,160,193,198	自立支援 …………………… 144
実習事後指導 ……………… 215	児童養護施設運営指針 … 153,172,174,178	自立支援計画 ………… 16,157,160
実習事前指導 ………………… 50	児童養護施設運営ハンドブック … 172	自立支援計画書 …………… 144
実習生 ………………………… 26	児童養護施設入所児童等調査結果	人権擁護 …………………… 18

身体的虐待	22
心肺蘇生法	121
身辺自立	155
信頼感	75
信頼関係	154
心理療法担当職員	161,163
心理療法を担当する職員	161
進路支援	155
スキンシップ	74
ステップファミリー	171
スポーツ	149
生活環境	174
生活技能	161
生活支援	148,160
清潔の保持	114
省察	38,99,101
成長の記録	94
生命の保持	68
生理的欲求	174
責任実習	8,9,29
接触感染	181
窃盗	152
説明責任	71
説明体	179
全国保育士会倫理綱領	15,21,71,256
全体的な計画	16,98
全日実習	29
全日実習指導案	102
専門性	70
送迎保育ステーション事業	93
ソーシャルワーク	17
育ちを共有	93
育つ権利	169
措置	156

た〜と

退行現象	152
大舎制	128,170,193
体調不良	82
体罰	153
タイムアウト	152
ダウン症	83
他害行為	206
他己評価	232
WHO憲章	242
試し行動	152
短期計画	16
担当制	65
担当保育士	28

担任保育士	90
地域	91
地域型保育事業	246
地域交流	71
地域子育て支援センター	17
地域子ども・子育て支援事業	246
地域社会との連携	156
地域小規模児童養護施設	128,193
チームワーク	163
Check	235
地方単独保育事業	245
注意欠陥・多動性障害	83
長期計画	16
長時間保育	62
重複障害	206
調理員	163
調理師	90
通告	23
手洗い	114,181
DV	186,192
デイリープログラム	62,63,99
…の一例	63
デタッチメント	167
テ・ファリキ	80
電話のかけ方	35
Do	235
特定保育	246
特別活動	169
ドメスティック・バイオレンス	186
トラウマ	152
トワイライトステイ	171

な〜の

喃語	75
日案	16,99
日常生活のケア	148
日課	62
日誌	233
日誌記入例	41
日本国憲法	18
乳児院	128,136,137,138,160,187
乳児家庭全戸訪問事業	246
乳児期	74
乳児保育	65
認可外保育施設	245
認可事業	72
認定こども園	245,252
ネグレクト	22
ねらい	108

| 年間指導計画 | 16,99 |

は〜ほ

パーマネンシー保障	132
排泄の処理	114
ハインリッヒの法則	182
育みたい資質・能力	68
発達過程	70
発達支援	150
発達障害	82
発達段階	150
発達(乳児期)	74
発達(幼児前期)	76
発達(幼児中期)	77
発達(幼児後期)	79
反省会	40,233
半日実習	29
PDCAサイクル	235
被虐待児	167
被虐待児個別対応職員	163
ひとり親家庭	171
ひとり親世帯	11
避難訓練	117,118
飛沫感染	181
ヒヤリハット	182
ヒヤリハット体験	115
病院内保育所	245
評価	101,232,235
病児・病後児保育	246
貧困	11
貧困家庭	171
貧困率	11
ファミリー・サポート・センター事業	246
ファミリーソーシャルワーカー	161
ファミリーホーム	126,136
フォスタリング機関	132
福祉	14
福祉型児童発達支援センター	129
福祉型障害児入所施設	129,205
服装	31,32
不審者	118
部分実習	8,9,29
部分実習指導案	106
プライバシーの尊重	21
Plan	235
振り返り	7,27,214,216,231
壁面構成	87
ベビーホテル	245

保育 …………………………… 14	報・連・相（ほうれんそう）…… 241	連絡ノート …………………… 16
…の環境 ……………………… 69,86	保護者支援 …………………… 154	
…の計画 …………………… 68,87,98	保護者との連携 …………… 92,119	
…の配慮 ………………………… 40	保護処分 ……………………… 130	## わ〜ん
…の評価 ………………………… 68	母子生活支援施設 … 128,136,139,190	
…の方法 ………………………… 69		ワクチン接種 ………………… 180
…の目標 ………………………… 69		
保育環境 ……………………… 112	## ま〜も	
保育教材 ……………………… 216	マーガレット・カー …………… 81	
保育士 …………………… 2,14,163	マナー …………………………… 30	
…の資質 ……………………… 226	学び …………………………… 230	
…の適性 ……………………… 226	守られる権利 ………………… 169	
…の役割 ……………………… 119	万引き ………………………… 152	
保育指針 ………………………… 66	民生委員 ……………………… 157	
保育施設・学校との連携 …… 156	無関心 ………………………… 167	
保育実習 ………………………… 2	名称独占資格 …………………… 2	
…の意義 ………………………… 6	持ち物 ………………………… 31,32	
保育実習Ⅰ ……………………… 4	モデリング …………………… 154	
…の目標 ………………………… 4	問題行動 ……………………… 152	
保育実習Ⅱ ……………………… 4		
…の目標 ………………………… 5	## や〜よ	
保育実習Ⅲ ……………………… 4	夜間保育 ……………………… 246	
…の目標 ………………………… 5	夜勤体制 ……………………… 152	
保育実習指導Ⅰ ………………… 4	遊具 …………………………… 115	
保育実習指導Ⅱ ………………… 4	養育相談支援 ………………… 163	
保育実習指導Ⅲ ………………… 4	養護 ………………………… 14,68	
保育実習評価表 ……………… 234	幼児期の終わりまでに育ってほしい姿	
保育指導 ……………………… 14	…………………………………… 68	
保育士登録証 …………………… 2	幼児前期 ……………………… 75	
保育所 ……………………… 130,245	幼児中期 ……………………… 77	
…におけるアレルギー対応ガイドライン	幼稚園 ………………………… 245	
…………………………………… 82	幼稚園教育要領 ……………… 67	
…の特性 ……………………… 70	幼稚園教育要領解説 ………… 67	
…の役割 ……………………… 70	要保護児童対策地域協議会 … 23,156	
保育士養成課程 ………………… 2	幼保連携型認定こども園 …… 130	
保育士養成課程における教科目 … 3	幼保連携型認定こども園教育・保育要領	
保育所実習 ………………… 4,9,10	…………………………………… 67	
保育所児童保育要録 ………… 16	幼保連携型認定こども園教育・保育要領解	
保育所保育指針 …………… 66,68,95	説 ……………………………… 67	
…の改定の要点 ……………… 66	用務員 ………………………… 91	
保育所保育指針解説 ……… 14,66	要約体 ………………………… 179	
保育所保育指針解説書 ……… 17		
保育所保育に関する基本原則 … 69	## ら〜ろ	
保育日誌 ……………………… 48	リービングケア …………… 146,164	
保育ママ ……………………… 246	リスクマネジメント ………… 182	
放課後児童クラブ …………… 14,24	レポート ……………………… 58	
放課後児童健全育成事業 …… 14,24	連携 ……………………… 65,156	
放課後等デイサービス ……… 24	連絡帳 ……………………… 16,92,94	
報告会 ………………………… 215		
防犯対策 …………………… 117,118		

新・基本保育シリーズ

【企画委員一覧】(五十音順)

◎ 委員長　○ 副委員長

相澤　仁(あいざわ・まさし)	大分大学教授、元厚生労働省児童福祉専門官
天野珠路(あまの・たまじ)	鶴見大学短期大学部教授、元厚生労働省保育指導専門官
石川昭義(いしかわ・あきよし)	仁愛大学教授
近喰晴子(こんじき・はるこ)	東京教育専門学校専任講師、秋草学園短期大学特任教授
清水益治(しみず・ますはる)	帝塚山大学教授
新保幸男(しんぼ・ゆきお)	神奈川県立保健福祉大学教授
千葉武夫(ちば・たけお)	聖和短期大学学長
寺田清美(てらだ・きよみ)	東京成徳短期大学教授
◎西村重稀(にしむら・しげき)	仁愛大学名誉教授、元厚生省保育指導専門官
○松原康雄(まつばら・やすお)	明治学院大学学長
矢藤誠慈郎(やとう・せいじろう)	岡崎女子大学教授

(2018年12月1日現在)

【編集・執筆者一覧】

編集

近喰晴子（こんじき・はるこ）	東京教育専門学校専任講師、秋草学園短期大学特任教授
寅屋壽廣（とらや・としひろ）	大阪成蹊短期大学教授
松田純子（まつだ・じゅんこ）	実践女子大学教授

執筆者（五十音順）

五十嵐淳子（いがらし・じゅんこ）	青山学院女子短期大学特任准教授	第18講
猪田裕子（いのだ・ゆうこ）	神戸親和女子大学准教授	第3講
牛込彰彦（うしごめ・あきひこ）	帝京平成大学教授	第19講
大江まゆ子（おおえ・まゆこ）	芦屋学園短期大学准教授	第7講
加藤洋子（かとう・ようこ）	聖心女子大学准教授	第12講
岸本みさ子（きしもと・みさこ）	千里金蘭大学講師	第10講
小堀哲郎（こほり・てつろう）	日本女子体育大学教授	第2講
近喰晴子（こんじき・はるこ）	（前掲）	第5講
齊藤勇紀（さいとう・ゆうき）	新潟青陵大学准教授	第11講
酒井真由子（さかい・まゆこ）	上田女子短期大学准教授	第9講
髙根栄美（たかね・えみ）	大阪総合保育大学准教授	第6講
髙橋　努（たかはし・つとむ）	埼玉純真短期大学准教授	第15講
谷　俊英（たに・としひで）	大阪成蹊短期大学講師	第16講
土屋　由（つちや・ゆう）	秋草学園短期大学准教授	第4講
寅屋壽廣（とらや・としひろ）	（前掲）	第13講
橋本淳一（はしもと・じゅんいち）	山村学園短期大学教授	第14講

菱田博之(ひしだ・ひろゆき)	飯田女子短期大学准教授	第20講
松尾寛子(まつお・ひろこ)	神戸常盤大学准教授	第8講
松田純子(まつだ・じゅんこ)	(前掲)	第1講
武藤大司(むとう・だいじ)	神戸医療福祉大学教授	第17講

保育実習
新・基本保育シリーズ⑳

2019年2月1日　初　版　発　行
2024年5月25日　初版第4刷発行

監　修	公益財団法人 児童育成協会
編　集	近喰晴子・寅屋壽廣・松田純子
発行者	荘村明彦
発行所	中央法規出版株式会社
	〒110-0016 東京都台東区台東3-29-1　中央法規ビル
	Tel 03(6387)3196
	https://www.chuohoki.co.jp/
編集協力	池田正孝(池田企画)
印刷・製本	株式会社アルキャスト
装　幀	甲賀友章(Magic-room Boys)
カバーイラスト	鷲尾祐一(社会福祉法人　富岳会)
本文デザイン	タイプフェイス
本文イラスト	小牧良次(イオジン)

定価はカバーに表示してあります。
ISBN978-4-8058-5800-4

本書のコピー、スキャン、デジタル化等の無断複製は、著作権法上での例外を除き禁じられています。また、本書を代行業者等の第三者に依頼してコピー、スキャン、デジタル化することは、たとえ個人や家庭内での利用であっても著作権法違反です。

落丁本・乱丁本はお取替えいたします。

本書の内容に関するご質問については、下記URLから「お問い合わせフォーム」にご入力いただきますようお願いいたします。
https://www.chuohoki.co.jp/contact/